SRI DAYA MATA

*Sanghamata* («Madre de la Sociedad»), presidenta y líder espiritual de *Self-Realization Fellowship / Yogoda Satsanga Society of India*

# Sólo Amor

## Cómo llevar una vida espiritual en un mundo cambiante

SRI DAYA MATA

Self-Realization Fellowship
FOUNDED 1920 BY PARAMAHANSA YOGANANDA

RESEÑA DEL LIBRO: Esta obra comenzó en forma de un pequeño cuadernillo, publicado en 1971 con el título *Qualities of a Devotee* [Las cualidades del devoto], que contenía diversas charlas de Sri Daya Mata, presidenta de *Self-Realization Fellowship* desde 1955 hasta su deceso en 2010, la mayoría de las cuales se impartieron durante la década de los sesenta. La presente antología (notablemente más amplia) abarca un período de veinte años, de 1955 hasta 1975, e incluye selecciones que comprenden desde extensas conferencias pronunciadas en la India y Estados Unidos hasta breves charlas informales. También contiene algunas respuestas espontáneas a preguntas que se le hicieron durante diferentes *satsangas* (reuniones de buscadores de la verdad en las cuales el instructor espiritual habla espontáneamente sobre temas inspiradores). Muchas de las charlas aparecieron impresas por primera vez en las páginas de *Self-Realization* (la revista creada por Paramahansa Yogananda en 1925). Aunque la mayoría de ellas estaban dirigidas tanto a los miembros monásticos de la orden de *Self-Realization Fellowship* como a los estudiantes de las enseñanzas de Paramahansa Yogananda, numerosas personas de diferentes credos y condiciones sociales hallaron que estos artículos constituían una útil y compasiva fuente de orientación, de modo que en 1976, *Self-Realization Fellowship* publicó esta primera antología de charlas de Sri Daya Mata; en 1990 se publicó un segundo volumen, actualmente traducido al español con el título *El gozo que buscas está en tu interior*

Título de la obra original en inglés publicada por
*Self-Realization Fellowship*, Los Ángeles (California):
*Only Love*

ISBN: 978-0-87612-215-0

Traducción al español: *Self-Realization Fellowship*



Primera edición en español: 2009
*First edition in Spanish, 2009*
Reimpresión: 2024
*This printing, 2024*

ISBN: 978-0-87612-026-2

Impreso en Estados Unidos de América
1804-J8359

Dedico el presente libro a mi venerado Gurudeva

PARAMAHANSA YOGANANDA

sin cuyas bendiciones
esta devota no habría encontrado
el amor de Dios, el amor perfecto
de nuestro Padre, Madre, Amigo y Bienamado
que satisface todos los anhelos

# ÍNDICE

*Ilustraciones* . . . . . . . . . . . . . . . . . . . . . . . . . . . . . . . . . . . . . . . . *X*
*Prefacio* . . . . . . . . . . . . . . . . . . . . . . . . . . . . . . . . . . . . . . . . . . . *XI*
*Introducción* . . . . . . . . . . . . . . . . . . . . . . . . . . . . . . . . . . . . . . . .*XIV*

**¿Por qué deberíamos buscar a Dios?** . . . . . . . . . . . . . . . . . . . **3**
*«¿Cómo podemos encontrar a Dios?»*
*Los frutos de la meditación*
*Dios es el común denominador de toda vida*

**La expansión de los horizontes del ser humano** . . . . . . . . . **16**
*La comunión con Dios traerá la unidad mundial*
*La cercanía del mundo ciega al ser humano*
*No esperes hasta que la vida te obligue a buscar a Dios*

**Nuestro destino divino** . . . . . . . . . . . . . . . . . . . . . . . . . . . . . . **24**
*El destino del ser humano es conocer a Dios*

**Las cualidades del devoto** . . . . . . . . . . . . . . . . . . . . . . . . . . . . **28**
*Mantener la mente en Dios te ayuda a resolver tus problemas*
*Haz un esfuerzo por cambiarte a ti mismo*
*Cuando la actitud es correcta, se asemeja a la de Cristo*
*Todos estamos un poco locos*
*Capta la verdad con el intelecto y asimílala con el alma*
*Dios es tímido y evasivo*
*Nuestros deseos básicos proceden del alma*

**Cómo comprender a otros** . . . . . . . . . . . . . . . . . . . . . . . . . . . . . **44**
*Si no existe comunicación, aumentan las desavenencias*

**Cómo cambiar a los demás** . . . . . . . . . . . . . . . . . . . . . . . . . . . . **49**
*¿Quién es responsable del comportamiento de los adolescentes?*
*El propósito divino que se halla en el fondo de las relaciones humanas*

**Lecciones que podemos aprender de los demás** . . . . . . . . . **62**
*Conserva tu ecuanimidad mental*
*Descubre lo que Dios espera de ti*
*Aférrate a Aquel que es inmutable*

**La importancia de amar a Dios** . . . . . . . . . . . . . . . . . . . . . . . . **70**
*Dedica un tiempo sólo para Dios*

**Cómo elevar el nivel espiritual de la vida diaria** . . . . . . . . **74**
*Sumerge la mente en la meditación*
*Aprende a depender de un poder superior*
*La importancia de una vida equilibrada*
*La verdad es simple*

**El punto de vista de los sabios respecto a las experiencias de la vida** . . . . . . . . . . . . . . . . . . . . . . . . . . . . . . . . . . . . . . . . . **82**

**Reflexiones sobre la actitud correcta** . . . . . . . . . . . . . . . . . . . **88**
*Hágase Tu voluntad*
*Sé un instrumento de Dios*

**Una oportunidad espiritual en el Año Nuevo** . . . . . . . . . . . **92**
*La luz de Dios destruye la oscuridad*
*Refuerza tus buenas resoluciones*
*Edifica tu vida sobre la roca de la meditación*
*Practica la presencia de Dios*
*Recuerda hacer cada día cuanto esté a tu alcance*
*Mi oración por ti*

**El secreto de perdonar** . . . . . . . . . . . . . . . . . . . . . . . . . . . . . . . **101**
*Busca la comunión con el alma, que es la fuente del amor*

**Tiempo de orar y tiempo de entregarse** . . . . . . . . . . . . . . . . . **106**
*La oración más natural: conversar informalmente con Dios*
*El cuerpo es sólo un manto que cubre al alma*
*«Dios ayuda a los que se ayudan a sí mismos»*
*El poder magnético de la afirmación*
*El pensamiento es la fuerza más poderosa que existe en el universo*

**El ser humano necesita a Dios** . . . . . . . . . . . . . . . . . . . . . . . . **114**
*Dios y el ser humano buscan el amor incondicional*
*Aférrate a Dios con firmeza: Él puede ayudarte*
*Complacer a Dios debe ser el motivo que impulse nuestra vida*

**Cómo alcanzar el favor de Dios** . . . . . . . . . . . . . . . . . . . . . . . **119**
*Dios es lo más fácil de conocer*
*Si tu objetivo son los milagros, Dios se ocultará de ti*

*La percepción que descorre los velos de la naturaleza*
*Los requisitos para convertirse en un verdadero karma yogui*
*Dependemos completamente de Dios*
*Jamás abrigues temor a Dios*
*Recuérdale a Dios la responsabilidad que le corresponde en nuestras dificultades*

**Los secretos del progreso espiritual** .................... **128**
*El conflicto entre el servicio y la meditación*
*La meditación es nuestro deber más importante*
*Al cambiar nuestra manera de pensar nos acercaremos más a Dios*
*Cumple tus obligaciones con entusiasmo y sin quejarte*
*En su calidad de almas todos los seres humanos son iguales*
*Dios es el único bien*

**¿Es la meditación en Dios compatible con la vida moderna?** .................... **138**
*Combina la meditación con la actividad correcta*
*Sólo la meditación puede satisfacer tu necesidad espiritual*
*Sé sincero en tus metas espirituales*
*El pensamiento positivo y correcto*
*Piensa en Dios noche y día*
*El significado de la responsabilidad*
*Sensibilidad constructiva y destructiva*
*La meditación y los pensamientos correctos*
*Tu verdadera misión en la vida*

**El único camino hacia la felicidad** .................... **156**
*El ser humano más exitoso*
*Los pasos que conducen a la unión con Dios*
*Nuestro reino no es de este mundo*

**El cielo se encuentra en tu interior** .................... **163**
*Sólo Dios puede colmar el vacío que sentimos*
*La verdad que surge del interior cambia nuestra vida*
*El Señor permanece siempre a nuestro lado*

**No tendrás otros dioses** .................... **170**
*El valor del silencio*
*El yoga nos enseña a corregirnos a nosotros mismos*
*Una experiencia con la Madre Divina*

**Experiencias con mi Gurú, Paramahansa Yogananda .... 182**
*Dios puede ser conocido sólo a través de la experiencia personal*
*Toda devoción que el gurú recibe de sus discípulos, él se la ofrece a Dios*
*Una experiencia en nirbikalpa samadhi*
*Los últimos días con mi Gurú*
*Sigue el sadhana prescrito por el gurú*

**El sendero de la devoción.............................. 190**
*Nuestra devoción debe ser sólo para Dios, no para impresionar a los demás*
*La meta final del ser humano es el gozo*

**Una bendición de Mahavatar Babaji.................... 196**
*Una divina confirmación de Babaji*
*Una visión profética*
*«Mi naturaleza es amor»*

**El espíritu de la verdad................................ 208**
*La verdad sólo se puede comprender al experimentarla*
*La forma correcta de satisfacer los deseos*

**¿Tienen karma los avatares?............................ 214**
*Los maestros pueden asumir una actitud severa sin sentirse irritados*
*Al igual que los actores representan un papel, los avatares adoptan un nombre y una forma*
*La verdadera fortaleza proviene de nuestra entrega a Dios*
*Tarde o temprano Dios satisface todos los deseos*

**Nuestra unidad en Dios ................................ 224**
*La hermandad de los seres humanos y la paternidad de Dios*
*Donde dos o tres se hallen reunidos*

**La única respuesta a la vida ........................... 231**

**Camina interiormente con Dios ......................... 237**

**Aprende a comportarte ................................. 240**
*Es imposible reconciliar la presencia del bien y el mal en nuestras vidas*
*El poder transformador de una vislumbre de Dios*

*Cuando poseemos autodominio, nada puede preocuparnos ni alterarnos*
*Los obstáculos tienen el propósito de fortalecernos*
*La fuerza más poderosa del mundo*

**Cómo conocer a Dios** .................................... **246**
*El autoanálisis: un medio excelente para juzgar nuestro progreso espiritual*
*La meditación transforma nuestra vida*
*El amor a Dios disminuye los apegos materiales*
*Dios es nuestro eterno compañero*

**Llévale tus problemas a Dios** .......................... **252**
*Anhela a Dios con todo tu corazón*

**Las metas espirituales de Self-Realization Fellowship** .... **255**

**Antología de consejos** .................................. **264**
*Dios es el mayor de los tesoros*
*Dios es la respuesta a todo problema*
*La batalla psicológica entre el bien y el mal*
*La realización del Ser se encuentra en el silencio interior*
*No tenemos tiempo que perder*
*Siente un ardiente amor por Dios*
*El amor divino hace que cada alma sea única*
*Permite que Dios te ayude a llevar tu carga*
*Confía sólo en Dios*
*Dale una oportunidad a Dios*
*Consejos para avanzar en el sendero espiritual*
*El amor divino motiva la actividad correcta*
*La ilusión de la conciencia mortal*
*El privilegio de servir a Dios*
*Metas para el año nuevo*
*Estamos unidos por el amor*
*El aspecto disciplinario de la Madre Divina*
*Despertemos nuestras mejores cualidades*
*El poder del discernimiento*
*Vigila tus pensamientos y tus actos*
*Guía para llevar una vida espiritual*
*El secreto de una vida feliz*
*El divino romance con Dios*

# ÍNDICE DE ILUSTRACIONES

Sri Daya Mata *(frontispicio)*

*DESPUÉS DE P.*

Con Paramahansa Yogananda, Encinitas, 1939 . . . . . . . . . . . . 12
En la Sede Internacional de SRF, Los Ángeles, 1969 . . . . . . . . 12
En una Convención de SRF, Los Ángeles, 1975 . . . . . . . . . . . . 44
A su llegada a Ranchi, 1967 . . . . . . . . . . . . . . . . . . . . . . . . . . 44
En meditación, durante la celebración de Ram Dhun, Ranchi, 1968 . . . . . . . . . . . . . . . . . . . . . . . . . . . . . . . . . . . . . . . 76
Dando de comer a los niños, Dakshineswar, India, 1961 . . . . 76
Durante un *satsanga,* Dakshineswar, 1973 . . . . . . . . . . . . . . . . 76
Con Ananda Mata y Mrinalini Mata, Bombay . . . . . . . . . . . . 76
En una escuela de YSS, Ranchi, 1972 . . . . . . . . . . . . . . . . . . . . 108
Entablando amistad con una serpiente, Benarés, 1961 . . . . . 108
Dirigiendo una ceremonia de *sannyas,* Ranchi, 1968 . . . . . . . 108
Bendiciendo a un niño, India, 1961 . . . . . . . . . . . . . . . . . . . . . . 108
Con el Jagadgurú de Gowardhan Math, 1958 . . . . . . . . . . . . . 140
En estado de *samadhi,* Ranchi, 1967 . . . . . . . . . . . . . . . . . . . . 140
Después de una ceremonia de *sannyas,* Los Ángeles, 1965 . . 172
Carta de Paramahansa Yogananda . . . . . . . . . . . . . . . . . . . . . . 172
La foto de Paramahansa Yogananda preferida por Daya Mataji . . . . . . . . . . . . . . . . . . . . . . . . . . . . . . . . . . . . . . . . . 172
Durante un *satsanga* en París, 1969 . . . . . . . . . . . . . . . . . . . . . 172
En meditación, ceremonia de *Kriya Yoga,* Los Ángeles . . . . . . 172
En la cueva de Mahavatar Babaji, el Himalaya, 1963 . . . . . . . 204
En Palpara, Bengala Occidental, 1973 . . . . . . . . . . . . . . . . . . . 204
Durante la celebración de Holi, Ranchi, marzo de 1973 . . . . 204
Un niño cumple, ante Mataji, con la observancia de Holi, Ranchi . . . . . . . . . . . . . . . . . . . . . . . . . . . . . . . . . . . . . . . . . 204
Reconfortando a una anciana devota, Calcuta, 1968 . . . . . . . 204
En la playa del *ashram* de SRF en Encinitas . . . . . . . . . . . . . . . 236
En Pahalgam, Cachemira, 1961 . . . . . . . . . . . . . . . . . . . . . . . . 236

# PREFACIO

Chakravarthi V. Narasimhan
Subsecretario General para Asuntos
Interdepartamentales y de Coordinación de la ONU

Leí *Autobiografía de un yogui* en 1967. Ése fue mi primer contacto con Paramahansa Yogananda y su organización, *Self-Realization Fellowship,* cuyas actividades sigo desde entonces con sumo interés. He tenido el privilegio de reunirme en varias ocasiones con Sri Daya Mataji y con algunos de sus condiscípulos más consagrados a la obra. También tuve la oportunidad de visitar el *ashram* de *Self-Realization* ubicado en Encinitas (California), donde Paramahansa Yogananda vivió durante muchos años.

Como he mencionado, fue un privilegio conocer a Sri Daya Mataji; quien haya estado en su presencia no puede dejar de sentirse conmovido por el aura de paz espiritual y serenidad que ella irradia. A temprana edad, Sri Daya Mataji se sintió impulsada a seguir las enseñanzas de Paramahansa Yogananda; obviamente, la iluminadora chispa divina que emanaba de su Gurú la cautivó desde esos primeros días, y la llevó a convertirse en una de las primeras discípulas de Sri Yoganandaji. Hoy día, es su digna sucesora[1] espiritual, y se halla encargada de

[1] Tras el fallecimiento de Sri Daya Mata en 2010, Sri Mrinalini Mata, otra de las discípulas más cercanas del Gurú, se convirtió en sucesora espiritual de Paramahansa Yogananda al asumir el cargo de presidenta de *Self-Realization Fellowship/Yogoda Satsanga Society of India.* Desde el deceso en 2017 de Sri Mrinalini Mata, la obra espiritual y humanitaria que inició Paramahansa Yogananda continúa hoy en día bajo la dirección del Hermano Chidananda, presidente de SRF/YSS.

difundir el mensaje de Paramahansa Yogananda no solamente en este país y en el mío, sino a través del mundo entero.

Este mensaje de paz y calma interior, que promueve el desarrollo de una personalidad equilibrada, constituye la más apremiante necesidad de nuestros días. Vivimos en una época de confusión, y el ritmo del cambio, sin duda, nos produce temor. Incluso en las naciones más avanzadas, muchos seres humanos sienten inseguridad a nivel individual, mientras que en los países del Tercer Mundo existe una pobreza inimaginable, penuria y sufrimiento. Precisamos una nueva filosofía de interdependencia y solidaridad mundial para resolver estos problemas. Para ello, se requiere un profundo cambio de actitud, no sólo de los gobiernos que operan a través de un organismo internacional como las Naciones Unidas —en el que he prestado mis servicios durante más de diecinueve años—, sino, más importante aún, por parte de los individuos comunes. Necesitamos como nunca antes seres humanos equilibrados, y la realización del Ser es un camino sencillo y seguro para desarrollar el equilibrio de la personalidad.

Cuando los primeros astronautas llegaron a la Luna y vieron la Tierra desde ese satélite, prorrumpieron en exclamaciones ante su belleza. Desde esa distancia, no la veían como países o continentes o regiones habitadas por personas de diferentes razas y colores, sino como un todo. Si no somos capaces de ver la Tierra como un todo, se debe a que nuestros pensamientos son demasiado materialistas. Ésta es una limitación que podemos superar con facilidad si realizamos un pequeño ejercicio de imaginación que nos permita elevar nuestra mirada por encima de las estrechas divisiones que tienden a separarnos y si seguimos las enseñanzas de los grandes santos y sabios que nos han instado a poner en práctica el amor, la compasión y la tolerancia.

El mensaje de Sri Daya Mataji, por consiguiente, es de gran utilidad y relevancia en esta época de duda y escepticismo. Las conferencias que se publican en este libro destacan como un faro de fe y esperanza. No sólo proclaman la unidad de la raza humana, sino también la del ser humano con Dios.

Nueva York
14 de enero de 1976

# INTRODUCCIÓN

Leer o escuchar las palabras de Sri Daya Mata es conocer a una persona que está enamorada. Su amor es expansivo, lo abarca todo y se halla por encima de cualquier exclusividad que pudiera limitarlo. Es una sublime expresión del anhelo que el alma siente y de la gozosa satisfacción que encuentra en Dios. En este volumen que recopila algunas de sus charlas informales, Mataji nos ofrece un destello del reino de la conciencia espiritual expandida donde el alma experimenta el amor divino.

Sri Daya Mata nació en Salt Lake City (Utah). Desde su más tierna infancia sintió un vehemente deseo de conocer a Dios. A los ocho años, cuando en la escuela oyó hablar por primera vez de la existencia de la India, sintió un misterioso despertar interior y, con él, la convicción de que en ese país se encontraba la llave para lograr la plenitud de su vida. Ese día, terminada la clase, volvió corriendo a casa y le anunció con júbilo a su madre: «Cuando sea mayor, no me casaré; iré a la India». Éstas fueron palabras proféticas de una niña.

Cuando Daya Mata cumplió quince años, recibió como regalo un ejemplar del *Bhagavad Guita,* «El canto del Señor». Esta escritura la impresionó profundamente, pues revelaba el amor compasivo y el entendimiento que Dios demuestra a sus hijos. En ella se indicaba que era posible acercarse a Dios y conocerle y, también, que sus hijos —considerados «seres divinos»— podían tomar plena conciencia, mediante el esfuerzo propio, de su derecho espiritual de nacimiento: la unidad con Él. Daya Mata decidió que, de alguna forma y por alguna vía, dedicaría su vida a buscar a Dios. Visitó a varias autoridades religiosas; sin embargo, siempre persistía en su corazón una pregunta para la que no hallaba respuesta: «¿Existe, acaso, alguien que *ame* verdaderamente a Dios, alguien que le *conozca*?». Con tristeza comprobaba que carecía del elemento indispensable en su búsqueda espiritual: la guía de alguien que realmente conociese a Dios.

Su primer encuentro con Paramahansa Yogananda[1] se produjo en 1931, cuando él hablaba ante una numerosa audiencia en Salt Lake City. Daya Mata tenía entonces 17 años. Recordando sus primeras impresiones, ella ha dicho: «¿Cómo podría describírselas? Cuando lo vi sobre la plataforma, la emoción me paralizó por completo. Él hablaba del potencial espiritual de la voluntad y del amor a Dios. Hablaba de Dios como nadie a quien yo hubiera oído. Me sentía extasiada. Reconociéndole instantáneamente como un ser que conocía a Dios, y que podía mostrarme el camino hacia Él, tomé una decisión: "¡Le seguiré!"».

En una reunión de miles de personas, parecía improbable que Daya Mata tuviese la oportunidad de conocer al Gurú. Pero suele decirse que la adversidad es en ocasiones una bendición disfrazada. Daya Mata había sufrido durante largo tiempo de una grave afección sanguínea. Esa enfermedad, que los doctores no habían podido curar, la había obligado a abandonar la escuela. Sin embargo, asistía sin falta a las clases de Paramahansaji; las vendas que cubrían su inflamada cara atrajeron

[1] Paramahansa Yogananda, autor de *Autobiografía de un yogui,* vivía en Estados Unidos desde 1920, fecha en la cual fue invitado como delegado de la India al Congreso Internacional de Religiosos Liberales, celebrado en Boston. Durante ese período, impartió numerosas conferencias en todo el país y fundó en Los Ángeles (California) la Sede Internacional de su obra, *Self-Realization Fellowship/Yogoda Satsanga Society of India.*

la atención del gran Gurú. Hacia el final de las clases, él le dijo a la audiencia que en el plazo de siete días no quedaría rastro de su enfermedad. Y en efecto, así fue. Sin embargo, para Daya Mata, la oportunidad de conocer a este hombre de Dios fue una bendición todavía más grande que su sorprendente alivio. Ella era extremadamente tímida, y aún hoy en día se pregunta cómo encontró el valor para dirigirle al Maestro sus primeras palabras: «Deseo inmensamente formar parte de su *ashram* y dedicar mi vida a buscar a Dios». El Gurú la observó con una mirada penetrante, durante un momento, antes de responderle: «Y así lo harás».

Pero sería preciso que ocurriera un milagro para que ese deseo se materializara, dada la firme oposición de su familia. Ella era aún una jovencita, y los miembros de su familia, a excepción de su comprensiva madre, se oponían por completo a que abandonara el hogar para seguir una religión que les resultaba totalmente ajena. Una tarde, Paramahansa Yogananda dijo en su clase que si un devoto llamaba a Dios con la suficiente profundidad y decidido a recibir una respuesta, la obtendría. Daya Mata tomó esa determinación; aquella noche, después de que su familia fuera a dormir, se dirigió al salón de la casa, donde podría estar a solas. Las lágrimas fluían conforme abría su corazón a Dios. Después de varias horas, una profunda paz se apoderó de todo su ser y ya no pudo llorar más: sabía que Dios había escuchado su oración. En el lapso de dos semanas, todas las puertas se abrieron, y le fue posible formar parte del *ashram* de Paramahansa Yogananda en Los Ángeles (California).

El tiempo pasó muy rápido a los pies de su Gurú. Si bien rebosaba felicidad, sus primeros años de entrenamiento en el *ashram* no estuvieron exentos de esfuerzo. Paramahansaji estaba comprometido con la tarea de transformar —amorosamente pero con firmeza— a la joven *chela*[2] en una discípula ejemplar. Más tarde, Paramahansaji le dijo que la había sometido a una disciplina espiritual tan intensa como la que él mismo recibió de su gurú, Swami Sri Yukteswar. Fue ésta una observación importante, si se considera que Daya Mata estaba llamada a heredar, posteriormente, la responsabilidad espiritual y organizativa que Sri Yukteswar le había encomendado a Paramahansaji.

Con el transcurso del tiempo, el Gurú le asignó cada vez más responsabilidades a Daya Mata. Varios años antes de su *mahasamadhi*[3], Paramahansaji le pidió que se hiciera cargo de la gestión administrativa de la Sede Internacional en Mount Washington. A partir de entonces, él se recluyó para dedicar la mayor parte del tiempo a sus escritos. Las responsabilidades espirituales y administrativas de Daya Mata se acrecentaron considerablemente a medida que aumentaban las actividades mundiales de la obra.

El momento llegó en que el Gurú le anunció que pronto abandonaría su cuerpo. Anonadada, Daya Mata le preguntó cómo podría continuar sin su presencia la obra establecida por él. Quedamente, el Gurú respondió: «Recuerda, cuando me haya marchado de este mundo, sólo el amor podrá reemplazarme. Déjate absorber hasta tal punto por el amor de Dios, día y noche, que nada más tenga ya importancia alguna para ti. Y ofrece a todos ese mismo amor». Para Daya Mata, estas palabras se convirtieron en la luz que guiaría su vida entera.

El 7 de marzo de 1952, Paramahansaji entró en el estado de *mahasamadhi,* en Los Ángeles (California). Tres años después, Daya Mata se convirtió en el tercer

[2] Palabra hindi que significa «discípulo».

[3] El abandono voluntario del cuerpo físico, en el momento de la muerte, por parte de un alma que se ha unido plenamente con Dios.

presidente de la sociedad de Gurudeva, al suceder en el cargo a un discípulo excelso, Rajarsi Janakananda, tras el fallecimiento de éste. En calidad de sucesora espiritual de Paramahansa Yogananda, y siendo una verdadera «Madre Compasiva», como indica el significado de su nombre, ella velaba por el fiel cumplimiento de los ideales y deseos de Yoganandaji con respecto a *Self-Realization Fellowship/Yogoda Satsanga Society of India,* así como por la guía espiritual de sus miembros; era también su responsabilidad el cuidar del entrenamiento espiritual de los discípulos monásticos que residen en los diversos *ashrams* de *Self-Realization/Yogoda Satsanga.*

Después de haber servido durante más de 55 años como líder espiritual de la obra mundial de Paramahansa Yogananda, Sri Daya Mata abandonó pacíficamente su cuerpo el 30 de noviembre de 2010, a la edad de 96 años. Los logros de su vida como figura pionera en la difusión de las consagradas tradiciones espirituales de la India fueron elogiados en *The New York Times, Los Angeles Times, The Times of India* y otros periódicos y revistas importantes en Estados Unidos, la India y otros lugares.

Si bien su vida estuvo dedicada, en primer lugar, a la obra de su Gurú y a los seguidores del sendero de *Self-Realization,* ella consideraba que todos los que buscan a Dios —cualesquiera que sean sus credos— forman parte integrante de su familia espiritual. Una religiosa de la orden católica de las Hermanas de la Caridad, después de haber tenido la ocasión de reunirse con Daya Mata y escuchar sus conferencias en varias oportunidades, expresó lo siguiente: «En mi condición de miembro de una orden religiosa, considero que Daya Mata constituye un luminoso ejemplo de lo que debería ser una vida dedicada al servicio de Dios y del prójimo. Ella me recuerda a ese gran precursor de Cristo, Juan el Bautista, quien dijo, refiriéndose a sí mismo: "Yo soy la voz del que clama en el desierto: Rectificad el camino del Señor". En su presencia, no existen diferencias entre católicos, protestantes o hindúes; todos son tan sólo hijos de un único Padre: Dios. Ella acoge afablemente a cada uno de ellos, y les reserva un lugar en su corazón. Personalmente, he recibido de ella tantas amabilidades, tanto interés y estímulo que, no obstante el hecho de ser yo una monja católica, me he sentido atendida como si perteneciese a su propia orden. Daya Mata constituirá siempre para mí un ideal de lo que debería ser mi vida como religiosa. [...] La presencia de Dios brilla a través de ella».

No son las normas, sino el espíritu con que se recorre el sendero que conduce a Dios lo que constituye el ingrediente efectivo, casi mágico, que transforma la vida del devoto. Las verdades de las escrituras y sus mandamientos se reducen a meras palabras mientras no formen parte de nuestros pensamientos y acciones. Es necesario vivirlos. *Sólo amor* muestra el espíritu de la búsqueda divina y expone los fundamentos para alcanzar una vida que esté en sintonía con Dios, quien es la Fuente, el Sostenedor y la Esencia de la vida del ser humano y su razón de ser.

Todo buscador espiritual —sea cual sea el papel externo que desempeñe en la vida— comprobará que este libro le habla a su alma. Aunque muchas de las charlas que contiene la presente colección estaban dirigidas principalmente a los residentes monásticos de los *ashrams* de *Self-Realization/Yogoda Satsanga,* las verdades que aquí se exponen son de aplicación universal.

Las palabras de Daya Mata, iluminadas por su propia percepción directa de la Divinidad, muestran que buscar a Dios es una experiencia plena de gozo. ¡Encontrarle es el Gozo mismo!

SELF-REALIZATION FELLOWSHIP

# SÓLO AMOR

# ¿Por qué deberíamos buscar a Dios?

*Jyoti Mandram Hall de Bangalore (India),*
*31 de diciembre de 1967*

¿Por qué habríamos de buscar a Dios? ¿Qué es Dios? ¿Cómo podemos encontrarle?

La primera pregunta puede ser respondida en forma muy simple. Deberíamos buscar a Dios porque fuimos creados a su imagen[1], y sólo su perfección y su naturaleza permanente pueden aportarnos la felicidad eterna.

El hombre fue dotado de una mente y de un cuerpo con cinco sentidos, a través de los cuales percibe este mundo finito y se identifica con él. Sin embargo, el ser humano no es el cuerpo ni la mente; su naturaleza es espíritu, el alma inmortal. Cada vez que se esfuerza por hallar la felicidad duradera por medio de las percepciones sensoriales, sus esperanzas, su entusiasmo y sus deseos se estrellan contra las rocas de una profunda frustración y desencanto. Todo el universo material es esencialmente efímero y se encuentra en constante cambio. Lo que está sujeto al cambio lleva en sí la semilla de la desilusión; de manera que, tarde o temprano, el barco de nuestras aspiraciones terrenales encallará en los arrecifes de la decepción. Por este motivo deberíamos buscar a Dios, pues Él es la Fuente de toda sabiduría, amor, bienaventuranza y plenitud. Él es el origen de nuestro ser, el origen de toda

[1] *Génesis* 1:27: «Creó, pues, Dios al ser humano a imagen suya...».

vida. Y hemos sido creados a su imagen. Al encontrarle, percibiremos esta verdad.

Si Dios es la meta del hombre, ¿qué *es* Él? Todas las escrituras, así como todas las grandes almas que han hablado acerca de su propia experiencia de Dios, afirman que hay ciertas cualidades inherentes a la naturaleza del Espíritu. Sin embargo, no podemos decir qué es Dios. Ningún ser humano ha sido jamás capaz de describirle plenamente. Existe una leyenda acerca de una imagen de sal que, deseando sondear la profundidad del mar, se sumergió en él. Pero al entrar en el agua, se disolvió; así pues, no le fue posible medir profundidad alguna, porque se había fundido con el océano. Lo mismo sucede con el ser humano, cuya naturaleza esencial posee las mismas cualidades que el Espíritu. En el momento en que su alma se identifica con el Ser Infinito, no le es posible ya describir a Dios. No obstante, muchos santos han relatado lo que experimentan cuando comulgan con el Espíritu.

Todas las escrituras declaran que Dios es paz, amor, sabiduría y bienaventuranza. Todas concuerdan en que Dios es la inteligencia cósmica, omnisciente y omnipresente. Él es el Absoluto. Él es el gran sonido cósmico de *Om*[2], el Amén de los cristianos. Él es la luz cósmica. Éstos son atributos o cualidades del Infinito. Y cuando el devoto le busca profundamente, comienza a percibir estas diversas manifestaciones de la Divinidad.

[2] *Om:* el origen de todos los sonidos; la palabra y símbolo universal para representar a Dios. El *Om* de los Vedas se convirtió en la palabra sagrada *Hum* de los tibetanos, en *Amín* para los musulmanes y en *Amén* para los egipcios, griegos, romanos, judíos y cristianos. *Om* es el sonido omnipresente que emana del Espíritu Santo (la Vibración Cósmica Invisible; Dios en su aspecto de Creador); la «Palabra» de la Biblia; la voz de la creación, que da testimonio de la Presencia Divina en cada átomo. El sonido de *Om* puede oírse mediante la práctica de los métodos de meditación que enseña *Self-Realization Fellowship.*

Se dice que la paz constituye la primera prueba de la presencia de Dios en el interior del hombre: una paz que es invulnerable a todos los factores externos de esta vida. Cuando el hombre enfoca sus sueños, ideales, esperanzas y ambiciones en metas terrenales, la paz que siente al conquistarlas es meramente una experiencia temporal. Este mundo es un mundo dual; la existencia humana se halla compuesta de placer y dolor, salud y enfermedad, amor y odio, vida y muerte. La meta del hombre consiste en elevar su conciencia más allá de la ley de la dualidad, más allá de este velo de *maya*[3], y encontrar al Único Ser que mora en la creación entera y más allá de ella.

**«¿Cómo podemos encontrar a Dios?»**

La siguiente pregunta es: «¿Cómo podemos encontrar a Dios?». Él no puede ser conocido a través de los sentidos, ni medido con la limitada cinta métrica del intelecto. Cada vez que nos esforzamos por conquistar la bienaventuranza, el amor, la sabiduría y el gozo divinos por medio de experiencias sensoriales, sólo hallamos la desilusión. Mas cuando, a través de la meditación profunda, aprendemos a calmar el cuerpo y a desconectar sus cinco sentidos, un sexto sentido —la intuición— comienza a expresarse en nosotros. Dios puede ser conocido solamente mediante este último sentido. Y Él *desea* que le conozcamos; de ahí que haya dotado de intuición a todo ser humano.

Lo primero es, pues, aquietar tanto el cuerpo como la mente, para poder oír los susurros de la intuición. Nuestro gurú, Paramahansa Yogananda, enseñó técnicas

[3] «Ilusión cósmica: literalmente, "la medidora". *Maya* es el poder mágico de la creación, por el cual las limitaciones y divisiones están aparentemente presentes en lo Inconmensurable y lo Inseparable» (Paramahansa Yogananda en *Autobiografía de un yogui*).

de concentración y meditación específicas, a través de las cuales nos es posible calmar el cuerpo y la mente, capacitándonos así para comulgar directamente con el Infinito. Sin embargo, en mis viajes por el mundo, muchas personas me han dicho: «¡Cuán afortunada es usted, puesto que es capaz de comulgar con Dios! Yo, en cambio, tengo mala suerte; Él no me responde». Si Dios no responde, ello se debe a que el devoto no siente el suficiente anhelo de Él y no ha aprendido a meditar con profundidad. En cierta ocasión, el Maestro[4] nos dirigió estas palabras: «Cuando te sientes a meditar, esfuérzate por desechar de la mente la inquietud y todas las cargas físicas y mentales. Debes olvidar el cuerpo y deshacerte de cualquier forma de obstinación. Éstos son los pasos fundamentales que los seguidores de todos los senderos espirituales deben dar a fin de comulgar con el Señor. ¿Cómo es posible hacerlo? Mediante la práctica de las técnicas de concentración del yoga».

Guruji nos enseñó a reservar un pequeño rincón de nuestra habitación para dedicarlo exclusivamente a la meditación, a pensar en Dios. Y también nos enseñó que debíamos desechar de nuestra mente cualquier otro pensamiento cuando nos sentásemos en silencio en ese «templo». Esto es lo que nos vemos obligados a hacer en el momento de la muerte, ¿no es así? En un instante, cuando la muerte nos llama, todos los compromisos mundanos que consideramos tan importantes —incluso el cuidado del cuerpo, el cual nos ocupa tanto tiempo— deben

[4] Equivalente más cercano del término sánscrito *gurú*. «Maestro», «Guruji» y «Gurudeva» son títulos que el discípulo utiliza para demostrar el amoroso respeto que siente al dirigirse o referirse a su gurú, o maestro espiritual. «Maestro», en este sentido, describe a quien ha logrado el dominio de sí mismo y, por lo tanto, está capacitado para enseñar a los demás cómo alcanzar el autodominio.

abandonarse. Así pues, ningún deber en este mundo es más importante que nuestro deber hacia Dios, puesto que no podemos desempeñar obligación alguna si el Señor no nos dota de la capacidad para hacerlo. Por lo tanto, al sentarte a meditar, desecha de la mente todo pensamiento perturbador. Esto puede lograrse cuando sabemos cómo concentrarnos.

El siguiente paso que debe dar el devoto es cultivar la humildad. Mientras no aprendamos a olvidarnos de nosotros mismos, jamás podremos colmar nuestra conciencia con el pensamiento de Dios. La conciencia del «yo, yo, yo» tiene que desaparecer. Hemos de aprender y practicar aquella humildad a la cual se refiere el *Bhagavad Guita*[5]:

> Rectitud, cuidado de no herir a ningún ser viviente,
> veracidad, serenidad,
> una mente que desecha sin esfuerzo
> aquello que otros aprecian;
> ecuanimidad y caridad
> que no indagan en los defectos ajenos;
> tierna solicitud hacia todo ser que sufre;
> un corazón satisfecho,
> no perturbado por deseo alguno;
> una naturaleza suave, modesta, grave,
> en la cual se combina noblemente el valor
> con la paciencia, la fortaleza y la pureza;
> un espíritu que no conoce la venganza,
> jamás dispuesto a considerarse demasiado elevado:
> éstos son los signos, ¡oh Príncipe de los indos!,
> de aquel cuyos pies se han establecido
> en la justa senda que conduce al nacimiento divino.

La humildad consiste en la entrega de nuestro propio ser, del corazón, de la mente y del alma. Es la entrega

[5] *The Song Celestial* [La Canción Celestial], capítulo XVI:2-3. Traducido de la versión inglesa de Sir Edwin Arnold.

del ser humano completo a los pies de la Divinidad. ¿Cómo podemos cultivarla? Sé como el devoto que sigue la senda del *Karma Yoga*[6], y ofrece todos los frutos de tus acciones a los pies de Dios. Ten siempre presente este pensamiento: «Señor, tú eres el Hacedor; yo nada soy. Tú eres la Luz que resplandece en la bombilla; yo sólo soy la bombilla».

El paso siguiente es practicar la paciencia. Cuando nos sentemos a meditar, debemos perder toda conciencia del tiempo. Aun cuando meditemos solamente cinco minutos, durante esos cinco minutos hemos de concentrarnos el cien por ciento en Dios. Nuestra mente no debe pensar en nada exterior, sino sumergirse de manera cada vez más profunda en el interior, hasta que las aguas de la paz, de la bienaventuranza y del amor divino comiencen lentamente a brotar en nuestra conciencia.

Debemos, además, conformarnos con dar pasos cortos. Al comienzo, no aspires a disfrutar de grandes experiencias en tus meditaciones. Conténtate con el más leve atisbo de la Divinidad que mora en tu interior: una sensación de silenciosa paz que se manifiesta en las profundidades de tu conciencia.

Una de las razones por las cuales algunas personas son incapaces de meditar con profundidad es que persiguen ansiosamente una experiencia gozosa, y se desaniman si no perciben una respuesta inmediata de Dios. Ésta es una prueba del Señor. Él no se presenta a sus devotos mientras no se haya convencido, más allá de toda duda, de que éstos le aman y anhelan en forma incondicional. Mas cuando comprueba que le buscamos de verdad, que no nos daremos por satisfechos con ninguno de los dones que Él pueda enviarnos, el Señor se

[6] Unión con Dios por medio de la acción correcta.

nos entrega. Guruji a menudo decía: «Debemos actuar como el niño caprichoso. Cuando éste llora, la madre le da algún juguete, con la esperanza de calmarlo y poder continuar así con sus labores hogareñas. No obstante, el niño caprichoso arroja al suelo cualquier juguete que recibe, y continúa llorando y llamando a su madre indefinidamente. ¡Y ella no tiene más remedio que responder a semejante criatura!». Lo mismo ocurre con la Divinidad: mientras la Madre Cósmica compruebe que es posible satisfacernos a través de algún don, proseguirá haciéndonos llegar obsequios, pero no acudirá personalmente. Sin embargo, si logramos convencerla de nuestra sinceridad, mediante la devoción constante, el amor incondicional, la humildad y la entrega total —clamando: «Madre, ya no podemos sentirnos satisfechos con tus juguetes: ¡sólo te queremos a Ti!»—, la Madre Divina nos responderá.

Cuando meditas apresuradamente o con ansiedad, el objeto mismo de tu meditación —el Ser Divino de quien buscas una respuesta— se escapa de la red de tu concentración. El secreto para encontrar a Dios en la meditación consiste en desechar toda inquietud, impaciencia y ansiedad.

### Los frutos de la meditación

¿Cuáles son los frutos de la meditación profunda? En primer lugar, el devoto se convierte en un ser sereno. No importa cómo le trate la vida, su conciencia permanece siempre centrada en el interior, en el alma. Krishna enseñó a Arjuna cómo permanecer anclado en Aquello que es inmutable, y el único principio inmutable de la creación es Dios. Todo lo demás está sujeto al cambio, ya que no es sino un onírico pensamiento de Dios. Tú y yo parecemos muy reales, estos cuerpos parecen muy sólidos; el mundo entero se nos presenta como algo sumamente estable. Sin embargo, esta realidad aparente no es sino el pensamiento condensado del Soñador Cósmico. A semejanza Suya, en el instante en que retiramos nuestra mente del mundo, éste deja de existir para nosotros. En el momento mismo en que fijamos nuestra mente en el Infinito, comenzamos a percibir el estado natural de nuestra alma, la expresión individualizada del Ser Cósmico.

Si Dios es amor, paz, sabiduría y gozo, nosotros, habiendo sido creados a su imagen, estamos dotados de la misma naturaleza. Pero ¿quién se conoce a sí mismo como tal? Cada noche, cuando dormimos, durante el breve lapso de unas pocas horas, el Bienamado Infinito en su gran compasión nos permite olvidarnos de este cuerpo y de todos sus problemas y dificultades. Pero apenas despertamos por la mañana, asumimos nuevamente la conciencia de un ser finito, atado por numerosas limitaciones, hábitos, estados de ánimo y deseos. Mientras nos encontremos así esclavizados, no podremos conocernos a nosotros mismos como almas.

La única forma en que llegaremos alguna vez a romper los grilletes, las ocultas cadenas que nos atan a esta forma física, es a través de la meditación. Y la primera prueba de la existencia de Dios dentro de nosotros radica en la profunda sensación de paz interior que de manera gradual comenzamos a experimentar.

Conforme continuamos meditando cada vez más profundamente, nuestra conciencia empieza a expandirse. Y se despierta así el anhelo de olvidarnos de esta pequeña forma física y contemplar al Ser Supremo en todos los seres. Entonces surge también el deseo de servir a los demás, de trabajar desinteresadamente en beneficio de la humanidad.

A medida que meditamos con regularidad a lo largo de toda la vida, comenzamos a percibir el vasto océano de amor que yace en nuestro interior. La devoción a Dios nos conduce a un estado en el cual le conocemos como el Amor Cósmico, que se expresa a través de todas las manifestaciones humanas del amor. Sin el amor que proviene de Él, no nos sería posible amar a nadie. Sin el poder que de Él procede, no podríamos siquiera pensar o respirar. Y aun así, excluimos de nuestras vidas al único Ser del cual dependemos cada minuto de nuestra existencia, aferrándonos en cambio a este mundo, como si fuese nuestro.

**Dios es el común denominador de toda vida**

Puede que te preguntes: «¿Debo entonces abandonar el mundo, y recluirme en alguna oculta gruta, para buscar a Dios?». Desde luego que no. Dondequiera que el Señor nos haya colocado en este mundo, es allí donde tenemos que atraerle, mediante la entrega desinteresada, la meditación y los constantes esfuerzos por practicar la presencia divina en nuestra vida. Para resumir, hemos de reducir la vida y todas sus actividades a un común denominador: Dios. En lugar de desterrarle de nuestras actividades, deberíamos incluirle en todo cuanto hagamos —ya sea comer, dormir, trabajar o amar a nuestros seres queridos—, pensando siempre en Él como en el Cósmico Bienamado de nuestras almas.

Es muy sencillo amar a Dios, cuando aprendemos a buscarle en las profundidades de la verdadera devoción. Sin esta última, unida a la meditación, no podemos llegar a conocerle; pero Él es lo más fácil de conocer en el mundo entero, si le llamamos silenciosamente, con la confianza de un niño, desde el fondo de nuestra conciencia. Todo ser humano debería dedicar regularmente un breve período del día a buscar a Dios en la meditación profunda, desentendiéndose del mundo y hablándole al Señor en el lenguaje de su corazón. A menudo, nuestro Gurú solía decirnos: «Todo en este universo le pertenece a mi Bienamado. No obstante, aun Él, que todo lo posee, persigue algo, clama por algo… Ese "algo" es nuestro amor. Mientras no retornemos a Él, sufriremos; y el Señor, que ansía nuestro amor, sufrirá también».

Así pues, la meta de la humanidad es encontrar a Dios y, encontrándole, liberarse de todas las preocupaciones y sufrimientos mundanos. En esa libertad yace la experiencia de un inmenso amor, de una bienaventurada unión con el Bienamado Cósmico. Ésta es la meta de la vida. Y la vía para alcanzarla es la práctica de la meditación profunda y desinteresada.

Cuando te sientes a meditar, olvídate de todo lo demás. En la India, muchos devotos acuden a los crematorios a meditar larga y profundamente, porque aquellos sitios les recuerdan la dura realidad de la vida terrenal. Ésta carece de significado, si se considera que todo hombre —independientemente de sus conquistas en el mundo material— deberá un día abandonar su cuerpo en la tierra, como si fuese sólo un montón de polvo. Por lo tanto, al sentarte a meditar, piensa en lo siguiente: «He muerto para el mundo, he muerto para mi familia, he muerto para todos mis deberes, he muerto para los sentidos: he muerto para todo lo finito. Solamente mi Bienamado existe para mí». Luego, en ese estado de conciencia, medita profundamente y llama al Señor.

Puesto que el hombre es la suprema creación de Dios, es un insulto a ti mismo y a Él el dedicar toda tu atención a las cosas terrenales. Mientras consideres que no dispones de tiempo para Dios, puedes tener la certeza de que Él no tendrá tiempo para ti. El Señor está siempre esperando nuestra invitación, pero como solía decir

Paramahansa Yogananda y Daya Mata,
ermita de SRF en Encinitas (California), 1939

*«Desde la primera vez que vi a mi gurú, Paramahansa Yogananda —hace casi cuarenta años—, me ha llenado de gozo poner el corazón, la mente, el alma y el cuerpo a los pies de Dios con la esperanza de que, de algún modo, el Señor dispusiera de esta vida que le he entregado a Él. Durante estos años, ha sido inmensa la satisfacción que ha colmado mi alma; es como si estuviese bebiendo a cada instante de la fuente del Amor Divino. No puedo atribuirme mérito alguno por ello, pues todo se debe a la bendición del Gurú, que él nos prodiga a todos por igual, si nos aprestamos a recibirla».*

*Satsanga* (reunión espiritual) celebrado en la Sede Internacional de SRF en Los Ángeles (California), en la víspera de su viaje a los centros europeos de SRF, en agosto de 1969

*«Al igual que la mayoría de las personas de este activo mundo, jamás he disfrutado de la oportunidad de permanecer libre de toda actividad; pero, desde el comienzo mismo, decidí que cada momento libre del cual dispusiese habría de llenarlo de Dios».*

nuestro Gurú: «Él es extremadamente tímido; no vendrá a ti a menos que tenga la certeza de que le deseas». Ésa es la razón de que experimentes en la vida un tremendo vacío, un intenso sentido de futilidad. Y continuarás albergando semejante sensación, y continuarás sufriendo, mientras no despiertes de tu engañoso sueño y te percates de que no puedes existir sin Él. Cuando empieces a comprender que sólo Dios puede colmar tu corazón, y no antes, comenzarás a sentir gradualmente la dulce respuesta del Señor.

El Señor Krishna afirma en el *Guita*[7] que incluso una pequeña práctica de la meditación salvará al hombre de terribles sufrimientos en este mundo. Por eso la meditación debería constituir una parte tan vital de tu rutina diaria como lo es el comer. El hombre no descuida las necesidades del cuerpo; se preocupa de alimentarlo, de vestirlo y de darle reposo regularmente. Pero ¡cómo descuida su alma! El hombre no es el cuerpo y, sin embargo, gran parte de su tiempo e interés, de sus esfuerzos y recursos, los dedica a cuidar de la diminuta morada física en la cual habita durante tan sólo unos pocos años. ¡Qué insulto para el alma!

No es de extrañar que el ser humano sufra en este mundo. Merece sufrir, y continuará sufriendo mientras no se deshaga de este engañoso sueño. Él no fue colocado aquí meramente con el objeto de nacer, crecer, reproducirse y morir; eso es lo que hacen los animales. Fue dotado de una inteligencia superior, de la facultad de discernimiento y de la capacidad de libre albedrío. Ninguna otra criatura de Dios posee tales cualidades. Es absurdo ignorarlas o abusar de ellas. No somos animales; somos seres divinos, imágenes de Dios. Y mientras no

[7] II:40.

manifestemos tales cualidades espirituales —que nos han sido concedidas por el Señor—, sufriremos.

El Señor Krishna le dijo a su amado discípulo Arjuna: «¡Apártate de mi océano de sufrimiento!»[8]. El ser humano continúa esforzándose por demostrarse a sí mismo que este mundo no es un océano de sufrimiento, pero jamás lo conseguirá. Hay ocasiones en que nos sentimos seguros de haber atrapado la mariposa de la felicidad, mas en el instante siguiente escapa de nuestras manos. ¿Por qué no concentrarse en el «ave del paraíso» espiritual, el alma, que mora dentro de la jaula corporal? Nútrela un poco cada día con el único alimento que le permite subsistir: la meditación devocional. Deberíamos decir: «Por mi propio interés dedicaré al menos una hora a alimentarte, alma mía; me olvidaré del mundo durante una hora entera».

Al gurú de Paramahansaji, Swami Sri Yukteswar, le gustaba mucho el siguiente canto, en el cual Dios le habla a su devoto que se encuentra sumido en el sueño de la ilusión mundana:

> No te duermas, alma santa, ¡despierta!
> Alma santa, ¡despierta!
> Sin meditación, sin concentración,
> cuán vano es tu ocioso hablar.
> No te duermas, alma santa, ¡despierta!
> Alma santa, ¡despierta!
> Tu hora llegará, la muerte llamará a tu puerta.
> Tu hora llegará y ¡no alcanzarás ya a redimir tu Ser!
> No te duermas, alma santa,
> ¡despierta!, alma santa[9].

[8] «Para tales devotos cuya conciencia está fija en Mí, pronto me convierto en su Redentor a fin de alejarlos del mar de los nacimientos mortales» (*Bhagavad Guita* XII:7). (Traducido del sánscrito al inglés por Paramahansa Yogananda en su obra *Dios habla con Arjuna: El Bhagavad Guita*).

[9] Tomado de *Cosmic Chants* [Cantos Cósmicos], un libro de cantos devocionales a Dios, escrito por Paramahansa Yogananda.

Así pues, ora incesantemente: «¡Oh, alma mía, despierta de tu sueño! ¡Despierta, no duermas más! ¡Despierta, no duermas más!».

Se afirma que sólo existe una diferencia entre el santo y el pecador: el primero debió afrontar las mismas pruebas que el segundo, pero no aceptó darse por vencido. Repite sin cesar el nombre divino en tu interior, pero no con la mente distraída, sino como Guruji nos enseñó: «En el instante en que pronuncies interiormente el nombre del Señor, centra en Él todos tus pensamientos y toda tu devoción». Susúrrale continuamente al Bienamado Cósmico: «¿Llegará el día en que, con sólo pronunciar tu nombre, mi ser entero se inflame de amor?».

Cuando tal momento llega, el devoto descubre un nuevo significado en la vida y ésta se convierte en una experiencia gozosa. Dondequiera que mire, no ve sino un reflejo de su Bienamado; y, aun acosado por la adversidad, aprende a «permanecer incólume en medio del estrépito de mundos que se derrumban», como Gurudeva solía decir. Entonces comprende: «Soy el alma; el fuego no puede quemarme, ni las espadas herirme, ni el agua ahogarme. Yo soy Aquello».

Vivir de esta forma es encontrar una libertad en la cual nada puede atarnos. En medio de todas las experiencias de la existencia, descubrirás que te rodean siempre los amantes y protectores brazos del Bienamado de tu alma.

# La expansión de los horizontes del ser humano

Ashram *de Self-Realization Fellowship*
*en Encinitas (California), 18 de mayo de 1963*

El ser humano siempre está tratando de expandir el ámbito de acción de la vida. En el aspecto material, explora lo desconocido y se adentra cada vez más en el Infinito, mediante sus vuelos alrededor de la Tierra y al espacio exterior o la investigación de las profundidades oceánicas. También desarrolla su mente valiéndose de las ciencias aplicadas y la invención de máquinas tan extraordinarias como la computadora. Cada día se abren nuevas perspectivas que le obligan a expandir sus horizontes mentales, para estar a la altura de sus propios logros. ¡Cuánto más se le exige hoy día al cerebro de cada persona que en la época de nuestros abuelos!

En consonancia con esta expansión, la naturaleza espiritual del ser humano también experimenta una metamorfosis. Por eso se investiga de una manera más profunda ese Misterio que algunos llaman Dios, Brahman o Alá, o que designan con otros nombres reverentes, los cuales aluden al Ser divino, cósmico, inteligente, todo amor y pleno de gozo que es nuestro Creador y Sostenedor. Hoy día, los buscadores de la verdad exigen una auténtica experiencia religiosa y no meras creencias.

Esta tendencia me convence aún más del papel tan especial que debe desempeñar la obra de Paramahansa Yogananda —*Self-Realization Fellowship*—, no sólo en

Occidente, sino en todo el mundo. Esto lo confirma el creciente interés por la *Autobiografía de un yogui* de Paramahansaji y las *Lecciones de Self-Realization Fellowship*[1].

Los seguidores de *Self-Realization* tienen un papel importante en esta obra y en el mundo. Su responsabilidad primordial es convertirse en ejemplos vivientes de la verdad, para su propia salvación y la iluminación espiritual de los demás. No te desanimes si en ocasiones sientes que, en vez de avanzar, te estancas en el sendero. ¡Haz un mayor esfuerzo! Sólo tienes una obligación, que Paramahansaji nos recordaba constantemente cuando estaba con nosotros: a fin de perfeccionarte, descubre tu verdadero ser. Si nuestros templos se llenasen de millones de personas, pero dentro de ellas no se diera un crecimiento espiritual cualitativo, tal clase de organización no sería del agrado de nuestro Gurú. Él no se hallaba interesado en las grandes audiencias, a no ser que fuesen multitudes de auténticos buscadores de Dios. Su máximo y único interés con respecto a cada ser humano que se acercaba a él era ayudar a ese devoto a experimentar conscientemente el vínculo divino entre su propia alma y Dios. Este vínculo ya existe; el papel de un verdadero gurú es ayudar al devoto a tomar conciencia de su unidad con Dios, que es el creador de su alma y del universo.

Cuando reflexiono sobre estos principios sublimes, mi alma rebosa de entusiasmo por la obra del Gurú y experimento un entusiasmo todavía mayor por

[1] Las enseñanzas de Paramahansa Yogananda que se envían a estudiantes de todo el mundo y se encuentran a disposición de todos los buscadores sinceros de la verdad. Estas *Lecciones* contienen las técnicas yóguicas de meditación que enseñó Paramahansa Yogananda. Además, explican las leyes universales que gobiernan la vida y cómo el ser humano puede operar con ellas para su mayor beneficio.

embriagarme noche y día con la conciencia de Dios. Él es la única realidad, lo único inmutable y eterno en este mundo.

Supón que agradas a todo el mundo y no existe nadie que no se rinda a tus pies: ¿y después qué? Imagina que posees todas las riquezas que el mundo te pueda ofrecer: ¿y después qué? Todas las cosas externas que buscamos conducen finalmente a la saciedad, y tras ella aparece el tedio. La única experiencia que nos proporciona completa satisfacción y felicidad, que no puede saciarnos ni aburrirnos, es la comunión con el Señor, que es eternamente nuevo y eternamente gozoso.

En todo el planeta, la gente siente la necesidad de Dios y, a la postre, retornará a Él. Cuanto más atormentado está el mundo, más comprendemos que ¡no podemos vivir sin el Señor! Recuerdo el período que se inició en 1939, cuando en el mundo empezaban a resonar cada vez con más intensidad los tambores del odio y de la guerra. Mi tormento interior en aquellos momentos era enorme. No puedo pensar en nada más absurdo y doloroso que la guerra —yo sufría como si todas sus amarguras se albergasen dentro de mí—. Cualquier persona sensible que sienta simpatía y compasión por los demás experimenta lo mismo. Cada vez que viajábamos con Guruji, del *ashram* de Encinitas a Mount Washington[2], y veía en el trayecto a aquellos jóvenes alistados en el servicio militar y alineados a un lado de la carretera, pidiendo a los automovilistas que los llevaran, lo único que yo pensaba era: «Cada uno de ellos es hijo de alguien». Un día, Paramahansaji volvió la cabeza y vio el sufrimiento en mi rostro. Leyó mi mente y, como el

[2] Por estar ubicada en dicho lugar, frecuentemente se designa con ese nombre a la Sede Internacional de *Self-Realization Fellowship* en Los Ángeles.

coche no estaba lleno, exclamó: «¡Detengámonos un momento!». Había dos jovencitos al lado de la carretera y les dijo: «¿Quieren venir con nosotros?». Nunca olvidaré lo dulce que fue Guruji con ellos. Fue un acto sencillo, pero alivió mi angustia.

Durante este período de guerra, Paramahansaji dijo: «Parece como si el mundo estuviese retrocediendo y fuera a destruirse a sí mismo por el odio. Pero ten la certeza de que el mundo marcha en dirección ascendente, evolucionando y mejorando en todo momento».

Al igual que el color blanco se destaca contra un fondo negro, la bondad sobresale de una manera más notoria en un ambiente donde abunda el mal; la luz de Dios resplandece más intensamente cuando se manifiesta sobre un fondo de gran oscuridad. ¿Acaso no fue eso igualmente cierto en la época de Cristo? El *Bhagavad Guita*[3] afirma que cuando en el mundo predomina la oscuridad de la ignorancia, Dios envía a uno de sus santos a la tierra para mostrarle al ser humano el modo de elevar su conciencia, a fin de restablecer la virtud.

### La comunión con Dios traerá la unidad mundial

*Self-Realization Fellowship* enseña a respetar y amar a todas las religiones, razas e individuos, pues Dios es Uno y, por lo tanto, debería haber unidad entre sus hijos, al ser conscientes de la presencia divina. Nuestra comunión con Dios y, en última instancia, la unidad mundial no serán tanto el fruto de lo que creamos con respecto a la Divinidad, sino más bien de nuestra experiencia personal del Señor. A Dios no le interesa en absoluto si nos hallamos revestidos con cuerpos negros, morenos, amarillos, rojizos o blancos. Él sólo desea comprobar cómo

[3] IV:7-8.

nosotros, que estamos hechos a su imagen, respondemos a su presencia que habita en esas formas de diversos colores. ¿Comprendes que no existe diferencia alguna, y que la raza, la religión o el color de la piel no alteran el alma divina, hecha a imagen de Dios, que habita en el interior de cada ser humano?

Tenemos que esforzarnos por desechar los prejuicios que limitan la mente y la conciencia y que provocan el lamento del Divino Ser que mora en nuestro interior. Aun así, podemos culpar a Dios de una parte de nuestra miopía, diciéndole: «Señor, eres Tú quien puso este pensamiento de separación en la mente de los seres humanos, porque ellos no habrían podido concebir esa idea si Tú antes no la hubieses pensado. El hombre no es más que una parte en tu sueño de la creación». Todo proviene de Dios; en última instancia, incluso la fuerza del mal no deja de ser su instrumento. El mal, o *maya,* es la ilusión cósmica cuyas sombras —a semejanza de una película cinematográfica— transforman la luz creativa de Dios en innumerables formas individualizadas. Sin *maya* no existiría la creación. En este sentido metafísico, el mal es toda forma de oscuridad que oculte o distorsione la luz siempre perfecta de la omnipresencia de Dios en la creación.

¿Cuál es el motivo para que exista la creación? Como Paramahansaji nos enseñó, es la *lila* o divino juego del Señor. No le concedas demasiada importancia. No permanezcas tan absorto en su *lila* que te olvides de Él, que fue quien creó el juego y constituye la Esencia misma de éste.

### La cercanía del mundo ciega al ser humano

Si cierras un ojo y tapas el otro con una moneda, serás incapaz de ver el mundo que te rodea, pues ese pequeño objeto te ciega. Si retiras la moneda que impedía la visión del ojo que se hallaba abierto, te será posible contemplar lo vasto que es el mundo. Lo mismo ocurre con Dios. Cuando estás demasiado identificado con el mundo, éste te ciega y te impide percibir al Señor. Abrumado por la ansiedad, las preocupaciones, el miedo, la inseguridad y la incertidumbre, no puedes siquiera imaginar que Dios existe.

Únicamente cuando apartas de ti la «moneda» del mundo, te es posible experimentar la inmensidad de Dios en tu interior y más allá de la creación. Sólo entonces ves el mundo en su verdadera perspectiva. Tienes que mantener siempre a la vista lo que es más importante: Dios. Cuando Él es lo primero, todo lo demás se ve con claridad.

Por esta razón Cristo dijo: «Buscad más bien su Reino, y esas cosas se os darán por añadidura»[4]. Paramahansaji nos recalcaba constantemente a todos este mensaje. Cada ser humano siente en su corazón que le falta algo. Necesitamos a Dios; necesitamos aferrarnos a algo permanente que nos proporcione la fuerza para afrontar los problemas, las pruebas y las experiencias que atraemos. Jamás culpes a los demás de lo que te ocurra. Cúlpate a ti mismo; pero no te castigues, porque eso es incorrecto. Y nunca te permitas caer en la autocompasión, porque esa actitud también es errónea. Recuerda siempre esta verdad: eres un hijo de Dios, y la meditación es el medio por el cual puedes experimentar que eres Suyo.

La meditación es afirmar constantemente lo que somos. Al sentarnos a meditar, afirmamos: «Yo soy el alma, que es una con Dios». Cuando practicas las técnicas de meditación de *Self-Realization Fellowship,* estás tratando de recordar tu verdadera naturaleza. Como ocurre en todo, cuanto más domines la práctica de la meditación

[4] *San Lucas* 12:31.

y mayor tiempo le dediques, más provecho obtendrás, y con mayor intensidad recordarás y manifestarás tu linaje divino. La importancia y el valor de la meditación residen en su promesa inviolable de que finalmente lograrás el supremo conocimiento de la naturaleza de tu alma.

No es suficiente con ir a la iglesia; no es suficiente con escuchar los hermosos sermones que se imparten en los templos de *Self-Realization Fellowship.* Los sermones son beneficiosos; es importante escucharlos y, si te es posible, deberías asistir a los oficios con regularidad. Pero además, diariamente, debes practicar la presencia de Dios, comulgar con Él en profunda meditación y confiarle siempre tus problemas.

### No esperes hasta que la vida te obligue a buscar a Dios

No sé cómo la humanidad vive sin esa comunión con el Señor. Muy bien podría ocurrir que el mundo se hubiese de enfrentar a tales adversidades que se viera obligado a pensar en Dios. No obstante, incluso semejantes adversidades serían provechosas, porque, en última instancia, es indiferente cuál sea la coyuntura que nos haga postrarnos ante el Señor, siempre y cuando estemos ante Él.

Por lo tanto, nunca lamentes lo que te ocurra ni te sientas derrotado por ninguna circunstancia de la vida. Esfuérzate siempre por mantener este pensamiento en tu mente: «Señor, tengo fe en que ninguna prueba o experiencia puede acaecerme sin tu consentimiento. Sé que poseo en mi interior, gracias a tus bendiciones, la fuerza para afrontar cualquier cosa que me suceda». Incluso si tus tareas te parecen sobrehumanas, recuerda que Dios está estirando la banda de goma de tu conciencia, expandiendo su capacidad potencialmente infinita.

Con esta actitud de fe y entrega, aprendemos a transitar por este mundo con un pensamiento que nos sostiene: «Señor, Tú, Tú, Tú y sólo Tú». El devoto se siente tan unido a Dios que relaciona toda experiencia con Él. Ya sea que se encuentre dedicado a asuntos del mundo, ocupado en su oficina, o mostrando amor a su esposo, esposa o hijos, comprende que todo es Dios —que todo proviene de Dios y es para Dios.

Cuando el devoto adquiere esta sagrada actitud en la que se esfuerza por ver al Señor en sus relaciones con el esposo o la esposa, los hijos y los hermanos, y sabe que en cada relación es posible contemplar otra faceta de la naturaleza de Dios, empieza a comprender que vive, se mueve y tiene su ser en el Único Amado Divino.

Tal es el propósito de la vida, la meta de cada ser humano. Al aferrarnos a la conciencia de Dios mientras atravesamos todas las experiencias que nos depara la vida, nos contemplamos de nuevo —a nosotros mismos y a quienes nos rodean— como parte del Todo Infinito. Y entonces, alcanzamos la libertad.

# Nuestro destino divino

*La India; fecha y ciudad desconocidas*

Los seres humanos tienen un destino divino que consumar, pero pocos conocen el propósito de su existencia, y son menos aún los que buscan ardientemente alcanzar esta meta. La mayoría de las personas consagran su vida a atender los requerimientos del cuerpo y a cumplir con las responsabilidades impuestas por las necesidades del momento. De este modo, el hombre medio vive y muere sin saber de dónde viene, por qué está aquí y hacia dónde va.

Las grandes escrituras de todos los tiempos aseguran que el ser humano es la creación más inspirada de la Divinidad y que, en verdad, está hecho a imagen de su Creador. ¿Es la imagen de Dios un cuerpo de carne y hueso susceptible a la enfermedad e impotente ante la muerte? ¿Es una inteligencia envuelta en *maya,* sujeta a estados de ánimo y emociones en continuo cambio? ¡Ésta no puede ser la imagen de ese Gran Poder que concibió y sostiene las cósmicas complejidades del universo! ¿Dónde, pues, se encuentra la imagen divina conforme a la cual se supone que están hechas las personas?

El ser humano posee una triple naturaleza. Tiene un cuerpo, pero no es ese cuerpo lleno de exigencias, que sufre y muere. Tiene una mente, pero tampoco es esa mente distorsionada por las artimañas de la ilusión cósmica. Su verdadera naturaleza es el *atman* inmortal —el alma invisible, que mora en el templo mortal de la carne—. Este *atman* es la imagen de Dios que reside en el ser humano; la imagen absolutamente perfecta cuyas divinas cualidades son el amor, la sabiduría, la omnipotencia y el gozo eterno.

Ciego es el hijo de Dios que permite la profanación de esta imagen divina que habita en él, oscureciéndola de tal manera con las imperfecciones de la conciencia material, que es incapaz de reconocerla. Al actuar así, el ser humano vive en contra de su verdadera naturaleza. Ésa es la razón por la que jamás se encuentra totalmente satisfecho y por la que siente siempre, en lo más profundo de su interior, una añoranza que le impulsa de un sendero a otro en busca de ese «algo» desconocido que continuamente le esquiva.

Dios es ese «algo más» que el ser humano está buscando: la Divinidad que anima el latido de su corazón; el Amor que se filtra a través de las diferentes formas de amor por la familia, los amigos y los seres queridos; el Gozo que enciende todas las llamas de la felicidad; la Sabiduría omnisciente que se halla justo en el fondo de los pensamientos de la pequeña mente humana. Más cerca que lo más cercano se encuentra el Poder Divino que le confirió la vida al hombre y que puede aportarle sentido y plenitud a su existencia.

### El destino del ser humano es conocer a Dios

El destino divino del ser humano es, por lo tanto, encontrar a Dios y tomar plena conciencia de que su divina imagen habita en el templo del cuerpo y la mente mortales. Al encontrarle por medio de la comunión con nuestro verdadero ser o *atman,* hallamos al Amado Cósmico tanto en todas las manifestaciones de la naturaleza como en su Ser sin forma o *Sat-Chit-Ananda:* la Dicha siempre existente, siempre consciente y eternamente renovada. Cuando esa imagen de Dios que mora en nuestro interior tiene la gloriosa percepción de que es un reflejo del Señor omnipotente, omnisciente y omnipresente, ¿qué más puede desear?, ¿qué amor le cabrá anhelar a su corazón?, ¿qué logro estará más allá de su alcance?, ¿qué gozo podrá eludirle? El ser humano debe darse cuenta de que es un reflejo de la Fuente de toda plenitud, amor y gozo.

El *Raja Yoga*[1] es la antigua ciencia que muestra el camino para conocer el alma y para reunir esa imagen individualizada de Dios con el Espíritu Cósmico. A través de la meditación recuperamos la herencia olvidada que nos corresponde como hijos del Creador Cósmico. Todas las cosas que el Padre posee, nosotros —por ser sus hijos— podremos obtenerlas cuando restablezcamos nuestra verdadera relación con el Señor. El tesoro que buscamos al tratar de realizar nuestras ambiciones y deseos es la felicidad. Aquel que sigue fielmente el sendero de la meditación empieza a percibir la siguiente verdad: «Del Gozo vengo, en el Gozo vivo, me muevo y tengo mi ser, y en ese sagrado Gozo me fundiré algún día de nuevo».

Todo aquel que quiera conocer este Gozo debe esforzarse por cumplir el destino divino de su vida en esta tierra y dedicarse a descubrir de nuevo su verdadera naturaleza y la relación de su alma con el Espíritu. No necesita huir de sus responsabilidades mundanas; pero, sin duda, puede consagrar una de las veinticuatro horas del día a buscar a Dios. De acuerdo con la profundidad y continuidad de nuestro esfuerzo, incluso unos minutos al día de esta práctica devocional —las técnicas de

[1] El *Raja Yoga* es el sendero «regio» y más elevado para comulgar con Dios e incluye la esencia de todas las demás formas del yoga. Dicho sendero hace énfasis en las técnicas científicas de meditación como el medio supremo para alcanzar la unión con Dios.

meditación del yoga que enseñan nuestros grandes Gurús[2]— permitirán al devoto sincero alcanzar las bendiciones supremas. Conforme nos acercamos más a Dios y manifestamos gradualmente nuestra verdadera naturaleza, cambia nuestra perspectiva de la vida. Incluso las dificultades se contemplan como la sombra de la mano de Dios, extendida para bendecirnos. Una mayor fortaleza en los propósitos y una superior capacidad para orientar la propia conducta motivan nuestras acciones. Y por encima de todo, la paz y el gozo se convierten en el centro de nuestra existencia: un núcleo de gozo interior en torno al cual giran todos nuestros pensamientos y experiencias.

Algún día debemos volver a la Fuente de nuestro ser. ¿Por qué prolongar este exilio en el mundo de la ilusión? Krishna le dijo a su amado devoto Arjuna: «Aléjate de mi océano de sufrimiento e infelicidad». «Alejémonos», siguiendo el sendero de los grandes maestros. A partir de hoy, hagamos un esfuerzo por dirigirnos hacia la meta que nos tiene destinada la vida. ¡Percibamos nuestra alma! ¡Busquemos a Dios! ¡Alcancémosle!

[2] La sucesión de Gurús de *Self-Realization Fellowship/Yogoda Satsanga Society of India* que han alcanzado la plena comunión con Dios: Mahavatar Babaji, Lahiri Mahasaya, Swami Sri Yukteswar y Paramahansa Yogananda.

# Las cualidades del devoto

*Sede Internacional de Self-Realization Fellowship,
Los Ángeles (California), 19 de febrero de 1965*

El primer requisito en el sendero espiritual es poseer un anhelo sincero por Dios; sin ese anhelo resulta imposible conocerle. Se precisa de un empeño continuo para alcanzar el éxito en cualquier búsqueda que emprendamos. De igual manera, si deseas conocer al Ser Divino, debe prevalecer en ti una incesante añoranza por Él.

Pero ni siquiera el anhelo es suficiente por sí solo; hace falta ir más allá. Una vez que surge el anhelo por Dios, éste ha de sustentarse con entrega y lealtad: primero, a Dios y, después, al sendero y al maestro que el Señor te envía. Cuando el devoto empieza a buscar a Dios fervientemente, encuentra un sendero y un gurú que le inspira a lo largo de ese camino. Así pues, la segunda cualidad más importante es la lealtad y entrega a Dios y al gurú cuyo sendero hemos elegido.

El tercer requisito es vital. Conforme avanzamos por el camino espiritual, tenemos que tratar de comportarnos de tal manera que inspiremos a otros que quizá se sientan débiles, en lugar de contribuir a incrementar su actitud negativa o su desaliento. Esto no significa que ansiemos atraer la atención de los demás. Sin embargo, de una manera responsable, debemos manifestar en nuestras vidas las cualidades espirituales que empezamos a sentir en nuestro corazón; con ello seremos capaces de alentar a otras personas a lo largo del sendero hacia Dios.

El cuarto punto consiste en que el devoto ha de esforzarse constantemente por cultivar la humildad, pues ésta es semejante a un valle en el cual pueden confluir las aguas de la gracia de Dios. El egoísmo, la continua conciencia del yo, yo, yo, es como la cumbre árida y desértica de una montaña; en dicha cima no puede almacenarse el agua, ya que ésta se acumula en los valles profundos. De igual manera, las aguas de la misericordia, la gracia y las bendiciones sólo se reúnen en el valle de la humildad, donde el devoto coloca primero a Dios, poniéndose a sí mismo en el último lugar. Entonces, como afirma el proverbio hindú: «Cuando este "yo" muera, sabré quién soy».

El quinto requisito para el devoto consiste en dedicar cada día un cierto tiempo a meditar. Te estás engañando —y podrás pensar que engañas a Dios, pero te equivocas—, si pretendes demostrar de algún modo que tu trabajo es más urgente que tus esfuerzos por meditar a diario. Este concepto erróneo es una de las mayores pruebas a las que debe enfrentarse el devoto. Al principio, puede que no percibamos ningún resultado tangible en la meditación, y nos inclinemos entonces a conceder el primer lugar a las demandas de nuestro trabajo o de este mundo. Sólo cuando nos enfrentamos a experiencias amargas —contratiempos o sufrimientos físicos, mentales o espirituales—, empezamos repentinamente a comprender que hemos cometido un error al no otorgar a Dios el primer lugar en nuestras vidas.

**Mantener la mente en Dios te ayuda a resolver tus problemas**

Siempre que nos acercábamos a Paramahansaji con alguna queja o problema personal —si teníamos alguna crítica que hacer o estábamos en conflicto con otras personas o atravesábamos por dificultades en nuestro trabajo—, él no se centraba en ese asunto en particular. De hecho, salvo en una ocasión, no recuerdo que se sentara a conversar conmigo de mis problemas. Los discípulos jamás nos dirigíamos a él para consultar nuestros asuntos privados, porque sabíamos cuál sería su respuesta. «Mantén tu mente aquí», solía decir, señalando el centro crístico en el entrecejo —el asiento de la conciencia espiritual y del ojo divino[1]—. «Conserva tu atención aquí y mantén a Dios en tu conciencia». Quizás a algunas personas les pueda parecer que no nos daba lo que buscábamos; después de todo, era de esperar que un gurú ofreciera a sus discípulos discursos extensos sobre espiritualidad, la naturaleza de Dios o el valor de la virtud. Pero habitualmente tan sólo nos repetía esas breves, calmadas y efectivas palabras. Y para quienes eran receptivos, con eso bastaba. De esta manera nos enseñó que al elevar la conciencia, encontramos invariablemente la solución correcta a nuestros problemas.

El Maestro era una persona admirablemente sencilla, como lo son todos los grandes amantes de Dios. Su único interés era que aprendiéramos esta lección: Dios debe ser lo primero en nuestras vidas. Deberíamos mantener presente en nuestra conciencia las palabras de Cristo: «Buscad primero el Reino de Dios y su justicia, y todas esas cosas se os darán por añadidura»[2]. Él no pretendía que este consejo fuese sólo para quienes viven en monasterios, sino para toda la humanidad. Si nos concentramos en esta verdad —*busca a Dios primero*—, empezaremos a comprender gradualmente su significado. Cuando te duela el estómago, o tengas problemas con tu familia, o atravieses por dificultades en el trabajo, la solución es muy sencilla:

[1] El ojo espiritual; el centro de la percepción espiritual y de la sabiduría intuitiva en el hombre.

[2] *San Mateo* 6:33.

pon tu mente en Dios. Primero afiánzate en Él, y después, desde ese nivel de conciencia, trata de resolver tus problemas. Te sorprenderá la rapidez y efectividad con la que obtienes resultados. Lo sé porque es así como he vivido y he podido cumplir con mis numerosas obligaciones, a lo largo de todos estos años.

### Haz un esfuerzo por cambiarte a ti mismo

En ocasiones, los devotos se entusiasman tanto con su propia conversión espiritual que desean comunicárselo a los demás ¡y convertirlos también! Se hallan tan convencidos de estar haciendo el bien y de haber experimentado un cambio benéfico, que quieren transformar a todo el mundo. Tal entusiasmo es meramente superficial. El mayor esfuerzo se debe emplear en perfeccionarse a uno mismo. Es difícil modificar el «yo», debido a que se encuentra profundamente incrustado en un caparazón formado por hábitos de los que ni siquiera somos conscientes. Nos hemos convertido en prisioneros al limitarnos con nuestros propios pensamientos, estados de ánimo y emociones.

No es fácil cambiar los hábitos que has formado a lo largo de un período de quizá treinta o cuarenta años. Trata de modificar aunque sólo sea un pequeño hábito y comprobarás ¡qué difícil resulta! Proponte no hablar demasiado, no chismorrear, no criticar o no ser celoso. Después de hacer un cierto esfuerzo, tal vez pienses: «Me parece imposible que pueda cambiar; ¿acaso no hay esperanza para mí?». Sin duda la hay. Pero esta esperanza nunca se hará realidad mientras sólo trates de reformar a los demás y las circunstancias que te rodean, en lugar de ocuparte de corregir tus propias faltas. Esto es lo que te ruego aprender. Mucho tiempo después que los labios de todos los aquí presentes se encuentren sellados, se podrá seguir aplicando la verdad eterna contenida en estos consejos.

*Puedes* cambiar, y el modo de hacerlo consiste en buscar a Dios con sinceridad, por medio de la meditación y la autodisciplina. No existe otro método. Se necesita el poder combinado de todo lo anterior para vencer los malos hábitos y destruir aquellos profundos y ocultos grilletes subconscientes que nos han aprisionado en estas limitadas mentes y formas físicas.

Ésta es la razón por la que son necesarias ciertas reglas para los devotos en el sendero espiritual. Se requiere una disciplina inquebrantable. ¿Piensas que es fácil conocer al Amo de este universo? ¿Crees que es sencillo comulgar con Él cuando la mente está llena de mezquindad, negatividad, chismorreo, odio, falta de fe o cualquier otra cosa que no sea Dios? ¡Jamás! Sin la ayuda de la meditación y la autodisciplina para eliminar estos obstáculos, no puedes conocer al Señor.

Sólo mediante una entrega total a Dios podemos conocerle. No te sientas satisfecho con ser un discípulo mediocre. No te conformes con los valores morales impuestos por el resto del mundo. Recuerdo al Maestro diciéndonos: «No quiero en este sendero devotos mediocres. Por eso soy estricto con los discípulos. Quiero ver quién tiene el ímpetu para recorrer el camino completo hacia Dios».

Las últimas palabras personales que me dirigió —¡cómo las atesoro!— las pronunció tres días antes de su *mahasamadhi*. Bajábamos juntos en el ascensor, aquí en la Sede Internacional, cuando me dijo: «Pobre niña, he sido muy estricto contigo en esta vida[3]. Te he sometido a la misma rigurosa disciplina que yo recibí de mi Gurú, porque sabía que podrías soportarla. Pero recuerda, él me reprendía porque me amaba». Y después dijo algo muy conmovedor: «Pero no estaré aquí ya por mucho tiempo para disciplinarte de esta manera».

«Maestro —repliqué yo—, disciplíneme cada vez que sienta que esta devota lo necesita, a lo largo de toda la eternidad. Sé que puede guiarme incluso cuando su cuerpo ya no esté presente. ¡Le ruego que continúe haciéndolo siempre!».

No tengo el deseo de complacer a mi ser físico o mental. Busco la libertad, y eso es lo que quiero para todos.

### Cuando la actitud es correcta, se asemeja a la de Cristo

«Cuando este "yo" muera, sabré quién soy». Cuando la actitud del devoto es correcta, se asemeja a la de Cristo. Nadie pudo injuriar a Jesús, ni destruir su amoroso espíritu o provocar su ira, porque su conciencia no estaba anclada en el pequeño ser sino en el Ser Supremo: Dios. Y por eso nada ni nadie pudieron jamás ofenderle.

Supongamos que todo el mundo nos acusa injustamente. Si la mente está afianzada con firmeza en Dios, lo que el mundo piense poseerá poca importancia. Eso no significa que debas despreciar al mundo, sino que has de estar tan inmerso en la Conciencia Única (quizás hayas

[3] Referencia a las encarnaciones previas en las que gurú y *chela* habían estado juntos. Paramahansaji sabía que Daya Mata debería jugar un papel eminente en esta encarnación, y por eso estaba fortaleciéndola y elevando su nivel espiritual a fin de prepararla para asumir esa responsabilidad. Véase una explicación de la ley de la reencarnación en la nota que se encuentra al pie de la página 52. *(Nota del editor).*

tenido ya un destello de esta experiencia) que sientas compasión por la gente y trates de comprenderla. Por encima de todo, tendrás la certeza de una cosa: «Si todo el mundo me alaba, mas no siento las bendiciones de mi Dios, no existe para mí ningún consuelo. Pero si todo el mundo me injuria y, sin embargo, siento la fortaleza de mi Dios en el fondo de mi ser, estoy totalmente satisfecho en Él».

La vida espiritual consiste tan sólo en comprender y experimentar plenamente esa verdad; y mientras viva, seguiré tratando de dirigir mi conciencia y la tuya de regreso a esta Única Meta. Quiero ver que el mensaje de Gurudeva Paramahansa Yogananda aporta consuelo a todos. Las colmenas de las organizaciones espirituales deberían estar llenas con la miel de las almas que aman a Dios.

Todo ser humano quiere ser libre. Una vez que te hagas consciente de que realmente eres un prisionero en esta vida, ansiarás tu liberación. Yo nací con este anhelo y no consentía que nada se interpusiera en el camino de mi búsqueda de la libertad. Si no lo lograba, sabía que no podía culpar a nadie más. Ahora, nada puede interferir en mi relación con Dios. Tal vez las personas intenten disuadirme o crean que son capaces de influenciarme para que yo abandone este sendero, pero jamás podrán hacerlo. ¿Por qué? Porque sé lo que quiero. Trato de no engañarme nunca y no permito que los deseos por las cosas de este mundo me confundan. Dios es lo primero.

Cuando el devoto logra ese estado de conciencia, su vida se vuelve mucho más fácil, segura y estable, porque conoce y siente su verdadera relación con los demás, y todo en su vida se enfoca desde la perspectiva adecuada.

Buscar primero a Dios no implica renunciar al mundo. Benditos son los que pueden hacerlo. Pero dondequiera que se encuentre el devoto, puede colocar a Dios primero y, entonces, el resto de sus deberes y relaciones se ubicarán en el lugar que les corresponde. Después de todo, sólo hay una fuente de amor, no media docena. Sólo existe una Dinamo —no tres o cuatro— de la cual provienen la sabiduría, el amor y el gozo; y esa fuente única es Dios.

Cuando el devoto alcanza una unión más profunda con el Señor, comprueba que él es sólo un instrumento, una parte de la gran Fuente, y contempla todo y a cada ser humano como una parte de esa Fuente común. Como resultado, su relación con los demás es la apropiada. No siente ya la necesidad de exigirles nada. Ya no desea atrapar o retener o implorar el amor, la amabilidad y la comprensión. Por el contrario, desea ofrecerlos. Él conoce la ley divina por medio de la cual lo que uno da en este mundo, lo recibirá de nuevo. Esta ley es científica; nunca falla.

Si siembras amabilidad, cosecharás amabilidad. Pero si has sido afectuoso con alguien durante años, y esta persona sólo te ha respondido lastimándote, recuerda que en existencias previas sembraste semillas de falta de consideración que ahora están produciendo su justo fruto. Tienes que ser paciente; espera a que las semillas que ahora siembras den frutos en la estación que les corresponda. No puedes plantar hoy una semilla y obtener mañana un árbol frutal. A su debido tiempo, la semilla producirá un árbol. Planta buenos hábitos hoy, siembra hoy amabilidad en este mundo; a su debido tiempo, producirán resultados favorables. Si el fruto que ahora cosechas es amargo, no te lamentes por ello ni sientas autocompasión. Tú mismo sembraste las semillas que están produciendo ese fruto amargo. Acepta la situación como una persona valiente. Yérguete y encara con valor y paciencia las situaciones desagradables. Afróntalas con fe en Dios.

### Todos estamos un poco locos

El problema es que todos nosotros —como solía decir Paramahansaji— estamos un poco locos; y no lo sabemos, debido a que las personas con manías similares se juntan entre sí. Ningún ser humano es realmente equilibrado hasta que conoce a Dios. Las únicas personas perfectamente juiciosas en este mundo son aquellas que han alcanzado la unión con Dios; y eso es lo que todos nos esforzamos por conseguir.

Muchas personas no están sanas mentalmente, pero muchísimas más no lo están emocionalmente y se encuentran traumatizadas o padecen de inmadurez emocional. No puedes negarlo. Me parece que hoy día esta enfermedad emocional es el mayor problema de la humanidad. Un síntoma de este mal se manifiesta en la forma en que la gente culpa constantemente de sus diversos problemas a las condiciones externas o a otras personas. «Bueno, si él no hubiera hecho esto, o si ella no hubiera dicho aquello, yo no estaría sufriendo hoy». ¡Absurdo! La falacia de tal razonamiento es una lección que el Maestro insistía firmemente que aprendiéramos.

No culpes a los demás por la forma en que te comportas. La situación en que te encuentras es exactamente la que tú mismo has creado. El aforismo: «Eres el arquitecto de tu propio destino» es absolutamente cierto. Tú eres el creador de tu propio sino. El problema es que, debido a la ignorancia, no hemos aprendido a controlar nuestras debilidades humanas y, como resultado, hemos puesto en movimiento esas formas de conducta que han traído sobre nosotros los nocivos efectos que hoy experimentamos. Comprender esta verdad es un indicio de que se piensa con madurez, y eso favorece nuestro desarrollo emocional. Estoy haciendo énfasis en este punto porque adoptar la actitud correcta hacia nuestros problemas es una necesidad básica para el ser humano.

Todos tenemos que madurar; y madurar significa reconocer nuestro verdadero ser y comportarnos como tal: «No soy este individuo emocional. No soy esta persona quejumbrosa y timorata. No soy este debilucho inseguro. Yo soy una parte de Dios». Guruji nos asegura que por medio de la práctica regular de la meditación y la aplicación de las reglas espirituales que nos enseñó, lograremos comprender quiénes somos en realidad. Cuando lleguemos a ser totalmente conscientes de Dios y nuestra conciencia se haga una con la Suya, sólo entonces obtendremos el verdadero conocimiento.

### Capta la verdad con el intelecto y asimílala con el alma

Si quieres reformarte, debes primero comprender intelectualmente ciertos puntos importantes y, después, empezar a asimilarlos de modo profundo en tu alma. Supongamos que quieres desarrollar la devoción. Escribe esta palabra en un trozo de papel, o copia algún pensamiento que despierte tu devoción, y colócalo en tu puerta o en cualquier otro lugar donde puedas verlo con frecuencia. Cada vez que mires este recordatorio, trata de captar el concepto de devoción no sólo intelectualmente, sino procurando también sentir su significado. Reflexiona sobre él, permite que infunda en ti un fervor inmediato. El Maestro solía decir: «Debes estremecer el éter con tu amor por Dios, con tu anhelo por Él». Conversa con Dios, sintiendo que estás agitando el éter con tu oración.

Por ejemplo, acabamos de cantar uno de los cantos del Maestro, «La puerta de mi corazón». Cuando termino de cantar en voz alta, aún no he concluido. Se debe avanzar desde el canto en voz alta hasta convertirlo en un susurro y, posteriormente, en cántico mental. Al finalizar un canto, mi atención no se detiene bruscamente ahí. Profundizo cada vez más y más en el concepto que expresa dicho canto: «¿Vendrás Tú? ¡Oh Señor!, ¿vendrás Tú? ¡Ven siquiera una vez!», implora mi corazón. Mi mente se recoge en el interior y, como aconsejaba Guruji, «agito el éter» con ese pensamiento. En otras palabras, un canto ha de repetirse una y otra vez con un sentimiento creciente, hasta que el sentido de las palabras que estás repitiendo llegue a formar parte de tu conciencia. Sólo puedes lograrlo si te concentras al cien por ciento en lo que haces. Si tu atención enfocada en Dios es del noventa y nueve por ciento, porque estás pensando —aunque sólo sea un poco— en la gente que te rodea, o abrigas un pensamiento errante referente a tu trabajo, no podrás alcanzar el éxito al tratar de atraer la respuesta divina. Guruji solía decirnos: «Dios no vendrá a ti, a menos que le concedas el cien por ciento de tu atención». Si crees que puedes progresar con sólo sentarte y practicar *Kriya*[4] mientras la mente se mueve febrilmente de aquí para allá, estás equivocado. Hay quienes razonan de esta manera: «Hoy he practicado cien *Kriyas;* debo de estar avanzando con rapidez… Esta semana he ejecutado mil *Kriyas;* debo de estar muy desarrollado espiritualmente». ¡Absurdo! Tal devoto no posee la actitud correcta. Él se parece a la tía de Guruji: durante cuarenta años, ella había estado repitiendo a diario sus oraciones con la ayuda del rosario, pero su mente se hallaba siempre en otra parte. ¡No es de extrañar que al final se quejase de no obtener

[4] Una técnica especial de la meditación yóguica que practican los miembros de *Self-Realization Fellowship.* El *Kriya Yoga* es una sagrada ciencia espiritual que se originó en la India hace miles de años. Consiste en ciertas técnicas de meditación cuya práctica diligente conduce a la comunión con Dios. Mahavatar Babaji la hizo resurgir en esta era (véase la página 196). El *Kriya Yoga* es la *diksha* (iniciación espiritual) conferida por los Gurús de *Self-Realization Fellowship.*

respuesta! Tienes que demostrar gran interés por Dios a fin de alcanzarle en esta vida. *Puedes* lograr tu meta; pero no sin el grado de esfuerzo adecuado.

**Dios es tímido y evasivo**

Es muy difícil conocer al Señor. Él gobierna millones de universos, no sólo el nuestro. ¿Cómo puedes pensar que disponga de tiempo para ti a menos que le busques con fervor? El Maestro solía decir que debes aprender a «ordeñar» el silencio en profunda meditación, a fin de atraer la Conciencia oculta, la secreta y amorosa Inteligencia que reside por doquier en esta creación.

Mas no es fácil. Dios es tímido y evasivo —siempre se esconde—. Y tú constantemente te desvías del camino. Con demasiada frecuencia, tu mente se encuentra ocupada en pensamientos ociosos: «Esto es más importante; aquello no es importante», o «me agrada esta cara; me disgusta aquélla. Esta persona es tan amable conmigo; aquélla es tan mal intencionada. Mira lo que hace esta persona, y fíjate en lo que hizo aquélla». ¿Dónde está la concentración de la mente? ¿Cómo encontrarás al Señor en medio de semejante caos mental? Cuando cierres los ojos y exhales el último aliento en esta vida, serás el mismo que eres ahora y no habrás hecho ningún progreso. Entonces dirás: «Amado Dios, he malgastado mi tiempo. No era mi intención hacerlo. Estuve muy cerca de las puertas de la satisfacción infinita, pero desperdicié mi dorada oportunidad».

Lo trágico de la situación es que anteponemos otras consideraciones a Dios porque tememos perdernos algo en este mundo. Éste es el mayor engaño. Tememos que si nos entregamos a Dios, tal vez perderemos algo. «Bien, déjame ver —razona la mente—, podría perder todo lo que ofrece la vida. Hay tantas cosas que me gustaría tener; quiero amor, quiero poder, quiero ser reconocido, quiero hacer grandes obras en este mundo». Esto es lo que creemos desear. No podemos negarlo, pues la humanidad entera está persiguiendo estas metas. Pero ¡de qué manera tan insensata! Vamos tras ellas de una forma errónea.

### Nuestros deseos básicos proceden del alma

¿Por qué queremos la fama? ¿Por qué ambicionamos el poder? ¿Por qué deseamos el amor? ¿Por qué perseguimos la felicidad? Anhelamos estas cosas porque forman parte de nuestra verdadera naturaleza —la naturaleza del alma—. Comprendí cabalmente esta verdad como parte de una experiencia que tuve en la India, cuando meditaba en la cueva de Babaji[5]. El alma es inmortal. Y qué es la fama sino el cumplimiento del deseo natural de permanecer viviendo en la memoria del resto del mundo. ¿Por qué no habría de querer el alma dejar en la tierra un testimonio del nombre y los logros de una de sus encarnaciones, para que puedan ser conocidos dentro de mil años? El alma es todopoderosa, y es una con la omnipotencia de Dios. ¿Por qué no habría de querer expresar su potencial? Puesto que el alma es amor y gozo, resulta natural buscar ambos como algo esencial en la vida.

Como advertirás, perseguimos metas que son consustanciales a la naturaleza de nuestro ser. El engaño radica en esperar que el mundo, que no es sino un sueño fugaz, nos aporte la satisfacción. El mundo es un fraude; ¡lo veo tan claro! ¿Por qué dejarse sacudir por las olas del recuerdo y del olvido, de la vida y de la muerte? ¿Por qué te malogras de esa manera? ¿Por qué razón? Todas

[5] Véase la página 196.

las cosas que el ser humano busca, las encontrará en Dios. El problema radica en que no tenemos suficiente fe en la promesa divina de que, si buscamos primero a Dios, todas las demás cosas nos serán dadas por añadidura. Pero yo he creído en ello toda mi vida; y sé que es así. *Lo sé.* Cuando surja la duda, aférrate a esta verdad. Pídele a Dios que te la demuestre. Y descubrirás que si haces tú parte, Él te brindará esa prueba. ¡Y se trata de una experiencia maravillosa!

Cada vez que cualquier tipo de engaño, prueba o tentación se presente en tu vida, recuerda estas palabras: «Te busco a Ti en primer lugar, Dios mío, y sé que todo lo demás me será dado por añadidura». Créelo. Tienes que empezar por creerlo, y finalmente, si persistes en buscarle, exclamarás de pronto: «¡Dios mío! Veo que todo cuanto anhelaba ya lo poseo; no he perdido nada en absoluto».

La mayoría de la gente no quiere buscar a Dios porque teme que tendrá que privarse de esto o aquello. ¿Qué es lo que abandonas? En realidad no renuncias a nada, pues encuentras toda la satisfacción dentro de tu alma: sientes el amor divino en tu corazón; descubres toda la sabiduría dentro de ti; sientes la fuerza celestial, y ya no vuelves a buscar nada, porque no tienes deseos insatisfechos.

¿Acaso no han demostrado todos los grandes seres que han comulgado con Dios —desde Krishna, Buda y Jesús hasta nuestros Maestros[6]— que poseían en sus vidas la completa satisfacción en Él? ¿No es suficiente saber que hubiesen preferido morir antes que abandonar a Dios? Por el contrario, mucha gente moriría antes que abandonar el mundo; con cuánta desesperación se

[6] La sucesión de Gurús de *Self-Realization Fellowship.*

aferran a esta tierra y a todo lo que hay en ella. Pero una vez que hayas encontrado a Dios, preferirás morir antes que renunciar a Él. Ésa es la diferencia. Porque aquellos que le conocen están convencidos de que «todo lo demás» les ha sido dado por añadidura. Ellos saben y sienten que Dios lo incluye todo. El mundo jamás puede proporcionar la satisfacción que brinda Dios. Y ningún amor humano conferirá jamás el gozo infinito que se encuentra en el amor del Señor.

En la vida habrá siempre desengaños, decepciones y dolor, pues en la tierra todo es burdo y limitado, mientras que la naturaleza del alma es la perfección. En el mundo te enfrentas a la imposibilidad de comunicar adecuadamente a los demás tus sentimientos, a la incapacidad de los demás para recibir lo que quieres ofrecerles y a la impotencia para expresar en palabras (¡las palabras son demasiado burdas!) lo que el alma desea manifestar.

Todo cuanto buscamos se encuentra en Dios. Aférrate a esta verdad durante un tiempo —los próximos seis meses, por ejemplo—. Afirma en tu interior: «¡Reflexiona en esta verdad! Buscaré primero a Dios, y todas las demás cosas me serán dadas por añadidura». Medita en estas palabras. Cada vez que te sientas tentado, sin ánimos o distraído, dile: «Señor, te estoy ofreciendo mi vida. Ahora, habrás de cumplir tu promesa». Y comprobarás cómo Él cumple su palabra. El hecho fundamental es que debes tener una auténtica relación con Dios; no te sientas satisfecho hasta que lo consigas. Puedes perfeccionar esta relación si aplicas las reglas que te he ofrecido, las cuales proceden de las enseñanzas del Maestro.

Siempre existirá un inexplicable anhelo y un vacío en el ser humano, hasta que regrese a Dios. Puedes viajar por todo el mundo, buscar por el universo entero, acumular todas las experiencias que te pueda ofrecer la creación, pero continuarás sintiéndote «perdido» hasta que retornes a Él.

Ningún intento por satisfacer nuestro corazón con el amor humano nos colmará para siempre; invariablemente habrá alguna carencia. Y es lógico que sea así. Cristo dijo: «Mi Reino no es de este mundo»[7]. Tu reino tampoco es de este mundo. Por lo tanto, mientras continúes engañándote al pensar que puedes edificar tus esperanzas y tu felicidad en esta tierra, éstas se estrellarán contra las rocas de la desilusión. Te estoy diciendo la verdad, y tu alma lo sabe.

A fin de que puedas crear una relación efectiva con el Infinito, tienes que hacer un esfuerzo, un esfuerzo desprovisto de ansiedad, mediante el cual la mente se recoja cada vez con mayor profundidad en el interior. Llegará el tiempo en que agitarás el éter con un solo pensamiento: «Tú, Tú, mi Dios, mi Amor, sólo Tú, sólo Tú, sólo Tú». La mente se sumerge por completo en esa conciencia y el alma empieza a manifestarse; sientes un torrente de gozo y devoción, y una gran ola de entendimiento te revela que sólo el Señor es real. Y al encontrarte en la presencia de Dios, sabes que estás frente a la Verdad. Dios es la única Realidad.

Lo que he expresado esta noche puede resumirse en estas palabras del *Bhagavad Guita*[8]: «Aquel que me ve en todas partes y contempla todo en Mí nunca me pierde de vista, y Yo jamás le pierdo de vista a él».

[7] *San Juan* 18:36.

[8] VI:30. (Traducido del sánscrito al inglés por Paramahansa Yogananda en su obra *Dios habla con Arjuna: El Bhagavad Guita*).

# Cómo comprender a otros

*Sede Internacional de Self-Realization Fellowship, Los Ángeles (California), 14 de diciembre de 1965*

Deberíamos comportarnos siempre de acuerdo con nuestra verdadera naturaleza, como divinos hijos de Dios. Hagan lo que hagan los demás para herirnos, hemos de prodigarles siempre perdón y compasión. Al actuar de esta forma, adquirimos el poder de transformar los sentimientos que nuestros semejantes puedan abrigar hacia nosotros. Hay que ofrecer la mano del amor y la amistad a todos, una y otra vez, con profunda sinceridad, aunque nos la golpeen. Si alguien sigue rechazándote, apártate de esa persona por un tiempo, pero continúa enviándole silenciosamente tus pensamientos de amor. Permanece siempre dispuesto a tender de nuevo una mano amiga, cuando la oportunidad se presente.

Recibe con ecuanimidad tanto la alabanza como la reprobación. Aunque en ocasiones resulte difícil avenirse con quienes mantienen una actitud crítica hacia nosotros, no deberíamos ignorar sus juicios, si éstos son constructivos. A veces, es conveniente tratar de explicarnos y hacer todo lo posible por llegar a un entendimiento. Sin embargo, a menudo constituye una pérdida de tiempo el ofrecer largas explicaciones, que pueden parecer una simple forma de autojustificación. En tales circunstancias, es más sabio aceptar las críticas en silencio.

La mejor actitud consiste en aquella divina humildad a la cual se refería San Francisco de Asís con estas palabras: «Acepta la culpa, la crítica y la acusación, sin

Mataji dirigiéndose a los miembros de *Self-Realization Fellowship* durante la Convención celebrada en Los Ángeles (California), 1975

*«Gurudeva Paramahansa Yogananda nos ha congregado a todos en la conciencia del amor divino. Con el poderoso y a la vez delicado hilo del amor, nos ha unido para formar una fragante guirnalda de devoción y amor, a fin de ofrendarla a los pies del Amor Único, el Amado Supremo de nuestras almas».*

Recepción en honor de Daya Mata en la sede filial de YSS, Ranchi (India), 1967

*«Al aferrarnos a la conciencia de Dios mientras atravesamos todas las experiencias que nos depara la vida, nos contemplamos de nuevo —a nosotros mismos y a quienes nos rodean— como parte del Todo Infinito».*

quejarte y sin vengarte, aun cuando sean falsas e injustificadas». Incluso si lo que se dice de ti no es cierto, o sientes que no está justificado, te ennobleces espiritualmente cuando lo aceptas sin rebatirlo y sin buscar un desagravio. Deja el asunto en manos de Dios; quien anhela conocer al Señor debe esforzarse sobre todo por complacerle a Él, no a los hombres. Según cuáles sean las circunstancias, puede ser más oportuno dar una explicación o guardar silencio. No obstante, en ningún caso es aceptable desquitarnos. Deja que Dios sea siempre el juez; sus leyes son justas, de modo que, en última instancia, nunca necesitamos defendernos.

Siempre existirán quienes nos elogien y comprendan, así como también quienes nos reprueben o juzguen mal. Deberíamos aceptar con ecuanimidad ambas actitudes, esforzándonos al máximo de nuestras posibilidades por vivir de acuerdo con la verdad; esto es lo que nos corresponde hacer. Cuando descubramos que hemos cometido un error, debemos instantáneamente pedir perdón a la Divinidad y, a continuación, corregirnos.

De nada sirve tratar de ocultarle a Dios nuestras equivocaciones; Él siempre las conoce. Podemos contarle con franqueza todas las faltas en que hemos incurrido, pidiéndole su ayuda para superarlas. La inmanencia del Señor hace de Él un constante compañero divino, con quien nos es posible compartir libremente nuestros sentimientos. Él nos ve tal cual somos. ¿Cómo podemos sentir que nuestro ego es tan importante, sabiendo que sin Él no somos nada? Una vez que tomamos conciencia de este hecho, se inicia en nosotros una persistente lucha por llegar a ser perfectos ante los ojos del Señor. La persona que se siente satisfecha de sí misma deja de crecer espiritualmente. La autosatisfacción egoísta constituye un grave pecado contra nuestro Ser superior. Quienquiera que deje de luchar por superarse verá reducida su estatura espiritual.

Toda vez que nos equivoquemos, admitámoslo. No consideremos siempre que nuestra posición tiene que ser la correcta; esto significa ser insinceros con nosotros mismos. El hecho de que pensemos de una determinada manera no implica necesariamente que sea la adecuada. Si alguien nos demuestra que estamos equivocados, deberíamos manifestar la buena voluntad y la disposición para cambiar. Éste es el modo de crecer y de desarrollar nuestro entendimiento. Resulta innecesario dar largas explicaciones sobre el porqué de nuestro error. Todo cuanto precisamos decir es: «Lo lamento mucho; no comprendí bien».

### Si no existe comunicación, aumentan las desavenencias

Cuando alguien nos malinterpreta y se encoleriza con nosotros, nada de cuanto podamos decirle aclarará la situación en forma alguna mientras dicha persona se encuentre bajo los efectos de la emoción. Es preferible aguardar hasta que nuestro presunto antagonista se calme, para intentar entonces restablecer la comunicación. Cuando las personas dejan de comunicarse entre sí, aumentan las desavenencias. En tanto exista comunicación —no disputa, sino más bien diálogo sincero y abierto— habrá esperanza de cultivar el entendimiento y la armonía.

Es importante no adoptar jamás una actitud obcecada. Nuestro gurudeva, Paramahansa Yogananda, no toleraba semejante mentalidad entre quienes se sometían a su entrenamiento. Quienquiera que desease frecuentar su compañía debía mantener una actitud abierta, receptiva, razonable.

Al tratar de comunicarnos con los demás, hemos de

vigilar siempre nuestras motivaciones. Si, bajo la apariencia de buscar entendimiento, la verdadera intención que albergamos es imponer las propias ideas a los otros, nuestra motivación es impura y, por lo tanto, equivocada. Deberíamos realizar un sincero esfuerzo por comprender al prójimo en toda circunstancia, deponiendo momentáneamente nuestros puntos de vista personales para identificarnos con el modo de pensar de nuestros semejantes. Es indispensable que actuemos de esta manera, si queremos comunicarnos adecuadamente con los demás. Si lo que buscamos es la verdad —y no una mera justificación de nuestras propias convicciones—, debemos ser capaces de desapegarnos por un momento de aquello que consideramos correcto, a fin de enfocar el tema desde la perspectiva de nuestro interlocutor. Démosle al otro la oportunidad de expresarse; luego, una vez que hayamos escuchado su posición y analizado objetivamente el asunto desde su punto de vista, podemos exponer el nuestro. En otras palabras, debe existir un intercambio equitativo de ideas. Entonces, ambas partes posiblemente descubrirán que se habían equivocado en su juicio y que la verdad se encuentra en algún punto medio entre sus posiciones divergentes.

El problema de la mayoría de nosotros consiste en que nos dejamos absorber hasta tal extremo por el deseo de expresar nuestro propio punto de vista y convencer a los demás de él, que privamos a los otros de la oportunidad de exponer sus ideas. Cada vez que tengas dificultades con alguien, bríndale el respeto que se merece; permítele explayarse libremente. No importa cuán equivocado esté o cuán excitado se encuentre, no le interrumpas; déjale desahogarse. Y cuando haya concluido, respóndele amable y serenamente. Aunque el otro profiera las palabras más desagradables acerca de ti, escúchale con respeto, diciéndole interiormente a Dios: «¿Es esto así? Quiero conocer la verdad. Si realmente soy de este modo, Tú debes ayudarme, Señor, a superar mi defecto y corregirme». Mas si tu antagonista —fuera de sí— se excediese hasta el extremo de ofender no ya solamente el orgullo personal y el ego, sino los principios espirituales, es tu deber resistir con férrea determinación. Ofender los principios divinos es agraviar a Dios, y jamás debemos permanecer pasivos ante ello. Aun cuando Jesús nunca se defendió a sí mismo, fue firme, tanto en la palabra como en los hechos, frente a todo atropello a la rectitud.

En este mundo, nuestra misión como hijos de Dios es esforzarnos por comprender: comprendernos a nosotros mismos y comprender a los demás, comprender la vida y, sobre todo, comprender a Dios. Esta tierra llegará a ser un lugar mejor tan sólo cuando la comprensión reine en el corazón y la mente de los seres humanos. Antes de que las naciones puedan siquiera soñar con entenderse entre sí, los individuos deberán aprender a comprenderse mutuamente.

# Cómo cambiar a los demás

Ashram *de Self-Realization Fellowship en Hollywood (California), 19 de mayo de 1965*

No deberíamos permitir que el comportamiento de los demás nos despojase de nuestra paz mental. Es difícil para cualquier persona mantener la ecuanimidad y evitar responder cuando alguien la exaspera; pero nadie puede avanzar con éxito en la vida, si pretende indicarle a todo el que le irrite cómo ha de comportarse. Los consejos que no son solicitados crean un enorme resentimiento. No debemos tratar de imponer nuestra voluntad o nuestras ideas a quienes nos rodean, a menos que nos hayan pedido ese tipo de orientación.

Un error que a menudo cometen los principiantes en el sendero espiritual consiste en que, al despertarse en ellos el entusiasmo por buscar a Dios, desean transformar a todo el mundo. Inician una revolución espiritual en el hogar, unida a un esfuerzo supremo por convertir al marido, o a la esposa, y a los hijos. Es maravilloso tener esa clase de fervor, pero casi siempre provoca hostilidad. Paramahansaji solía decir a tales entusiastas: «Primero cámbiate a ti; refórmate tú y transformarás a miles». A menos que estemos buscando consejo, no deseamos que se nos indique lo que debemos hacer. A nadie le agrada que le impongan otra opinión. Cuando una persona se encuentre preparada para recibir un consejo, lo pedirá; y querrá obtenerlo de aquellos con quienes convive —o de alguien a quien ame o admire—, si observa que en la vida de esa persona se ha producido una transformación beneficiosa.

Pero mientras dicho cambio sólo sea trivial o de labios para afuera, el escéptico se resistirá.

Sé tú un ejemplo de lo que anhelas ver en los demás. Si existe en ti la tendencia a perder los estribos y a contraatacar o a hablar con rudeza; si reprendes a tus hijos de manera poco razonable; si eres irritable y te enfadas con facilidad, gritas y hablas con dureza, ¡refórmate a ti mismo! Ésa es la mejor manera de transformar a quienes te rodean. Es difícil, pero puede lograrse. Tenemos que encaminar nuestro esfuerzo a convertirnos en personas dignas de respeto y admiración, cuyas palabras se tomen en cuenta. Debemos expresarnos con sabiduría y comprensión, jamás bajo los efectos de la ira, el nerviosismo o los celos, ni con el deseo de tomar represalias cuando se nos haya lastimado.

En la India, un fabricante muy exitoso vino a mí y me dijo:

—Me siento abatido y molesto; tengo problemas con mi esposa y con mis empleados. Siempre les hablo con dureza. ¿Qué debo hacer?

—¿Quiere usted la verdad o prefiere que le diga lo que desea oír?

—Quiero la verdad.

—Muy bien —respondí—. Es necesario que empiece por usted mismo. Se ha ganado una reputación de tirano en su hogar y también con sus empleados. Como resultado, los demás le obedecen porque los amenaza como si blandiera un látigo, mas no porque le aprecien o respeten. Por esta razón, no obtiene de ellos el esfuerzo ni la cooperación que podría recibir. Debe aprender a desligarse de la situación; deje de estar tan tenso. Cada día, relájese durante unos minutos; consagre un tiempo, aunque sea breve, a pensar en Dios. Imagine que en un segundo toda su vida se va a extinguir, o simule estar muerto. (Es un experimento muy interesante. De pronto, descubrimos que todas nuestras responsabilidades ya no nos pertenecen, y comprendemos lo importante que es ocuparse más —no sólo «un poquito»— de nuestra relación con Dios).

Luego le dije: «Si lo desea, mientras yo esté aquí, venga cada tarde al *satsanga*[1] y medite con nosotros». Vino a diario y meditamos y conversamos acerca de Dios.

Dos años más tarde, cuando volví a la India, uno de sus empleados me dijo: «Es otro hombre, mucho más calmado y paciente con nosotros. Gracias a ello, se ha acrecentado la paz y la armonía entre todos, y logramos mejores resultados en nuestro trabajo, porque no estamos tensos y nerviosos todo el tiempo». Éste es un ejemplo maravilloso de lo que Guruji nos enseña en el sendero de *Self-Realization Fellowship.*

Mientras te comportes con tensión e inquietud en el trato con tu marido o tu esposa o tus hijos, ellos reaccionarán y actuarán de igual forma. No puede ser de otra manera. Así pues, si deseas tener una atmósfera diferente en tu hogar, es preciso que tomes la iniciativa. Mas no esperes que tu familia cambie de la noche a la mañana. Rara vez sucede así; la transformación es un proceso lento y natural. Y aunque no llegara a ocurrir, no te desanimes ni te preocupes demasiado. Guruji solía decirnos: «Dios dotó a cada ser humano de un don bendito: la privacidad de sus pensamientos. En dicha intimidad, puede vivir y crear silenciosamente una amistad y armonía con Dios que, de manera gradual, empezarán a reflejarse en todos los aspectos de su vida, incluyendo la relación con la familia, con la comunidad y con el mundo».

[1] Literalmente, «confraternidad con la verdad». Un *satsanga* es una reunión informal de buscadores de la verdad en la cual la persona que la dirige habla de manera informal acerca de Dios y otros temas espirituales.

Aun cuando los que viven cerca de ti no modifiquen su comportamiento de un modo perceptible, el cambio que se produce en tu interior te hace menos vulnerable a cualquier conducta perniciosa de los demás.

### ¿Quién es responsable del comportamiento de los adolescentes?

A menudo, vienen a mí algunos padres desconcertados por la «incomunicación entre las generaciones» que cada vez se hace mayor entre ellos y sus hijos. Existen muchas razones que explican los problemas de la juventud actual; tomados en conjunto, tales problemas constituyen un tema vasto y complejo. Desde el punto de vista metafísico, en estos jóvenes reencarnados gravita la influencia del karma proveniente de experiencias de vidas pasadas[2], que puede tener sus raíces en las tragedias de las guerras y de las revueltas y de los abusos raciales de los últimos treinta años. Hay que tener en cuenta también el impacto de los medios de comunicación. Cada sector de la sociedad descubre a los demás sectores a través del televisor de su sala de estar, y como expresó nuestro paramgurú[3], Swami Sri Yukteswar: «La influencia del entorno es más fuerte que el poder de la voluntad».

[2] De acuerdo con la doctrina de la reencarnación expuesta en las escrituras hindúes, los seres humanos, engañados por las falsas esperanzas de felicidad y perfección en esta tierra, acaban enredándose en una telaraña de deseos humanos interminables. A fin de satisfacerlos, han de renacer en este mundo una y otra vez hasta que aprendan la gran lección de la vida: que sólo Dios puede satisfacer sus deseos de felicidad.

El renacimiento es necesario también para que se cumpla la ley divina de causa y efecto (denominada *karma*). Las semillas de los actos buenos o malos de los seres humanos deben forzosamente producir sus frutos, ya sea en esta vida o en otra, como dijo San Pablo (*Gálatas* 6:7): «No os engañéis, pues de Dios nadie se burla. Cada cual cosechará lo que siembre».

[3] El gurú del propio gurú.

Consideremos también la permisividad general de nuestra sociedad y el bajo nivel de los principios morales y religiosos que hoy día se hace evidente en las publicaciones o en los tipos de diversión. Aquello que alimente los más bajos instintos del ser humano pondrá inevitablemente de manifiesto en él las características animales más groseras. Pero dejando a un lado estas amplias reflexiones, desearía hacer hincapié en unas cuantas verdades básicas referentes a la relación entre padres e hijos.

No sólo hemos de culpar a los adolescentes por meterse en los problemas en los que la mayoría de ellos se encuentran en la actualidad. Debemos analizar también a los padres y los abuelos. En primer lugar, los propios padres son, con frecuencia, indisciplinados y, por lo tanto, incapaces de dar un buen ejemplo. No me refiero a que adopten una actitud de superioridad, sino a brindar el tipo correcto de ejemplo; es decir, de comprensión y, también, de firmeza, siempre que ésta sea necesaria, pero sin aplicar jamás la disciplina cuando las emociones de quien corrige estén fuera de control. Si un padre trata de comprender a sus hijos, no se amparará en la actitud de «porque soy tu padre (o madre), tienes que obedecerme». Esta postura no produce buenos resultados con los hijos.

Además de prodigarles amor, es preciso que los padres aprendan a ser compañeros de sus pequeños, y esta relación debería empezar a una edad temprana. Si los padres no cultivan un vínculo con sus hijos cuando éstos son todavía pequeños, cuando crezcan no existirá comunicación entre ellos.

No hay que consentir excesivamente a los niños con regalos, en un intento por satisfacer todos sus deseos. Es indispensable que se esfuercen para obtener algunas de las cosas que desean, a fin de que comprendan y aprecien su valor. Si no aprenden esto en el hogar, la vida se lo enseñará tarde o temprano, quizás en circunstancias dolorosas. Se debe instruir a los niños para que desarrollen un sentido de la responsabilidad que implique la noción de ganar y merecer lo que reciben.

En algunos hogares, la madre cocina para todos, lava los platos y realiza la totalidad de las labores de la casa, mientras que a los hijos no se les imponen tareas ni responsabilidades. Esta situación no es correcta. Es menester asignar a los niños pequeñas tareas, de acuerdo con sus capacidades y su edad; a cada uno debe enseñársele a desarrollar un sentido de responsabilidad y autoestima, de manera que se comporte como un miembro pleno de la familia, como un miembro que contribuye al bienestar de ésta.

Es de suma importancia que los padres comprendan el punto de vista de sus hijos y que siempre traten de ver las cosas como ellos las perciben. De esta forma, los padres pueden ayudar mejor al hijo a comprender una cuestión de manera acertada y con la perspectiva correcta. Y nunca jamás los padres habrán de reprender o castigar a un niño cuando ellos mismos sean presa de la ira o estén alterados. El hijo no obedecerá ni responderá a ese tipo de disciplina; sin embargo, respetará a los padres que le muestren sabiduría, amor y comprensión.

Es indispensable que los padres reflexionen muy bien antes de establecer las normas que impondrán a sus hijos; y cuando digan *no,* ha de ser *no.* A los hijos nunca hay que darles la impresión de que, en algún momento, sus progenitores olvidarán lo acordado y entonces podrán hacer lo que les plazca. Los niños son más perspicaces de lo que uno se imagina, y no se les ha de dar pie a creer que, si esperan el momento oportuno, uno de los padres relajará su interés en el tema de la obediencia.

El niño es lo suficientemente listo para saber qué puede conseguir; así es la naturaleza humana.

Los padres exitosos siempre pensarán en primer lugar: «Lo que voy a decirle a mi hijo ¿es una mera afirmación de mi propia autoridad y opinión, o se trata de algo correcto porque es razonable y justo?». Luego, una vez que se lo hayas dicho, exige que te obedezca. Un niño respetará este tipo de disciplina si ve que se le impone con justicia y comprensión. El amor y admiración que el hijo siente por esos progenitores dignos de respeto hará que trate de agradarlos.

En la actualidad, existe una enorme rebeldía en los jóvenes. El motivo es que nunca se les enseñó que una parte de la vida consiste en aprender a respetar la autoridad y los derechos de los demás. Cuántos padres, hace unos años, creían en el concepto de que un niño es un adulto joven al que hay que otorgarle una libertad total para expresar su voluntad. ¡Dios mío! ¿Para qué crees que Dios puso a los padres en la tierra? Si Él no hubiese tenido la intención de que los niños fueran educados por un padre y una madre, habría permitido que los progenitores pusieran huevos, a fin de que, una vez empollados, los padres pudieran desentenderse de ellos y dejar que las crías se valieran por sus propios medios, como hace la tortuga. Dios espera que el padre y la madre asuman la responsabilidad que les corresponde en la formación de sus vástagos. Las parejas que traen hijos al mundo no tienen derecho a defraudarlos.

Creo que al niño se le debería animar a que asista a la escuela dominical, pero sin jamás imponérselo. Es un error tratar de obligar al niño a amoldarse a un credo religioso predeterminado. Primero, necesita mostrar deseo e interés por los asuntos espirituales. Esta inclinación se manifiesta si desde una temprana edad se le estimula a cultivar las actitudes espirituales: amor a Dios y fe en Él, así como un sentimiento de compañerismo con el Señor. Paramahansaji enseñó que era importante que padres e hijos se reuniesen con regularidad para orar y meditar. De esta forma, el niño empieza a relacionarse con Dios por medio del ejemplo de sus padres. Pero los períodos dedicados al culto no deben ser muy largos, porque los niños son inquietos y sus mentes carecen de control; es difícil para ellos permanecer sentados durante mucho tiempo. Una práctica excelente consiste en leerles o contarles aquellos cuentos que desarrollen en ellos un sentido de moralidad y de fe, además de un comportamiento adecuado y amor por Dios. Éste es el ideal de la India. Allí, las primeras enseñanzas que llegan a los sensibles y receptivos oídos de los niños son los nobles e inspiradores relatos de las escrituras.

A los niños nunca se les debe dar la impresión de que, si actúan incorrectamente, Dios los castigará. Han de aprender a amar a Dios, no a temerle, y a hacer lo correcto en nombre de ese amor al Señor. Además, hay que proporcionarles nociones sobre la ley del karma: «Queridos, lo que siembren en este mundo, eso mismo recogerán. Si dicen mentiras, los demás les mentirán y no confiarán en ustedes; si roban o les quitan las cosas por la fuerza a otros niños, entonces ellos también se las arrebatarán. Pero si son caritativos, las demás personas serán generosas con ustedes; y si son cariñosos, los demás los amarán».

Los padres tienen la obligación de hacer que se expanda la mente y el corazón de sus hijos y, también, de enseñarles a cultivar una actitud correcta hacia la vida, hacia los problemas emocionales y hacia el sexo (cuando tengan la edad apropiada). Mientras se les está educando, los niños deben saber constantemente que, hagan lo que hagan, sus padres tendrán siempre el corazón receptivo y serán comprensivos. Ningún niño ha de sentir jamás que tiene que recurrir a otra persona a fin de hallar la comprensión que no recibe de sus progenitores.

Un padre sabio nunca se mostrará estupefacto, ni abrumado, consternado o escandalizado por algo que su hijo le diga. Al niño siempre se le hará sentir tranquilo, de modo tal que piense: «Puedo dirigirme a mi madre y a mi padre para exponerles cualquier preocupación que tenga, pues sé que en todo momento me comprenderán».

En una ocasión, un joven me dijo: «No puedo conversar con mi padre ni con mi madre. Tan pronto como trato de comentarles mis problemas —que para mí son muy importantes—, parece como si no quisieran escucharme, o bien me reprenden o me dan un ultimátum. No me brindan la oportunidad de expresarme y, como resultado, he aprendido a permanecer callado. No hablo con ellos. No conocen mis pensamientos ni las dificultades que afronto. Están demasiado ocupados o no desean escuchar mis conflictos o no tienen paciencia conmigo».

Ésta es una de las mayores faltas que cometen los padres: no dedican el tiempo necesario para identificarse con los problemas e intereses de sus hijos. Por el contrario, razonan: «¿No es suficiente con que te brinde un hogar, y me preocupe de que tengas buena ropa, te preste el coche los sábados, te permita salir con tus amigos y te proporcione muchas de las cosas que quieres, incluyendo un viaje de vacaciones cada año?». No, no es suficiente. Estas cosas nunca reemplazarán la comprensión y el cariño que el hijo espera.

Todo padre o madre desea que, algún día, su hijo diga: «Estoy agradecido a mis padres; fueron firmes conmigo, pero siempre supe que me amaban y que podía contar con ellos para todo, en la seguridad de que me tratarían con paciencia y recibiría comprensión y consejo». Sin embargo, para llegar a ser ese tipo de padres, se requiere que ellos mismos también estén dispuestos a disciplinarse. Tienen que dar el ejemplo correcto en todos los aspectos: físico, moral, intelectual y espiritual. Tienen que cultivar la sabiduría, la paciencia y la comprensión, y ejercer un perfecto autocontrol cada vez que se relacionen con sus hijos. De esta forma, podrán cumplir la responsabilidad divina que asumen cuando traen un hijo a este mundo.

### El propósito divino que se halla en el fondo de las relaciones humanas

Dios nos concedió diferentes tipos de relaciones humanas por una razón: tenemos que aprender los unos de los otros. Cada persona, en cierta forma, es nuestro «gurú» o maestro. Los niños nos enseñan y nos disciplinan; hemos de aprender a tener paciencia infinita, a entregarnos a ellos y a trascender todo egoísmo e interés personal, a fin de poder ayudar a modelar sus vidas correctamente. A su vez, nosotros somos el «gurú» de ellos, porque es nuestra responsabilidad guiarlos y formarlos, así como proporcionarles el mejor comienzo posible en la vida.

Por medio de todas estas relaciones, logramos expandir y purificar el amor que poseemos; y creo que, en última instancia, sólo el amor puede cambiar a los demás. Si te acercas a un niño, o a tu cónyuge, o a cualquier persona, con esta actitud de amor y comprensión ilimitada —independientemente de lo que ellos digan o hagan o del modo en que te puedan lastimar—, al final no te aguardará otro resultado que la victoria. Pero también se requiere paciencia para perseverar en el intento.

Con tu manera de vivir, sé un ejemplo de las cualidades que deseas despertar en los demás. El «arte de vivir» es una gran ciencia. Paramahansaji nos relató: «Cuando acudí a mi gurú, Swami Sri Yukteswar, me dijo: "Aprende a comportarte"». También tú debes aprender a comportarte en este mundo: ésa es la ciencia de la religión. Cuando aprendas a comportarte, sabrás lo que Dios es, porque entonces te conducirás de tal manera que, en todo momento, comprenderás que eres el alma, no el cuerpo ni la mente mortales. El alma siempre se embriaga profundamente del divino néctar de la presencia de Dios. Tú no eres un ser mortal, eres un ser divino; por lo tanto, aprende a comportarte como tal.

Todo esto sólo se puede alcanzar cuando una persona vive y practica diariamente la religión, tal como nos enseña *Self-Realization Fellowship.* La religión no es algo que se haya de exponer con elocuencia los domingos y luego se olvide durante el resto de la semana. Nuestro Gurú nos dijo: «No estoy interesado en los seguidores comunes de una iglesia. Si lo estuviera, podría haber tenido miles y miles en todo el mundo. He venido a escoger, de entre las multitudes de buscadores, a aquellas almas que profunda y sinceramente anhelan conocer a Dios». Él no se refería a que deseara convertir a todos en monjes renunciantes; y solía decir: «Haz de tu corazón una ermita donde puedas retirarte en silencio a adorar a Dios». En esa ermita de tu corazón, coloca primero al Señor. ¡Qué maravilloso es que Él se convierta en el Amado y el Amigo de tu alma, en el Padre, la Madre, el Compañero y el Gurú de tu alma! La vida se vuelve gratificante y tus relaciones con los demás se convierten en felices experiencias. Amas a tus hijos y a tu marido, o a tu esposa, con el entendimiento y la compasión del grandioso amor de Dios. Él fortalece los lazos entre los seres humanos —los vínculos entre los corazones— y libera sus relaciones terrenales de las cadenas de los apegos egoístas que suelen confinar y asfixiar el amor. Nada sofoca tanto el amor como las actitudes posesivas. «Puesto que eres mío o mía, tienes que hacer esto; tengo el derecho de tratarte así». Éste es, con frecuencia, un golpe mortal para cualquier relación humana.

Considero que antes de que dos personas se unan en matrimonio y tengan hijos, la ley debería exigirles que asistieran a una escuela donde aprendiesen el arte de comportarse de manera correcta. Cuando estamos preparados desde el punto de vista espiritual y psicológico para conocer los rudimentos de la naturaleza humana y el arte de relacionarse con los demás, existe la posibilidad de una vida familiar feliz y armoniosa, que avance espiritualmente. En esa relación tan evolucionada, el alma florece.

Los seres humanos fracasan en sus relaciones personales cuando cesan de respetarse: el esposo a la esposa, la esposa al esposo, los hijos a los padres y los padres a los hijos. Las relaciones humanas se deterioran cuando la amistad está ausente. Sin ella, pronto se destruye el amor entre el esposo y la esposa, y entre los hijos y sus padres. La amistad proporciona a la otra persona la libertad de expresarse tal como es y de manifestar su propia personalidad.

Cuando hay una completa comprensión y comunicación entre dos almas, existe entonces amistad y amor verdaderos. Si las personas aprenden a conservar la amistad, el respeto y la consideración en sus relaciones matrimoniales, parentales o de otro tipo, jamás se maltratarán ni se lastimarán.

Es posible que pienses: «Sí, eso sería ideal si mi marido (o esposa o hijos) lo hiciera». ¿Por qué no das *tú* el primer paso? Haz tu parte; el resto, déjalo en manos de Dios.

Siempre volvemos a encontrarnos con esta verdad: debemos empezar por reformarnos a nosotros mismos.

# Lecciones que podemos aprender de los demás

*Sede Internacional de Self-Realization Fellowship, Los Ángeles (California), 4 de diciembre de 1964*

La principal ayuda espiritual que podemos ofrecer a nuestros semejantes es convertirnos en personas verdaderamente comprensivas, amables y amistosas. La manera más efectiva de cambiar a los demás consiste en corregirnos primero a nosotros mismos. A medida que nos volvemos más pacíficos, calmados y amorosos, no podemos evitar que estas cualidades influyan en quienes nos rodean.

Existen numerosos métodos para producir un cambio espiritual en nosotros, y el más importante de ellos es la meditación. Debemos esforzarnos por establecer una relación personal con Dios, de manera que, en nuestra conciencia, el Señor ya no sea sólo un nombre o un Ser remoto, sino una tangible y amorosa realidad. En dicha relación, el devoto disfruta de tal seguridad, paz, gozo y amor, que responde a toda situación desde ese estado interior de plenitud.

Reaccionamos ante los demás, de una manera positiva o negativa, según sus vibraciones. Mas no deberíamos conformarnos con este tipo de respuesta humana, pues estamos en este mundo para tomar plena conciencia de que todos somos almas, hechas a imagen de Dios.

Cuando nos encontramos ante una persona por la que nos sentimos atraídos de manera espontánea, es muy fácil manifestar lo mejor que existe en nuestro interior. Pero también es una gran verdad que el trato excesivamente familiar hace que se pierda el respeto. Al estar con quienes amamos y nos aman, no deberíamos aprovecharnos de ellos. Si aspiramos a un amor perfecto y perdurable, éste debe ir siempre acompañado del respeto. Donde no existe respeto, el verdadero amor acaba gradualmente asfixiado y destruido. Respetar significa recordar siempre que la otra persona es un alma hecha a imagen de la Divinidad.

¿Qué debemos hacer cuando hemos de permanecer en compañía de personas hacia las que no tendemos a reaccionar de una manera positiva? Supón que alguien está enfadado o resentido contigo. Si posees autodisciplina, ecuanimidad y discernimiento, no añadirás leña al fuego. No perderás tu autocontrol ni tu paz mental sólo porque la otra persona lo haga. Recuerdo el caso de una de mis primeras experiencias aquí en Mount Washington, cuando me hallaba bajo el entrenamiento de mi gurú, Paramahansa Yogananda.

Al principio, nuestras habitaciones no tenían alfombras y estaban escasamente amuebladas: cajas de naranjas para guardar nuestra ropa, una dura cama de madera como las que todavía usamos, una silla recta y nada más. Una dama que estuvo durante un breve período en Mount Washington asumió la tarea de amueblar las habitaciones de los devotos, y así lo hizo, con excepción de la mía. Esto no me molestó, porque yo no había venido en busca de objetos materiales —ya los había tenido en el mundo—. Pero Guruji se dio cuenta de la exclusión, porque él siempre se percataba rápidamente de cualquier injusticia. Gurudeva jamás hablaba mal de nadie;

sin embargo, en beneficio de mi propia comprensión, me dijo: «Está celosa de ti».

En cada oportunidad que tuve, empecé a practicar lo que Paramahansaji había enseñado respecto a cómo comportarse con aquellos que no nos aprecian: «No importa cómo te traten, continúa enviándoles tu amor». Y adopté la actitud siguiente: «No busco nada de los demás, excepto de Dios y de mi Gurú». Por lo tanto, esta persona no podía lastimarme. Puesto que no esperaba nada de ella, su manera de tratarme no podía contrariar mis deseos. Lo que yo buscaba me lo daban mi amado Dios y mi Gurú. Así pues, en todas mis meditaciones, visualizaba a esta devota envuelta en el amor y la luz espiritual de Dios.

Un día, después de algún tiempo, ella comenzó a sentirse sola e infeliz. A quienes habían recibido sus atenciones les resultaba difícil el trato con esta persona y se habían apartado de ella. Casualmente nos encontramos en el vestíbulo. Me habló, y yo le dije algo que debió de confortarla. En una ocasión posterior, me pidió que nos viésemos, y conversamos de nuevo. Me abrió su corazón y finalmente dijo: «Desde que llegaste aquí, me sentí disgustada porque rebosabas un entusiasmo espiritual del que yo carecía. Pero, a pesar de la forma en que te traté, tú me has ofrecido comprensión y verdadera amistad». Comprobé entonces cómo cambian las personas si mantienes continuamente una actitud amorosa hacia ellas. En innumerables ocasiones de mi vida he podido constatar esta verdad.

### Conserva tu ecuanimidad mental

No le des importancia a la forma en que te traten los demás; preocúpate sólo de tu propia conducta. Jesús, Paramahansa Yogananda y todos los grandes maestros enseñaron este ideal. Existe una manera apropiada de reaccionar en cada situación de la vida, tanto hacia los que nos aman como hacia quienes no lo hacen; a esto se refería el Señor Krishna cuando alabó la ecuanimidad como una virtud esencial. «¡Oh Arjuna!: quien no se deja perturbar por ninguno de éstos, quien permanece sereno y ecuánime ante el placer y el dolor, ¡sólo él es apto para alcanzar la inmortalidad!»[1]. Él no dijo: «Conserva tu ecuanimidad mental si los demás son amables y afectuosos contigo». Eso es fácil de llevar a cabo. Lo que el Señor Krishna enseñó es que debemos mantener nuestra ecuanimidad ante cualquier circunstancia. Al poner en práctica esta verdad, comprobarás que obtienes resultados positivos.

Gurudeva era como un espejo perfecto, sin mácula. Quienquiera que se colocase delante de ese espejo se contemplaba exactamente como era, sin ninguna distorsión o racionalización, y veía su propio y pequeño ego con devastador detalle. Paramahansaji conocía las debilidades de cada uno de nosotros, ¡y no renunciaba a su responsabilidad de disciplinarnos! No es que él disfrutara con esa responsabilidad. Le recuerdo diciéndome en una ocasión: «No me gusta disciplinar. En mi próxima vida, no disciplinaré a nadie. Pero la obligación de un gurú es encontrar los defectos en la naturaleza de aquellos que buscan su ayuda espiritual y, con el escalpelo de su sabiduría intuitiva, extirpar sus diviesos psicológicos para que puedan sanar».

Ésta es la forma en que también trabaja la autodisciplina. Nos enseña a usar el discernimiento, el cual es simplemente la habilidad para hacer lo que debemos hacer, en el momento que debemos hacerlo. Pero a menos

[1] *Bhagavad Guita* II:15. (Traducido del sánscrito al inglés por Paramahansa Yogananda en su obra *Dios habla con Arjuna: El Bhagavad Guita*).

que conozcamos nuestras debilidades, no podremos dominarlas. Incluso si las conocemos, a menudo nos falta una decisión suficientemente poderosa para vencerlas. Sin embargo, cuando abrigamos un deseo sincero de perfección, somos conducidos hacia alguien —un amigo divino, tal como nuestro Gurú— que nos muestra los defectos que tenemos y nos ayuda a corregirlos. Los resultados de las relaciones diarias que mantenemos con otras personas pueden ser también de gran ayuda para descubrir nuestros puntos débiles. Reconocerás muchos de tus rasgos indeseables si analizas tu reacción ante otras personas y el comportamiento de éstas.

Todo ser humano ha atraído hacia sí cada circunstancia de su entorno —incluidas las personas que le rodean—, y las experiencias que se derivan de éste son esenciales para su crecimiento espiritual. El devoto puede reaccionar de una manera positiva y beneficiarse de su entorno, o hacerlo de una forma negativa y sufrir las consecuencias. Siempre podemos elegir una u otra opción, porque poseemos libre albedrío. Pero en última instancia, Dios nos ha colocado a cada uno en el lugar donde nos encontramos, por medio del funcionamiento de sus leyes cósmicas, en respuesta a nuestras propias acciones.

### Descubre lo que Dios espera de ti

La manera de beneficiarte del ambiente que te rodea es hacer el esfuerzo por comprender lo que Dios espera de ti en cada circunstancia. Si tu entorno es tal que te produce una irritación constante y reaccionas con el deseo de desquitarte, contraatacar o hacer daño, y pierdes tu dominio propio, no has aprendido la enseñanza que encierra esa situación. Tienes que desarrollar, por medio de la autodisciplina, un control tal que jamás pierdas tu ecuanimidad. No es difícil lograrlo si dependes más de Dios. Cuando te conviertas en un ser espiritualmente fuerte, de manera que jamás te afecten las personas o los acontecimientos, sólo entonces serás realmente capaz de ofrecer amor y comprensión a los demás, no antes.

Guruji solía decir: «Si posees un temperamento irritable, muérdete la lengua y aléjate de la persona o situación que te hace perder la serenidad, hasta que recobres la calma». Nada se gana con enojarse. Siempre he comprobado que por medio de la razón, la amabilidad y la comprensión puedo ganarme la confianza de cualquier persona. Sin embargo, yo solía retroceder ante el mal genio o el lenguaje brusco de los demás. Guruji se percató de mi susceptibilidad y, de modo deliberado, empezó a hacerme observaciones cortantes y mordaces. Puesto que yo tenía un profundo respeto por él y sus palabras, me sentí profundamente herida. Recuerdo haberle dicho: «Maestro, ¿por qué me hace esto?». Su explicación fue la siguiente: «Porque eres demasiado susceptible ante el comportamiento de los demás. No estoy diciendo que hayas de ser insensible, pero debes volverte fuerte. En cuanto alguien te dice algo cortante, tú retrocedes, te sientes afectada, y eso es una debilidad». Fue así como él me disciplinó de la misma forma en que su gurú le disciplinó a él. Gurudeva siempre tenía razón. Advirtió que yo no necesitaba suavidad, pues ésa era ya mi manera de ser. Él estaba tratando de desarrollar en mí la fortaleza espiritual, una invencible fuerza interior.

Algunos años después, el Maestro me reprendió con gran severidad ante un grupo de discípulos; sin sentirme ofendida, abandoné la habitación para cumplir un encargo que él me había hecho. Cuando salí, se volvió a los otros discípulos y les dijo: «¿Ven cómo se comporta? Así lo ha hecho durante años. No importa lo que le diga o cómo se lo diga, jamás pierde su ecuanimidad mental. Todos ustedes pueden aprender de ella». Cuando, años después, los devotos que estaban presentes en aquella ocasión me relataron este suceso, ¡qué inmenso gozo y gratitud llenaron mi alma! Él no podría haber dicho algo que fuese más importante para mí, porque esto era precisamente por lo que me había estado esforzando: lograr la ecuanimidad mental en cualquier circunstancia. ¡Qué grande es nuestro Gurú! Mi ser entero se eleva cuando pienso en todo lo que hizo por mí. ¡Le estoy tan agradecida!

He podido comprobar que gracias a esta estricta disciplina es más fácil permanecer inmutable interiormente. Cada día, tú también recibes una enseñanza similar. Los seres humanos y los acontecimientos de la vida diaria se encargan de brindarte esa disciplina, aunque no lo adviertas. Toda experiencia es una oportunidad para progresar. Pero en vez de aprovecharla, ¡con cuánta frecuencia se reacciona de manera errónea!

Aquellos que quieran triunfar en el sendero espiritual deben superarse de tal modo que se eleven por encima del comportamiento ordinario. Si no hacemos este esfuerzo, no creceremos. Cuando estamos enfadados o resentidos, o criticamos a otras personas, o encontramos faltas en los demás pero excusamos las nuestras, nos estancamos espiritualmente; y entonces nuestra obligación es corregirnos.

### Aférrate a Aquel que es inmutable

No tiene importancia lo que la gente diga de nosotros o lo que nos hagan los demás, siempre y cuando aprendamos la lección que nos aportan esas experiencias. Todos hemos nacido en este mundo para aprender a reconocernos como almas. ¿Cómo vamos a conocer nuestro verdadero ser si no conquistamos este pequeño ego, este cuerpo y esta mente malhumorada y voluble regida por las emociones? Tal logro puede alcanzarse mediante la autodisciplina, la práctica de la meditación profunda y la devoción a Dios, haciendo de Él la Estrella Polar de nuestras vidas y fijando la mente en esa única Meta. La conciencia del hombre siempre está centrada en alguna cosa. Puede ser el sexo, el dinero o las posesiones. Uno debe asirse a algo, ya sea un objeto, una emoción o el alma. Así de sencilla es nuestra elección. ¿Qué escogeremos? Todo ser humano debería aprender a aferrarse a Aquel que es inmutable. Ésta es la sabiduría que nos muestra el Señor Krishna en el *Bhagavad Guita.* Ancla tu ser en Dios y comprobarás cuán fácil es hacer frente a la vida.

# La importancia de amar a Dios

*Reunión anual extraordinaria de Yogoda Satsanga Society of India celebrada en Calcuta, el 25 de septiembre de 1961*

Alma amada, me gustaría expresar unas cuantas palabras referentes a un elemento esencial en la vida, y que para mí ha sido de enorme importancia a lo largo de los años: el amor —el amor divino, el amor a Dios—. En este mundo, el amor es algo que todo ser humano busca y que todo corazón ansía. Cada expresión de amor —el amor entre los miembros de la familia, entre los amigos, entre el esposo y la esposa, entre el amante y la amada— proviene de una fuente común: Dios. El amor que recibimos a través de las diferentes relaciones humanas no es sino una expresión de ese Amor que es Dios.

Ésta es la razón por la que debemos buscar al Señor. Todos anhelamos el amor y el gozo, y ambos, en su aspecto más puro, sólo pueden encontrarse en Él. Sin embargo, primero tratamos de hallarlos en cualquier otro lugar. Solamente cuando hemos atravesado las pruebas de la vida, soportando mucho sufrimiento y aflicción, viendo que nuestros sueños se rompen como pompas de jabón, comenzamos a desarrollar un poco de devoción por Dios y empezamos entonces a buscarle.

En mi relación con Dios, me gusta pensar en el Ser Divino en su aspecto de Madre[1]. El amor de un padre

[1] Las escrituras hindúes enseñan que Dios es tanto inmanente como trascendente, personal e impersonal. Se le puede buscar como el Absoluto o como una de sus cualidades manifiestas: el amor, la sabiduría, el gozo, la luz…; asimismo, en la forma de un *ishta* (deidad); o bien en la forma de un ser ideal tal como el Padre, la Madre o el Amigo.

está condicionado a menudo por la razón y por el merecimiento del hijo. Pero el amor de la madre es incondicional; en lo que se refiere a su hijo, ella es todo amor, compasión y perdón. Así pues, en su aspecto de Padre, concebimos a Dios como el Todopoderoso, el Legislador y el Juez. Pero, como hijos suyos, podemos recurrir a su aspecto materno y exigir su amor, el cual nos pertenece, independientemente de nuestros méritos.

Lo que con más frecuencia me preguntan muchas personas es cómo pueden obtener la respuesta de Dios y cómo encontrar la paz. El hombre común está tan obsesionado con los cuidados y responsabilidades de su vida que no conoce la paz interior. Su mente se halla siempre tan ocupada con el trabajo y la búsqueda de los placeres materiales que no dispone de tiempo para dedicárselo a Él. Quien todavía no ha aprendido cómo dirigir su mente hacia Dios en profunda meditación no puede encontrar ni la paz ni al Señor.

Las técnicas científicas de meditación, tales como el *Kriya Yoga* de Lahiri Mahasaya[2], concentran y aquietan la mente hasta asemejarla a un lago transparente y tranquilo, en el que puede contemplarse el reflejo de Dios —al igual que puede verse el reflejo de la luna sobre el agua

[2] Fue a Lahiri Mahasaya a quien Mahavatar Babaji le reveló la sagrada enseñanza del *Kriya Yoga* y le ordenó que diera a conocer esta ciencia divina. Cuando Paramahansa Yoganandaji era todavía un niño, Lahiri Mahasaya lo colocó en su regazo y le impartió el bautismo espiritual, diciéndole a su madre: «Madrecita, tu hijo será un yogui. Como un motor espiritual, él conducirá a muchas almas al Reino de Dios». Esta profecía se confirmó más tarde, cuando Mahavatar Babaji eligió a Paramahansa Yogananda para difundir la ciencia del *Kriya Yoga* en Occidente y por todo el mundo, encomendando a Swami Sri Yukteswar —un discípulo de Lahiri Mahasaya que había alcanzado la comunión divina— que entrenase espiritualmente a Yoganandaji para esta misión. Estos cuatro grandes avatares constituyen la sucesión de Gurús de *Self-Realization Fellowship/Yogoda Satsanga Society of India.*

en calma—. En dicho estado de paz absoluta, el devoto olvida su ilusoria identificación con el cuerpo y percibe esta verdad: «Yo soy el alma inmortal, hecha a imagen de Dios». Cuanto más experimenta este estado de gran paz y éxtasis, mayor es su deseo de permanecer por siempre en él. Al sumergirse cada vez más profundamente en la meditación, descubre dentro de sí un insondable océano de paz, amor divino y gozo.

### Dedica un tiempo sólo para Dios

Dios nos ha otorgado veinticuatro horas cada día, y gran parte de ese período lo desperdiciamos. ¿No podemos reservar una porción de la jornada para Dios solamente? Ponemos la excusa de que son tantas nuestras preocupaciones y responsabilidades que no contamos con tiempo para la meditación. ¿Pero qué ocurriría si Dios dijera que no tiene tiempo para nosotros? En un instante, todos nuestros compromisos, que consideramos tan «importantes», serían cancelados.

Es sencillo encontrar a Dios si le buscamos por medio de *bhakti,* la devoción. Sea cual sea la actividad que estemos realizando, nuestras mentes jamás deberían apartarse de Dios. En tu interior, conversa incesantemente con Él en el lenguaje de tu corazón. Recuerda que es sólo el amor de Dios el que se manifiesta a través de todas las relaciones humanas. Así pues, al igual que el amante —sin importar lo que esté haciendo— piensa siempre en la amada en el fondo de su mente, del mismo modo ofrezcámosle a Dios nuestra atención.

Conserva tu mente enfocada en la luz de la Estrella Polar Divina que nos guía. Cuando te sobrevengan dificultades, corre a los pies del Divino Amado. Ora al Señor: «Concédeme sabiduría para comprender que este mundo es sólo un drama cósmico en el que debo desempeñar un papel temporal. Amado mío, mientras represento mi papel, enséñame a permanecer anclado en tu imperturbable conciencia, al tiempo que contemplo todas las alegrías y tristezas de la vida».

Guruji escribió: «Al despertar, al comer, al trabajar, al dormir, al soñar, al servir, al meditar, al cantar, al amar divinamente, por siempre mi alma exhala un solo son, silente: ¡Dios! ¡Dios! ¡Dios!»[3]. Éste es el camino que sigue el verdadero amante de Dios. Debes permanecer siempre absorto pensando en el Señor: «¡Mi Amado! ¡Mi Amado!». Y en ese estado de conciencia, lleva a cabo todas tus obligaciones y actividades.

[3] El poema completo, titulado «¡Dios! ¡Dios! ¡Dios!», aparece en la página 235.

# Cómo elevar el nivel espiritual de la vida diaria

*Sede Internacional de Self-Realization Fellowship, Los Ángeles (California), 2 de mayo de 1963*

Existen sólo cuatro principios básicos que permiten, al devoto que se adhiere a ellos, afrontar exitosamente toda dificultad que pueda presentársele, ya sea en su *sadhana*[1] espiritual o en cualquier situación de la vida cotidiana.

El primer principio es tener fe en Dios. Ante cualquier tribulación, esfuérzate por cultivar esa fe; la forma de desarrollarla consiste en convertir a Dios en la estrella polar de tu vida. Durante la meditación, y cuandoquiera que un problema surja en tu mente, ora: «Mi Dios, Tú estás aquí. Sé que me apoyarás y me ayudarás a superar esta gran prueba». El Señor conoce tus necesidades; nada es imposible para Él. La fe establece un vínculo entre tu necesidad y la omnipotencia divina.

El segundo principio consiste en meditar profundamente y orar a Dios pidiéndole su guía y ayuda, esforzándote al mismo tiempo por superar aquello que te perturbe. El Señor desea ayudarte; y si eres receptivo, Él te guiará.

El tercer punto es la entrega interior: «Señor, hágase tu voluntad». Entregarse a la voluntad divina es esencial en la senda espiritual. Suceda lo que suceda en

[1] La senda de la disciplina espiritual.

relación con tu cuerpo, tu trabajo o cualesquiera de tus intereses, ora siempre porque se cumpla la voluntad de Dios, ya que la voluntad divina está guiada por la sabiduría. Es posible que consideremos que la satisfacción de un determinado deseo es de extrema importancia para nuestra felicidad, pero si sólo le pedimos a Dios ayuda para cumplir nuestros deseos personales, eso indica que todavía no vemos con los ojos de la sabiduría. Deberíamos permitirle hacer con nosotros lo que le plazca, ya que será siempre lo que más nos beneficiará. Después de orar a Dios pidiéndole su guía y de esforzarnos al máximo por encontrar la mejor solución, tenemos que demostrarle al Señor que aceptamos su voluntad en toda circunstancia.

La última regla consiste en relajarse y desentenderse del problema, dejándolo en las manos de Dios. Una vez que hayas hecho cuanto esté a tu alcance, aparta de la mente toda inquietud al respecto. De otro modo, el trabajo y las preocupaciones podrían agobiarte hasta tal punto que no te sería posible ni siquiera dormir. ¡Cuán relajada y apacible, en cambio, se vuelve la mente cuando hemos depositado todas nuestras cargas en los hombros del Señor!

Los cuatro puntos anteriores te ayudarán a preservar la paz interior y a cultivar una relación más intensa con Dios. Además, te capacitarán para desechar de tu conciencia todo cuanto te perturbe e impida profundizar en la meditación.

### Sumerge la mente en la meditación

En el momento en que te sientes a meditar, olvídate de todo lo demás. Disciplínate de forma tal que nada pueda distraerte cuando te dispongas a meditar. La capacidad para concentrarse con semejante profundidad se desarrolla a través de la práctica regular de la meditación. En nuestras comunidades religiosas, nadie puede excusarse de participar en los períodos de meditación diarios; la asistencia regular es una regla esencial. La razón de ello es que, a menos que el devoto pueda ceñirse a este simple requisito, no dispondrá de la autodisciplina necesaria para alcanzar la divina meta.

Mantén constante vigilancia en todas tus actividades diarias a fin de impedir que tu conciencia se vea avasallada por la inquietud mental de la mundanalidad. Repite interiormente el nombre de Dios. Esfuérzate siempre por mantener la mente centrada en Él. Paramahansaji llamaba a esta práctica la «espiritualización» del pensamiento. Es posible lograrlo si ejerces control sobre tu modo de pensar. Por ejemplo, cuando dispongas de unos pocos momentos libres, en lugar de desperdiciarlos en la indolencia o en cavilar de manera negativa, ¿por qué no piensas en Dios o conversas interiormente con Él? ¡Su presencia es tan apaciguadora, tan maravillosa! Una vez que hayas desarrollado este hábito, desearás mantener siempre tu conciencia en tal estado.

Al elevar el nivel espiritual de nuestros pensamientos, gradualmente espiritualizamos también nuestras acciones, de modo que todo cuanto hacemos se convierte en una forma de meditación. En verdad, nuestra vida entera no debería ser sino una continua experiencia espiritual.

### Aprende a depender de un poder superior

El hombre de mentalidad mundana se encuentra siempre pensando en términos de dinero, hogar, familia u otras responsabilidades e intereses… ¡así como en las preocupaciones asociadas a éstos! El hombre espiritual, en cambio, aun cuando pueda tener las mismas

Absorta en profunda meditación mientras los residentes del *ashram* entonaban el Ram Dhun (canto ininterrumpido del nombre del Señor durante veinticuatro horas), Ranchi (India), febrero de 1968

*«Solamente aprendiendo a aquietar nuestra conciencia —como los grandes maestros nos han enseñado—, seremos capaces de percibir dentro de nosotros la presencia de la Divinidad. Él ha estado a nuestro lado desde el principio de los tiempos, permanece con nosotros ahora y seguirá con nosotros por toda la eternidad. Aférrate con intensidad a Aquello que es inmutable».*

Ofreciendo una comida a los niños del vecindario, la mayoría de los cuales proviene de familias pobres, *Yogoda Math* (sede central de YSS), Dakshineswar (India), 1961

*«Por medio de la meditación llegamos a olvidarnos de nosotros y pensamos más bien en nuestra relación con Dios y en cómo servirle en los demás».*

*Satsanga* celebrado en *Yogoda Math,* situado a orillas del Ganges, en Dakshineswar (India), 1973

*«El devoto se siente tan unido a Dios que relaciona toda experiencia con Él. Ya sea que se encuentre dedicado a asuntos del mundo, ocupado en su oficina, o mostrando amor a su esposo, esposa o hijos, comprende que todo es Dios —que todo proviene de Dios y es para Dios».*

Ananda Mata (véase nota al pie de la página 188), Sri Daya Mata y Mrinalini Mata (entonces vicepresidenta de SRF) en Malabar Hill, Bombay, 1973

*«Uno de los mayores deleites de este mundo radica en no acostumbrarse demasiado a nada, de manera que podamos encontrar siempre algo nuevo, inspirador y emocionante en nuestra vida. Nunca visito Encinitas ni entro en los jardines de Mount Washington sin sentir una gran emoción, como si los estuviera contemplando por vez primera. Pon en práctica este ideal de no acostumbrarte a nada ni a nadie».*

responsabilidades, las afronta con la mente concentrada en un plano más elevado. Al espiritualizar sus pensamientos, aprende a depender de un Poder Superior. Y llega finalmente el momento en que le es posible ir donde quiera, mezclarse con cualquier tipo de personas y cumplir con todas sus responsabilidades, sin que su mente pierda jamás la percepción de Dios. Cristo se relacionó muchas veces con «publicanos y pecadores» con el objeto de ayudarlos, pero ni la mentalidad ni las acciones de éstos degradaron su nivel de conciencia. Como un cisne divino, avanzó a través de las aguas del materialismo, sin ser afectado por ellas. Así es como nos enseñaba Gurudeva a comportarnos. Dondequiera que estés, permanece siempre centrado en tu interior, con la mente enfocada en tu estrella polar: Dios.

Los problemas que se nos presentan cada día nos brindan la oportunidad de practicar la ecuanimidad. Así pues, en lugar de rechazarlos, irritarnos, dejarnos perturbar por ellos, o considerar que a causa de los mismos no estamos realizando progreso alguno, deberíamos darles la bienvenida. Recuerda que a menudo el devoto realiza el mayor progreso en la senda espiritual precisamente en los períodos en que debe afrontar tremendos obstáculos, ya que éstos le obligan a ejercitar al máximo sus «músculos espirituales» —la fortaleza interior, el valor y el pensar en forma positiva— con el objeto de resistir los ataques de las circunstancias negativas, el mal o la incomprensión. Nuestro crecimiento espiritual no siempre se produce durante los períodos en que todo se desarrolla de manera armoniosa. Es natural que atesoremos aquellos días en los cuales todo marcha bien; pero yo le he rogado muchas veces a la Madre Divina[2] que me

[2] El aspecto personal de Dios que representa el amor y la compasión maternales. (Véase la nota al pie de la página 70).

ponga a prueba, porque deseo que el amor que le profeso sea incondicional. No puedo sentirme satisfecha con ofrecerle algo que sea inferior al amor perfecto. El devoto de Dios no desea huir de nada. Puede que él tenga muchos defectos —en verdad, no pretende disponer de perfección alguna—, pero su único anhelo es perfeccionar su amor a Dios.

No prestes atención a las dificultades que se presentan en la senda espiritual; ellas carecen de importancia, una vez que has descubierto la paz que mora en tu interior y, cuando al meditar, te olvidas del cuerpo y de este mundo. ¡Cuánta satisfacción!, ¡cuánto gozo se siente!, ¡y cómo se revela entonces la perfección del amor divino! Esto es lo que Dios desea que percibas. Todos pueden tomar plena conciencia de la perfección del amor divino, si se esfuerzan por lograrlo. Quienes han experimentado este amor no son seres excepcionales; por el contrario, ellos debieron esforzarse —tal como cada uno de nosotros— por conocer y amar a Dios.

Y ese esfuerzo consiste en procurar mantener la mente siempre enfocada en el Señor. Al afrontar los problemas que se presentan cada día, ora interiormente: «Señor, aun cuando a veces reine la oscuridad en el mar de mi conciencia y no brille una sola estrella, mediante tu gracia me es siempre posible ver la senda[3]. Haz lo que quieras conmigo y con mi vida. Sólo sé que te amo. Ayúdame a profundizar mi amor por Ti, y a perfeccionarlo de todas las formas posibles». ¡Cuánta libertad, cuánto gozo se descubre al orar así! Todos pueden desarrollar semejante relación con la Divinidad.

No te conformes con nada que sea inferior al amor del Bienamado de tu alma. Su amor todo lo abarca, todo

[3] Citado de «Mi Estrella Polar», del libro *Cosmic Chants* [Cantos Cósmicos], escrito por Paramahansa Yogananda.

lo satisface. En cuanto comiences a reconocerte como alma, cuyo consorte es Dios —el único Bienamado, el Amante Divino del cosmos—, habrás alcanzado la libertad espiritual.

### La importancia de una vida equilibrada

Cuando espiritualizas tu modo de pensar, la mente permanece siempre absorta en pensamientos elevados. Esto no significa que no mantengas los pies en la tierra, o que descuides tus responsabilidades. ¡El entrenamiento de Gurudeva no permitiría esa negligencia! Así pues, me siento profundamente agradecida de que él nos haya proporcionado este *sadhana,* que podemos practicar tanto en el mundo como en nuestros *ashrams* y retiros. Si todos hubiésemos huido a la cima de las montañas, con la esperanza de encontrar a Dios allí, ¡qué gran decepción podríamos haber sufrido! La mayoría de los aspirantes espirituales no disponen de la necesaria fortaleza interior para seguir semejante vida. Un gurú, en su unidad con Dios, sabe qué tipo de entrenamiento precisa cada discípulo, y le sitúa en las circunstancias más favorables para su desarrollo espiritual.

Reflexiona en el ejemplo de los grandes santos tales como Teresa de Ávila: ella estaba dotada de una mentalidad eminentemente práctica y dedicó parte de su vida a fundar numerosos conventos —tarea en la cual tuvo que vencer tremendos obstáculos—; sin embargo, en su interior, se encontraba siempre sumida en un rapto de amor a Dios, absorta por completo en el amor divino. Y piensa en las luchas y las incomprensiones que debió afrontar Santa Bernardita. El ejemplo que ofreció en sus últimos momentos me resulta, en verdad, arrobador. A pesar de que se encontraba experimentando grandes sufrimientos físicos y mentales, al percibir la presencia divina se irguió en su lecho y musitó: «Te amo, te amo, te amo». En eso consiste, para mí, la perfección. Ésta es la relación con Dios que deseo para todos. Y la lograrás si elevas el nivel espiritual de tu modo de pensar, por medio de los métodos que he descrito: cultivar la fe en Dios, practicar a diario y profundamente la oración y la meditación, entregarse a la voluntad de Dios y poner a sus pies todos tus problemas y preocupaciones. ¿No es ésta una hermosa filosofía? ¡Es la forma de vida más elevada!

Después de meditar, esfuérzate por permanecer en el estado de paz y sosiego que experimentas durante la meditación. La paz interior constituye la primera prueba de la presencia de Dios. Mantener la mente en ese estado de quietud es indispensable para poder pensar en Dios durante la actividad. Tras la meditación, continúa practicando el recogimiento interior y pensando en Dios durante tanto tiempo como sea posible, mientras trabajas, haces ejercicio o descansas. Cuanto más practiques lo anterior, más pronto se convertirá ese estado en algo natural para ti. En verdad, tu estado natural de conciencia es vivir, actuar y existir en Dios. Pero a fin de poder *experimentarlo* es necesario que te esfuerces por preservar el sentimiento de gozo y paz que percibes durante la meditación.

Gurudeva solía decirnos: «No permitas que esa experiencia se desvanezca o se pierda. Reposa en el pensamiento de Dios, trabaja con ese pensamiento en la mente, ayuda a los demás con ese pensamiento y afronta todas las experiencias de la vida pensando serenamente en Dios. Entonces vivirás de verdad». Recuerda que la vida es un sueño. No tiene realidad alguna, excepto en la medida en que relacionemos todas nuestras experiencias con Dios. Cuando meditamos profundamente, nos retiramos detrás del telón, como solía decir Guruji, y tomamos conciencia del divino Director que está controlando y dirigiendo esta película cinematográfica de la creación, al igual que nos guía a todos nosotros.

### La verdad es simple

Cada vez que acudíamos a Paramahansaji con nuestros problemas, él jamás los discutía de manera extensa; en lugar de ello, su única y sencilla respuesta era: «Mantén tu mente en Dios». ¡Cuánta gratitud siento hacia él por sus sabias palabras y por la sencillez con que nos enseñó a seguir la senda espiritual! Dios es simple. La vida parece complicada porque es irreal: solamente la verdad es simple.

Si una persona construye su vida sobre una mentira, se verá obligada a dedicar todo su tiempo a ocultar esa falsedad y tejerá a su alrededor un capullo del cual no podrá liberarse. Pero quien es siempre honesto, es también directo; no existen complicaciones en su modo de pensar ni en su vida. Lo mismo ocurre con Dios. Cuando un ser humano busca sinceramente a Dios, hallará una senda sencilla y directa que le conduzca hasta Él. Sólo si miras hacia el exterior, hacia el mundo, encontrarás complicaciones. Cuando diriges la mirada hacia el interior, hacia Dios, percibes la más absoluta simplicidad, una divina y gozosa sencillez: así es Dios. Y así es también como debe ser tu vida; de esa manera lograrás conocerle.

# El punto de vista de los sabios respecto a las experiencias de la vida

*Sede Internacional de Self-Realization Fellowship, Los Ángeles (California), 25 de marzo de 1971*

Deseo compartir contigo algunos conceptos de la sabiduría de Sri Gyanamata[1], seleccionados de las invaluables notas que me escribió a lo largo de mis primeros años en el *ashram*. Ella misma vivió de acuerdo con estos cuatro principios que resumió para mí, y nos exhortaba y animaba a seguirlos:

> No mires ni contemples nada que no sea tu meta,
> resplandeciendo siempre ante ti.
> Nuestras diarias experiencias no tienen importancia,
> pero aquello en lo cual nos convirtamos a causa
> de ellas sí la tiene.
> Cada día, acepta todo cuanto te ocurra,
> considerándolo como proveniente de Dios.

[1] Gyanamata («Madre de sabiduría») fue una de las primeras *sannyasinis* de la Orden monástica de *Self-Realization Fellowship.* Con frecuencia, Paramahansa Yogananda elogiaba su santidad y estatura espiritual. Ella pasó a formar parte del *ashram* en 1932, cuando contaba con poco más de sesenta años; Sri Daya Mata había entrado al *ashram* un año antes, a la edad de diecisiete años. Por ser una de las discípulas más jóvenes, a las que Paramahansa Yogananda a menudo dejaba a cargo de Gyanamata cuando él no se encontraba en Mount Washington, Sri Daya Mata recibió gran ayuda e inspiración de la vida ejemplar de Gyanamata. *(Nota del editor).*

Por la noche, devuélvele todo a Dios,
depositándolo en sus manos.

*No mires ni contemples nada que no sea tu meta, resplandeciendo siempre ante ti.* Éste es un principio básico en el sendero espiritual, porque la búsqueda de Dios constituye un estilo de vida. No es suficiente asistir a la iglesia los domingos con devoción, y volver luego a casa para continuar viviendo de una manera mundana y sin hacerle ningún caso a Dios. Es preciso comprender que aquello que vemos, pensamos y hacemos determina lo que somos. Quien busca con intensidad a Dios no debe centrar su tiempo y atención en distracciones o en cualquier otra cosa que aparte su mente del Señor. Es necesario que no se enfoque en el lado negativo de la vida ni se enrede en él. Gurudeva Paramahansa Yogananda nos enseñó a evitar todos los pensamientos, actividades y distracciones que fuesen incompatibles con un deseo sincero de encontrar a Dios. Tenemos que mantener siempre este ideal ante nosotros.

Quienes viven en el mundo no deberían desperdiciar su tiempo asistiendo a reuniones sociales o a películas que no eleven el espíritu ni sean inspiradoras o que despierten claramente reacciones nocivas. Nunca hagas nada que desvíe la conciencia de tu meta: Dios. Uno puede pensar: «Bueno, hoy haré lo que me plazca; y cuando llegue esta noche a casa, meditaré profundamente». Pero ten por seguro que quien así razona no encontrará a Dios en esta vida.

Es menester tratar de comportarnos cada día de tal modo que siempre recordemos nuestra identidad con Dios, puesto que somos sus divinos hijos. Guruji citaba a menudo esta máxima popular: «No veas el mal, no oigas el mal, no hables del mal». Las figuras de los tres monos que simbolizan esta sabiduría son comunes en la India y también aquí en Estados Unidos. Uno de los monos tiene sus manos sobre los ojos, el segundo se cubre los oídos, y el tercero, la boca. No permitas que el uso inapropiado de los sentidos profane tu conciencia, que anhela conocer a Dios.

*Nuestras diarias experiencias no tienen importancia, pero aquello en lo cual nos convirtamos a causa de ellas sí la tiene.* Jamás debemos sentirnos abatidos o desanimados por nuestras faltas o por los desafortunados sucesos que nos ocurran como resultado del mal comportamiento de los demás. En ocasiones, todos hemos llevado a cabo acciones de las que después nos sentimos avergonzados al darnos cuenta de que nuestra conducta fue incorrecta. Pero igualmente erróneo es permitir que los recuerdos de aquellas faltas envenenen el resto de nuestra vida. No debemos consentir que nada nos amargue, ni destroce nuestra fe en nosotros mismos o en el prójimo, ni nos llene de sentimientos de culpabilidad. La reacción espiritual acertada hacia todas las experiencias consiste en tomar la determinación de que aprenderemos las lecciones que aquellas nos aporten y que nos perfeccionaremos.

Hace poco estuve leyendo una carta que envié al Maestro cuando era una discípula muy joven. Evidentemente él me había reprendido y, entonces, yo le escribí: «Maestro, le prometo que cada día me esforzaré al máximo por ser positiva y por no oponerme en pensamiento, palabra ni acción a su guía». Cuando alguien posee una voluntad poderosa y una mente positiva, tiene la tendencia de querer hacer las cosas a su manera. Una persona de tal naturaleza está convencida de ser la que más sabe. La obligación divina del gurú es ayudar al discípulo a que aprenda cómo desarrollar una voluntad guiada por la sabiduría. Con su disciplina, el Maestro me estaba ayudando a aprender de mis propios errores.

A los discípulos que no renunciaban a ejercer su descarriada voluntad egoísta, el Maestro solía advertirles: «Si continúas con esta actitud, la Madre Divina te apartará del sendero». Estas palabras me atemorizaron al principio, pero pronto comprendí que él simplemente estaba tratando de indicarnos cómo actúa la ley divina. Y ahora les digo lo mismo a todos los que buscan a Dios a través de este sendero. No persistas en los desaciertos de tu ego; por el contrario, trata de seguir la guía del Gurú, pues de otra manera la ley del karma te obligará a alejarte del camino espiritual.

Cuando tendía a juzgarme a mí misma con demasiada severidad —y, en consecuencia, a sufrir enormemente—, porque sentía que no estaba viviendo al cien por ciento de acuerdo con las expectativas de Gurudeva, él me mostraba de nuevo la actitud correcta: «Lo pasado, pasado está. Corrígete y olvida lo ocurrido. No le dediques ni un solo pensamiento más». Gyanamata nos dice exactamente lo mismo. No te preocupes por los errores que cometas de manera involuntaria o las cosas desagradables que te sucedan. Lo importante es aquello en lo cual te conviertes como resultado de esas experiencias. Sólo tú determinas cómo has de reaccionar ante cada circunstancia que la vida te presente. ¿Te convertirás en un ser humano amargado, deprimido, que siente lástima de sí mismo?, ¿o en un individuo divinamente comprensivo, compasivo, de mente poderosa y entregado por completo a Dios? Nadie puede impedir tu éxito en la búsqueda de Dios, excepto tú mismo.

*Cada día, acepta todo cuanto te ocurra, considerándolo como proveniente de Dios.* Éste es un punto esencial. Jamás pienses que los demás te benefician o te dañan; contempla a todas las personas como instrumentos de Dios. Sé un alma divina, un devoto que busca con ahínco al Señor y que advierte su mano detrás de todo lo que le acontece a él y a los demás. Comprende perfectamente que es Dios, y sólo Dios, quien en forma callada y amorosa vela por nuestras vidas. Cada día, acepta todo cuanto te ocurra, considerándolo como proveniente de la mano de Dios, y empezarás a percatarte de su permanente cercanía y sus constantes bendiciones.

*Por la noche, devuélvele todo a Dios, depositándolo en sus manos.* Jamás pongas la excusa de que tu mente está tan ocupada reflexionando en lo relacionado con tu trabajo y tus obligaciones que eres incapaz de pensar en Dios. Éste es uno de los problemas básicos que debe vencer toda persona que se halle en el sendero espiritual, ya sea que viva en el mundo o en un monasterio. Tendemos a permanecer tan absortos en nuestras responsabilidades que es difícil apartarlas de la mente cuando llega el momento de meditar. Pero tenemos que comprender la importancia de hacer el esfuerzo por desligarnos de ellas.

Por la noche, o a cualquier hora en que te dispongas a meditar, devuélvele mentalmente todo a Dios, depositándolo en sus manos. Puede que hayas estado ocupado en las labores del hogar, de la oficina, de la fábrica, de la escuela, o bien en problemas financieros, o en cualesquiera que sean tus responsabilidades particulares. Éstas son tus obligaciones durante el día; pero por la noche, cuando llegue la hora de meditar, deja mentalmente esos compromisos al cuidado de Dios. Si efectúas este acto mental cada noche, comprobarás de manera progresiva que, en el tiempo dedicado a la meditación, te será mucho más sencillo apartar de tu conciencia todo lo que no sea Dios. De este modo serás libre para comulgar con Él.

Te animo encarecidamente a recordar estos cuatro principios, porque, si lo haces, descubrirás que son de enorme ayuda para tu progreso espiritual. En esta vida todos tenemos la oportunidad de conocer a Dios; nuestro éxito depende de cómo reaccionemos ante cada una de las experiencias que se nos presenten.

# Reflexiones sobre la actitud correcta

*Ashram de Self-Realization Fellowship en Encinitas (California), 11 de diciembre de 1962*

El Señor Buda dijo en cierta ocasión: «La retribución de la vida de santidad, ¡oh monjes!, no radica en obtener beneficios, favores u honor, ni en cumplir las normas morales, ni en adquirir el fruto de la concentración, ni en el conocimiento y la clarividencia, sino en lo siguiente, ¡oh monjes!: la infalible e inquebrantable libertad de la mente. Tal es el propósito de esta vida de santidad. Ésa es su esencia y su meta».

¿Cuál es el significado de «la inquebrantable libertad de la mente»? Significa que la mente se halla libre para siempre de la imposición de los hábitos, emociones y apegos; que sólo está regida por la sabiduría, el amor y el inegoísmo. Significa que el ego ya no ejerce control sobre ti; que tú —el alma que opera a través de la mente— eres el dueño de tu destino. Demostrar una actitud correcta, en cualquier circunstancia o situación, es una evidencia de haber alcanzado el dominio de uno mismo.

La actitud correcta es el camino hacia Dios. Sin ella, jamás podremos conocerle, pues constituye el fundamento de la vida espiritual. Debemos esforzarnos constantemente por adoptar la actitud apropiada, ya que, de lo contrario, ni extensos discursos sobre Dios, ni la exhaustiva lectura de las escrituras, ni numerosos años a los pies del gurú, aportarán beneficio alguno.

Implícita en la actitud correcta se halla la humildad. No puedes conocer a Dios sin aceptar primero que eres el último ante sus ojos. Esto no quiere decir que debas ir lamentando y proclamando a los cuatro vientos lo insignificante que eres. No; ser humilde significa que, sea lo que sea lo que los demás te hagan o digan de ti, tú permaneces siendo siempre el mismo. Si una rosa se estruja con la mano, sigue exhalando su fragancia. Cuando las personas te «estrujen» con sus críticas o con afiladas palabras de crueldad, la actitud correcta consiste en continuar prodigando, a cambio, dulzura, palabras y acciones cordiales y, sobre todo, pensamientos amables. Si no abrigamos pensamientos amables, no podremos expresar sinceramente bondad en las palabras o en los hechos.

El problema con la mayoría de las personas reside en que, cuando se enfadan o se sienten ofendidas, no quieren atender a razones ni comprender. Cuando alguien está ciegamente convencido de que tiene la razón, no acepta ningún tipo de explicación o argumento. Lo único que sabe es que su deseo se ha frustrado, y eso es todo lo que le importa. Está fuera de sí. Ése es el momento de adoptar la actitud correcta.

### Hágase Tu voluntad

Si hay algo en este mundo que puede hacernos enojar o perder el autocontrol, esto indica sencillamente que no tenemos la actitud correcta. Si analizas esta cuestión, comprobarás que la ira se produce cuando un deseo ha sido frustrado. Podría tratarse de un deseo noble, pero el hecho sigue siendo el mismo: la ira se origina cuando marchamos en cierta dirección y de pronto tropezamos con un impedimento —nuestro deseo de proseguir se encuentra obstaculizado—. La actitud determina nuestra reacción ante esta circunstancia. Si nuestra actitud es la adecuada, seremos capaces de decir en ese momento: «Señor, no se haga mi voluntad sino la Tuya». Cuando esto se practica con sinceridad, nos libera por completo de la emoción generada por la ira. La actitud correcta se consigue cuando nos esforzamos constantemente por aplicarla, y siempre nos proporciona paz mental.

Dios trabaja a través del ser humano para llevar a cabo su divina voluntad en este mundo. Deberíamos esforzarnos siempre para ser receptivos al Señor. Es aquí donde interviene la actitud correcta. Somos instrumentos adecuados o inadecuados de Dios, de acuerdo con el grado de nuestra receptividad y buena disposición. Esta variación de «grado» constituye la base fundamental que diferencia entre sí a las personas.

### Sé un instrumento de Dios

Sri Yukteswarji le dijo a nuestro gurú, Paramahansa Yogananda: «Aprende a comportarte». Y Gurudeva nos aconsejaba: «Esfuérzate siempre por adoptar la actitud correcta». Estas indicaciones son una y la misma. Mediante la práctica de la actitud correcta desarrollamos la receptividad; y ésta, a su vez, nos permite ser canales de la voluntad de Dios. Cuando los cables eléctricos se instalan debidamente, conducen la electricidad; pero ¿qué importa el medio conductor si en él no se encuentra presente la electricidad? De la misma forma, nuestro verdadero valor radica en ser capaces de servir como «conductores» por medio de los cuales Dios pueda expresar su voluntad en la tierra. El deber de cada uno de nosotros es tratar de adoptar siempre la actitud correcta, de tal modo que podamos obtener tanto la receptividad como la humildad necesarias para convertirnos en perfectos instrumentos del Ser Divino.

Conforme nos acercamos a la época de Navidad, quizá todos sientan —al igual que yo— un creciente fervor y gozo espiritual, así como un anhelo más intenso por Dios. No quiero desperdiciar mi tiempo en esta vida. ¡Observa cuántas cosas tratan de hacernos fracasar y retrasarnos constantemente en el sendero espiritual! Tenemos que resistirlas de manera incansable, pero sin tensión ni inquietud. Debemos aplicar serenamente el discernimiento a fin de despejar nuestra senda de todas las distracciones mundanas que nos alejan de Dios y nos alejan de la actitud que precisamos para recibir su presencia. El secreto del sendero espiritual radica en la actitud correcta, pues, una vez que la desarrollas, buscar a Dios se convierte en lo más sencillo y natural de este mundo.

Cuando medites, pídele a Dios que te conceda la disposición acertada. Yo siempre oro a Dios y al Gurú así: «No me importa cómo me disciplines o lo que hagas conmigo, pero en cada prueba permíteme aprender cuál es la actitud correcta. Jamás permitas que me sienta molesta por tu disciplina o que me resista a ella; y, suceda lo que suceda, nunca dejes que me entregue a la autocompasión, a la ira o al desánimo». Tales sentimientos pertenecen a un ser humano común y egoísta. Pero, *no somos* seres humanos comunes; somos almas. Todos somos hijos de Dios, y debemos comportarnos como tales. Adopta la actitud correcta en tu relación con Dios, y también la tendrás con el mundo.

# Una oportunidad espiritual en el Año Nuevo

*En los* ashrams *de Self-Realization Fellowship, los discípulos residentes se reúnen en la víspera de Año Nuevo para meditar juntos desde las once y media de la noche hasta las doce y media, siguiendo una tradición establecida por su gurú, Paramahansa Yogananda. En 1961, Sri Daya Mata condujo esta meditación en la Sede Internacional, ubicada en Los Ángeles (California). A continuación, se transcriben las inspiradas palabras que dirigió a los devotos del* ashram *en aquella oportunidad, las cuales constituyen una amorosa exhortación a todos los que buscan a Dios.*

Guruji enseñó que el nacimiento de un nuevo año es una época auspiciosa para modificar el curso de los acontecimientos. Por lo tanto, en la víspera de Año Nuevo, es provechoso dedicar un tiempo a la introspección, con el fin de analizarnos y hacer así un «inventario espiritual». Es preciso examinar en qué aspectos hemos progresado en el sendero espiritual y en cuáles hemos retrocedido y, luego, meditar sobre aquellas cualidades que esperamos incorporar a nuestra vida en el año que está por comenzar.

¿Nos sentimos inclinados a la ira, la codicia o la envidia? ¿Solemos distraernos a causa de los deseos que apartan nuestra atención de Dios, que es la única Realidad? No debemos desalentarnos a la vista de nuestros defectos, aunque éstos resulten muy numerosos. Dios nos ama a pesar de tales imperfecciones, sean cuales sean, y nos ayuda y anima, siempre que estemos haciendo un esfuerzo por mejorar. Cuando el devoto eleva una mano hacia Dios, clamando por su ayuda, el Amado Divino extiende ambas manos para levantarlo. Por lo tanto, mantengamos siempre al menos una mano extendida hacia el Señor, rogándole que nos guíe. Y, en este nuevo año, adoptemos la resolución de hacer un mayor esfuerzo por eliminar todo aquello que nos aparte de Dios.

¿Qué es bueno y qué es malo? Ambos términos son relativos. Lo que es bueno para una persona puede ser malo para otra, y lo que constituye el maná para una podría ser veneno para otra. Un gran santo de la India dijo que cualquier pensamiento, palabra o acto que aparte de Dios la mente del devoto —haciendo descender su conciencia hacia estados de inquietud, pesimismo, ira o celos— es malo o nocivo para éste. Debemos esforzarnos por vivir de tal manera que pensemos, digamos y hagamos sólo aquellas cosas que eleven nuestra conciencia.

Es fácil responder con dureza a quienes nos hablan con ira, sentir celos si se nos abandona o nos ignoran, o disgustarse cuando consideramos que no recibimos de los demás lo que creemos merecer. Pero mi propia experiencia ha sido que si aprendemos a aceptar que cuanto nos ocurre proviene de la mano de Dios —al experimentar, por medio de la profunda meditación y la práctica constante de su presencia, que en todas las circunstancias de la vida dependemos solamente de Él—, es posible evitar todos los escollos en el sendero hacia la unión con el Señor.

Cada alma está hecha a imagen de Dios. Las divinas cualidades de la humildad, la sabiduría, el amor, el gozo y la bienaventuranza se encuentran ya en nosotros. Pero el «yo» o ego nos hace olvidar nuestra verdadera naturaleza; y para percibirla de nuevo, hemos de concentrarnos conscientemente en nuestros innatos atributos divinos.

### La luz de Dios destruye la oscuridad

Todos los estados de ánimo y hábitos que apartan nuestra mente de Dios pueden superarse al sustituirlos por pensamientos positivos de alegría, buena disposición, gozo, inegoísmo, amor, amabilidad y compasión. Cuando despiertes estas cualidades dentro de ti, aquellos otros hábitos de codicia, egoísmo, ira, odio, celos, apatía y emotividad desordenada se irán debilitando gradualmente. La oscuridad que reina en una habitación no se puede eliminar golpeándola con un palo o quejándote de que no puedes ver. Sólo existe un método para erradicar esa oscuridad: permitir que entre la luz. De igual manera, la forma de acabar con la ignorancia no es autocompadecerse y pensar obsesivamente en ella, ni culpar a los demás de nuestra oscuridad interior, sino permitir que entre la luz de Dios. Enciende la luz interior de la sabiduría y se disiparán todas las tinieblas que habían permanecido allí durante siglos.

Los devotos que viven en la conciencia de Dios comprueban que su ser se halla siempre centrado en Él y que su mente está constantemente girando en torno a algún aspecto de la Divinidad: mi Dios, mi Padre, mi Madre, mi Niño, mi Amigo, mi Bienamado, mi Amor, mi Todo. Cuanto más procuremos aferrarnos a esta conciencia, con mayor rapidez descubriremos en nuestro interior la Imagen Divina que mora en cada uno de nosotros.

### Refuerza tus buenas resoluciones

Mantén un deseo espiritual en tu corazón y ora profundamente a Dios para que se haga realidad. Ora sin cesar, no sólo durante unas horas o un día, sino todos los días. Incluso en medio de la actividad, permite que esa oración gire en el fondo de tu mente. Si posees fe y entusiasmo inquebrantables, capaces de conducir dicha aspiración hasta su cumplimiento, comprobarás que Dios te escucha. Él jamás defrauda a sus devotos; pero debes ser persistente. Si al principio no recibes su respuesta, no desistas; continúa haciendo el intento. De pronto, cuando menos lo esperes, el Amado Divino responderá a tu oración.

Elige un hábito erróneo que quieras vencer o un buen hábito que desees desarrollar, y resuelve que a lo largo de este nuevo año trabajarás cada día para lograr el cumplimiento de tu meta. No adoptes muchas resoluciones para después olvidarlas en unos cuantos días o algunos meses; elige una buena cualidad y aplica tu atención, determinación y entusiasmo hasta que la hayas establecido dentro de ti.

Recuerdo que hace muchos años decidí esforzarme por desarrollar la humildad en el año nuevo que estaba por comenzar. Cada día trabajaba por alcanzar esa meta: me concentraba en la verdadera esencia de la humildad y, en mis meditaciones, le pedía a Dios que me concediese más humildad y me enseñara esta cualidad por cualquier medio que Él considerase de mayor ayuda para mí; procuraba cultivarla en todos los aspectos, tanto en la meditación como en la actividad. De igual forma, en otras ocasiones me esforcé por desarrollar mayor devoción por Dios, entendimiento y otras cualidades espirituales. Éstas son empresas de toda una vida, pero lo importante es que debemos tomar una firme determinación y hacer el esfuerzo incluso para empezar a adquirir tales cualidades. Alma amada, ésta es la manera de satisfacer cualquier buen deseo de tu corazón. Decídete y aplica tu fuerza de voluntad. La vida pasa y, en el tiempo que todavía te quede por vivir, tienes que recoger la cosecha más abundante posible de sabiduría, amor, comprensión, gozo y paz.

Muchos buscadores espirituales me dicen: «No sé si estoy acercándome a Dios. Siento aridez; me parece que no hago ningún progreso». A estos devotos sólo puedo decirles que han de realizar un esfuerzo más profundo; tienen que albergar un mayor deseo y determinación de sentir la presencia de Dios.

Paramahansaji solía decir que el devoto debe anhelar a Dios con la misma urgencia con que el hombre que se ahoga lucha por respirar al hundirse por tercera vez; con la misma añoranza que siente el amante cuando se encuentra separado de su amada; con el mismo deseo vehemente de posesión que siente el avaro por su dinero. Si el devoto tiene tal grado de entusiasmo, anhelo y apego por Dios, le conocerá en esta vida. No nos sintamos satisfechos hasta que hayamos encendido, en nuestro interior, semejante chispa de deseo por la Divinidad. En este año nuevo, decide acercarte más a Dios; decide establecer un vínculo más profundo, una relación más dulce y amorosa con el Señor, que es nuestro único y verdadero Amor eterno. Cuando tu mente y tu corazón estén firmemente afianzados en esta relación divina, todas las relaciones con los demás se tornarán más dulces y puras.

### Edifica tu vida sobre la roca de la meditación

Promete que, salvo por enfermedad, nunca abandonarás tu práctica diaria de la meditación. Desde que hice esta promesa —a sugerencia de Guruji—, jamás la he roto; y he podido constatar la tremenda fuerza interior que me ha proporcionado. Además, cada semana dedica todo un día o varias horas a la práctica del silencio, y lleva a cabo una meditación prolongada durante ese período. Cuando Guruji nos lo sugirió —hace muchos años, en Encinitas—, decidí dedicar una tarde a la semana para efectuar una meditación larga. Aunque yo tenía muchas obligaciones que cumplir, cada jueves me dirigía a mi habitación a las seis de la tarde, sin cenar, y meditaba hasta la medianoche. La fuerza que este hábito desarrolló en mí y el amor y devoción que sentía por Dios durante estos períodos de meditación aceleraron mi progreso espiritual. Si quieres encontrar a Dios, tienes que tomar este tipo de resoluciones y llevarlas a cabo fielmente, no sólo de palabra.

Durante el tiempo que dure tu meditación semanal larga, olvídate del mundo y aparta de tu mente todo temor. Ofrécele tus problemas a Dios; deja que sea Él quien se preocupe de ellos durante ese breve período de seis horas. Conversa con Dios en el lenguaje de tu corazón. Entonces sabrás que estás progresando espiritualmente. La única forma en que puedes lograr ese conocimiento es haciendo un esfuerzo mayor.

### Practica la presencia de Dios

Otra manera de progresar espiritualmente es por medio de la práctica continua de la presencia de Dios. Paramahansaji enseñó que, si deseas conocer a Dios, debes entrenar tus primeros pensamientos de la mañana para que se dirijan hacia el Señor; y mientras cumples con tus obligaciones a lo largo del día, piensa que Él es el Hacedor y que tú eres simplemente un humilde instrumento. Al servir a Dios, emplea tu inteligencia, tu buena disposición, tu gozo y alegría. A medida que se acerque el fin de la jornada, permite que tu mente se concentre aún más en Él. Avanza de esta forma, con la conciencia de que sólo Dios es importante; mantén esta actitud a lo largo de todas las experiencias de la vida, con el máximo gozo de tu corazón, con la mejor disposición de ánimo, con el valor y la fe más grandes y, sobre todo, con amor divino, rendido a los pies del Único Amado.

Por último, permíteme compartir contigo algo que anoté durante una de las meditaciones de Año Nuevo que tuvimos la bendición de celebrar junto a nuestro amado Gurú. Estas palabras han sido para mí de gran ayuda a lo largo de todos estos años: «Recuerda siempre: no podemos ir en contra de la Voluntad Divina. Cada uno de nosotros tiene en este mundo un deber diferente, que no podemos eludir y que nadie más puede cumplir por nosotros. Al desempeñar esta obligación es preciso tener la siguiente actitud: "¡Oh Señor!, Tú eres el Hacedor. Conviérteme en un instrumento dispuesto a hacer tu voluntad". La vida se apaga en un instante. ¿Cómo podemos llegar a pensar que nosotros somos los hacedores en este mundo? El *Guita* dice: "Abandonando todos los otros *dharmas* (deberes), concéntrate sólo en Mí; Yo te liberaré de todos los pecados (que hayas podido cometer debido al incumplimiento de aquellos deberes menores)"[1].

**Recuerda hacer cada día cuanto esté a tu alcance**

»Todo lo que debes recordar en esta vida es hacer cuanto esté a tu alcance cada día y en todo momento. Dios espera que haya continuidad en tu esfuerzo. No quiere que te desanimes, que desistas y huyas. Recuerda que en medio de todas tus actividades y durante cada uno de tus períodos de pruebas y dificultades, Dios siempre está contigo. A San Antonio, que pasó cerca de sesenta años en el desierto orando a Cristo, le dijo Jesús: "Antonio, aunque estabas sufriendo, yo me encontraba a

[1] *Bhagavad Guita* XVIII:66. (Traducido del sánscrito al inglés por Paramahansa Yogananda en su obra *Dios habla con Arjuna: El Bhagavad Guita*).

tu lado en todo momento"». Recordemos esta promesa cada vez que afrontemos circunstancias difíciles.

La naturaleza de este mundo es la dualidad. Jamás te concentres en su aspecto negativo. Con fe inquebrantable en Dios, debemos aprender a aceptar tanto lo bueno como lo malo. Es preciso comprender —como enseñó Guruji— que las dificultades a las que nos enfrentamos en la vida no son sino la sombra de la mano de Dios que se extiende para bendecirnos. Aprende a mirar todo en la vida con esta actitud: «Señor, Tú eres el Hacedor. De tu mano recibo tanto la caricia gentil como el escarmiento, porque Tú sabes lo que es mejor para mí. Tú me amas a través de quienes son mis amigos, y me disciplinas por medio de aquellos que se consideran mis enemigos».

Inmersos en esta conciencia, afrontemos el año nuevo con valor, fe, fortaleza, buena disposición para llevar a cabo lo que la vida nos depare y, sobre todo, con un constante anhelo por sentir el amor de Dios. Él no se ha alejado de nosotros; somos nosotros los que hemos apartado nuestra conciencia de Él, al correr tras las cosas de este mundo y dejarnos arrastrar por nuestros sentidos y emociones. Solamente aprendiendo a aquietar nuestra conciencia —como los grandes maestros nos han enseñado—, seremos capaces de percibir dentro de nosotros la presencia de la Divinidad[2]. Él ha estado a nuestro lado desde el principio de los tiempos, permanece con nosotros ahora y seguirá con nosotros por toda la eternidad. Aférrate con intensidad a Aquello que es inmutable.

### Mi oración por ti

Mi oración por ti en este nuevo año es que puedas ver cumplidas tus más nobles y elevadas metas en el

[2] «Aquietaos y sabed que Yo soy Dios» (*Salmos* 46:11).

sendero espiritual. A ti que ambicionas el amor divino, te deseo que lo encuentres; tú que anhelas comprensión, no la busques en las relaciones humanas sino en el Señor, que es la Fuente de la Comprensión; a ti que ansías fuerza, valor o humildad, te deseo que te acerques al Gran Instructor que puede ayudarte a adquirir estas cualidades y que es capaz de despertar la dormida divinidad que mora en tu interior, a fin de que te sea posible contemplar tu identidad como verdadero hijo de Dios. Acuden a mi memoria las palabras de nuestro bendito Guruji urgiéndonos en el año nuevo: «¡Despierta, no duermas más! ¡Despierta, no duermas más! ¡Despierta, no duermas más!».

La manera de obtener paz, gozo, felicidad y amor divino consiste en mantener tu conciencia centrada en Dios y reposando en Él. Concéntrate en esta idea: Sólo Dios. «Tú eres mi Estrella Polar; en Ti vivo, me muevo, respiro y existe mi ser. No anhelo nada que no sea amarte y servirte». Haz que ésta sea tu constante oración en el nuevo año.

Piensa en Dios noche y día, y embriágate con su amor. Sólo Él es real. En su amor se encuentra la sabiduría, la humildad, el gozo, la compasión, el entendimiento y la plenitud. Que todos podamos buscar con más intensidad este amor.

Medita más profundamente y esfuérzate por servir a Dios de buen grado, con mayor esmero y concentración. No es suficiente el mero acto de servir; considéralo un gran privilegio y presta tu servicio con entusiasmo, alegría y amor en el corazón. Que entonando cantos de devoción a Dios podamos mantener esta gozosa conciencia a lo largo de todos los días del nuevo año, a fin de concluirlo como lo empezamos: pensando sólo en el Uno.

# El secreto de perdonar

*Sede Internacional de Self-Realization Fellowship,*
*Los Ángeles (California), 24 de marzo de 1969*

Una vez más nos encontramos a las puertas de la bendita época de la Pascua de Resurrección. Las fechas sagradas del año suscitan en mi conciencia un notable efecto inspirador, y ruego porque esos días también te inspiren a ti. Al llegar este período en el que evocamos el supremo sacrificio de Jesucristo por la humanidad, reflexiono sobre las palabras que tan a menudo repetía Gurudeva Paramahansa Yogananda cuando afirmaba que Cristo consumó en la cruz el mayor de sus milagros. Aunque tenía todo el derecho para maldecir y condenar a quien le traicionó o a quienes le juzgaron injustamente y, además, poseía plena capacidad para destruir a sus enemigos, Jesús no usó ese poder ni sintió rencor alguno. Por el contrario, mostró al mundo el sendero divino para conquistar el mal, la única vía que puede resucitar de la oscura ignorancia a las almas y conducirlas hacia la luz de la sabiduría perpetua y de la eterna comunión con Dios. Ese camino quedó inmortalizado en las sencillas palabras de amor pronunciadas por Cristo: «Padre, perdónalos, porque no saben lo que hacen»[1].

Incluso hoy en día, éste es un mensaje extremadamente importante para la humanidad, y todos deberíamos aplicarlo en nuestras vidas si deseamos mantener la luz del amor divino en nuestros corazones y en el

[1] *San Lucas* 23:34.

mundo. Es esencial liberar el corazón y la mente de toda amargura y rencor; no ha de haber cabida ahí para tales sentimientos.

Cuando alguien se ha comportado mal con nosotros, ¿por qué sentimos que debemos hacer algo al respecto? ¿Por qué no dejarlo simplemente en manos de Dios? Yo creo en ese modo de proceder. ¿Acaso no podemos también nosotros decir: «Padre, perdónalos, porque no saben lo que hacen», comprendiendo perfectamente que la ley y el amor divinos resolverán el problema? Esta ley ha operado para mí en innumerables formas a lo largo de la vida; y de igual manera lo hará para ti y para toda la humanidad.

El problema reside en *nosotros,* ya que no nos es posible deshacernos de los pensamientos de maldad y odio, o de nuestros sentimientos de venganza, ira o envidia. Puesto que no somos capaces de soltarnos de la mano de Satán, es decir, del engaño —que es lo que en realidad son todos esos pensamientos y sentimientos erróneos—, no conseguimos asir la mano de Dios.

Tratemos de resucitar nuestra conciencia del oscuro sepulcro del odio, la ira y la maldad. Tú sabes lo que es la maldad: el deseo de herir a otra persona. Con probabilidad, en alguna ocasión todos hemos herido a los demás de un modo inconsciente. Es preciso pedir perdón con sinceridad a quien así hayamos lastimado. Y jamás debemos levantar la mano de forma intencionada —ni siquiera con el pensamiento— contra otro ser humano. Si lo hiciéramos, los primeros en sufrir seríamos nosotros, porque en ese momento perderíamos nuestra percepción interior de Dios.

**Busca la comunión con el alma, que es la fuente del amor**

En mi corazón, sólo abrigo un deseo para ti: debido al gozo, al sentimiento de paz y seguridad y al gran amor que encuentro en mi propia alma, ansío verte inmerso en esa conciencia divina. Realmente es muy difícil alcanzar tal estado, y difícil es permanecer en él. Por lo tanto, la obligación que siento hacia ti, que estás esforzándote por perfeccionar tu vida de una manera divina, es que cuando te alejes de la Meta, yo te lo recuerde y te urja a seguir, con mayor ahínco, sinceridad y devoción, las huellas de nuestro Gurú.

Gurudeva era la personificación de la amabilidad, el amor, el perdón y la compasión. En él no existía el menor impulso egoísta; sin embargo, algunas personas lo malinterpretaron, de igual manera que hubo quienes lo hicieron con Cristo. Los ojos de aquel que se ha habituado a la oscuridad no soportan el sol, porque éste los deslumbra. Del mismo modo, a quien da la espalda a la luz de la comprensión y del comportamiento correcto, envolviéndose en la oscuridad de la autocompasión, el interés propio y las preocupaciones personales, le molesta cualquier persona o cosa que refleje dicha luz. Si fuese receptivo a ésta, comprobaría que ilumina todos los rincones de su conciencia y de su vida y que le brinda todas las cosas que ansía; pero para lograrlo debe aplicar los principios acertados.

Así pues, en esta primavera de resurrección, clamemos por la presencia de Dios con el renovado fervor de nuestras almas. Yo así lo hago, pues ansío desesperadamente al Señor en cada momento de mi vida. A veces me despierto a media noche y no siento el menor deseo de dormir, sino sólo de conversar con Dios en todo momento. Para mí esto es la realidad; y puesto que encuentro mi mayor placer, paz y gozo en la comunión con Él, también lo deseo para ti.

Me produce un gran sufrimiento ver a quienes se aferran de una manera ciega a sus debilidades y defectos y no los abandonan ni permiten que Dios se haga cargo de sus vidas. Esto es precisamente todo lo contrario de lo que debes hacer si quieres alcanzar la unión con Dios. Confía y cree más en Él; acepta a Dios. Ten fe en el Señor, que puede reparar cualquier injusticia de la que hayas sido objeto. No tienes que defenderte, simplemente deja que Dios sea tu defensor.

Cuando las personas me malinterpretan, mi preocupación no es que se sintonicen perfectamente con Daya Ma, sino con Dios. En esos casos le ruego con insistencia a la Madre Divina: «¡Bendícelos, bendícelos! ¡Despierta sus conciencias en Ti; permíteles que sólo recurran y se aferren a Ti!». En esta oración radica mi gozo y paz mental en mi relación con esas almas. Nuestro Gurudeva solía decir: «No podré estar satisfecho hasta ver que cada uno de ustedes —¡cada uno!— se encamina velozmente hacia los pies de mi Madre Divina». Éste es también mi humilde y sincero deseo; porque, como también expresó él: «Recuerda siempre: nada podrá dañarte jamás si en tu interior amas a Dios». Por esa razón, cada uno de nosotros debe vivir profundamente enamorado de Dios; así, su amor —tan cautivante y embriagador— hará desaparecer por completo cualquier huella de mundanalidad, de tal forma que, con independencia de lo que otros nos puedan hacer, en nuestro interior viviremos libres de perturbación y mantendremos invariablemente la misma actitud de amor divino hacia todos.

La mente tiene un poder extraordinario tanto para hacer el bien como para hacer el mal. En estos tiempos en que predomina la incertidumbre y el desasosiego, unámonos en profunda oración por la humanidad. Es importante que mientras estemos tratando de alcanzar un cierto grado de iluminación y seguridad, con el pensamiento enfocado en Dios, oremos también para aminorar el sufrimiento en el mundo. Ora porque el ser humano aprenda a resolver todos sus problemas con la guía de Dios, no con la de Satán; no aferrándose a la fuerza del mal, sino a Dios y sólo a Dios.

# Tiempo de orar y tiempo de entregarse

*Sede Internacional de Self-Realization Fellowship, Los Ángeles (California), 19 de mayo de 1966*

En la presente charla, Daya Mata responde a la siguiente pregunta: Cuando requerimos alivio para una dolencia física, ¿qué método es preferible: entregarse a la voluntad divina o recurrir a la oración y las afirmaciones?

Durante los numerosos años que permanecí al lado de Paramahansa Yogananda, mi gurudeva, pude comprobar que jamás oraba para sí mismo. De hecho, en cierta ocasión, dijo: «No puedo orar por mí. He entregado mi vida por completo a Dios, para que en ella se haga su voluntad». La vida de Guruji fue un ejemplo de entrega perfecta al Señor.

En el sentido más elevado, si creemos en Dios y tenemos fe en Él, no existe razón alguna para invocar su ayuda. Él conoce nuestras necesidades mejor que nadie, pues la comprensión humana es limitada. En consecuencia, orar por nosotros contradice la fe que tenemos en Él.

Algunas veces, Paramahansaji asumía el mal karma de otros[1] para redimirlos de un enorme sufrimiento y, por esa razón, su propio cuerpo padecía el dolor destinado a ellos. En esas ocasiones, le suplicábamos: «Maestro, ¿por qué no ora para aliviarse?».

[1] Los buenos o malos efectos producidos por nuestras buenas o malas acciones. (Véase la nota al pie de la página 52).

«¿Cómo podría orar por mí? —respondía él—. Jamás he rezado por mi cuerpo, pues se lo he entregado a Dios. Lo que la Divinidad haga con él estará bien; a mí me da igual». Gurudeva estaba plenamente satisfecho en la conciencia de Dios. Cuando un devoto alcanza ese estado de percepción en el que se halla afianzado por completo en Dios —como en el caso de Paramahansaji—, las condiciones en las que se encuentre su forma física carecen de importancia. La persona que ora por su cuerpo está todavía apegada a él.

Orar por los demás es una buena acción que, indudablemente, aporta beneficios. Cuando oramos por otras personas, debemos pedir, sobre todo, que ellas se tornen receptivas a las bendiciones de Dios, pues de este modo podrán recibir ayuda física, mental y espiritual directamente del «Médico Divino». Ésta es la base de toda oración. En verdad, las bendiciones de Dios se hallan siempre presentes, pero es nuestra capacidad de recibirlas la que a menudo se encuentra ausente; la oración aumenta nuestra receptividad. Si nuestra fe es débil, es esencial orar por nosotros mismos o por los demás, a fin de fortalecer dicha fe y abrir las puertas a la omnipresente ayuda divina[2].

[2] Cada día, el Consejo de Oración de *Self-Realization Fellowship* (integrado por renunciantes de la Orden de SRF) ora por la curación de las enfermedades físicas, la inarmonía mental y la ignorancia espiritual. Quien lo desee puede solicitar oraciones para sí mismo o sus seres queridos escribiendo o telefoneando a *Self-Realization Fellowship* en Los Ángeles (California). Esta misión de ayuda mediante la plegaria cuenta con el apoyo del Círculo Mundial de Oraciones de *Self-Realization Fellowship,* constituido por miembros y amigos de SRF de todo el mundo que regularmente elevan oraciones por la paz mundial y el bienestar de la humanidad. Para quien lo solicite, se encuentra disponible un cuadernillo en el que se describe la obra del Círculo Mundial de Oraciones.

**La oración más natural: conversar informalmente con Dios**

Ni siquiera me gusta emplear la palabra *oración*, porque parece sugerir una súplica ceremoniosa y unilateral dirigida a Dios. Para mí, conversar con Dios, hablándole como a un amigo íntimo y querido, constituye la forma de oración más natural, personal y eficaz. Cuando me entero de las tragedias provocadas por la guerra y otros sufrimientos de la humanidad, o cuando alguien me escribe solicitando ayuda, de inmediato me dirijo al silencioso santuario de mi alma y converso con Dios.

Si continuamente estuviésemos en sintonía y comunión con Él, ¿qué necesidad tendríamos de orar o pedir por nosotros? Disfrutaríamos de tal sensación de bienestar y de plena confianza en nuestra dependencia del Señor, que experimentaríamos una continua certeza interior: «Él sabe lo que hace conmigo. No siempre puedo entender su forma de actuar, pero estoy satisfecho, pues comprendo que Él elige lo que es mejor para mí». Ésta es la verdadera actitud de entrega al Señor.

El amor perfecto por Dios presupone que poseemos absoluta confianza en su voluntad con respecto a cualquier situación. Por lo tanto, orar por nosotros sería un modo imperfecto de mostrarle devoción. Cuando amamos a alguien con intensidad y sin condiciones, confiando implícitamente en su amor, no nos inquieta lo que haga con nosotros. El mismo ideal se aplica a nuestro amor por Dios: debemos entregar la vida, el corazón y la mente al Señor, de manera tan perfecta que nada pueda afectarnos, que la conciencia permanezca imperturbable y serena. Quien posee esta actitud tiene su mente tan centrada en Dios, y su ser tan sumergido en la bienaventuranza que experimenta percibiendo al Señor, que, cuando una crisis se presenta, carece de importancia lo

En una de las escuelas de *Yogoda Satsanga*, Ranchi (India), 1972

*«Los niños nos enseñan y nos disciplinan; hemos de aprender a tener paciencia infinita, a entregarnos a ellos y a trascender todo egoísmo e interés personal, a fin de poder ayudar a modelar sus vidas correctamente».*

Benarés, 1961

*«Puedes lograr que la vida siempre te despierte interés y fascinación, de manera que vivas maravillado por todo cuanto existe en la creación del Señor. ¿Cómo? Evitando concentrarte sólo en lo externo y contemplando la Mano Divina en cada cosa».*

Dirigiendo una ceremonia de *sannyas* (en la que se hacen votos monásticos de renunciación), para monjes de SRF-YSS, Ranchi (India), 1968

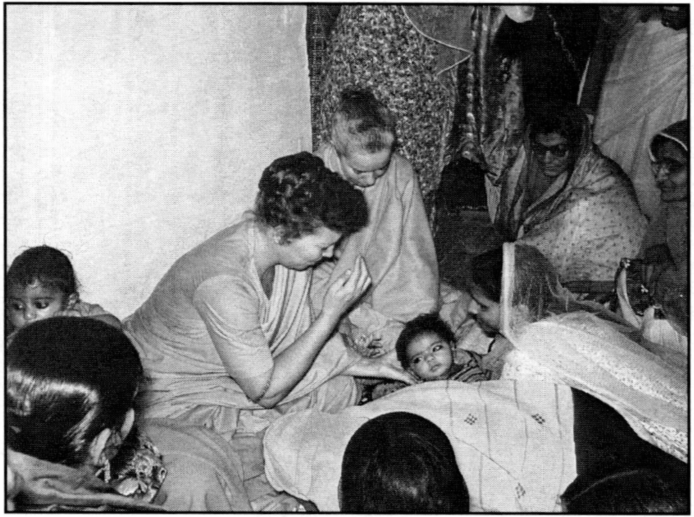

Una madre presenta su hijo a Mataji para que lo bendiga, India, 1961

*«Cuando leo acerca del amor ideal entre amigos, padres e hijos, o cónyuges, pienso: "Amado Dios, si estos lazos humanos son tan hermosos, ¡cuánto más bella ha de ser la relación Contigo, que eres la fuente de estas diversas expresiones del amor!"».*

que le ocurra al cuerpo perecedero. Yo creo en esta actitud de depender totalmente de Dios.

La entrega a la voluntad divina no nos exime del sufrimiento. Recuerdo lo que Paramahansaji dijo una noche: «Durante años, he experimentado dolor en este cuerpo. Pero qué extraño: por un lado, la Madre Divina me ocasiona el sufrimiento y, por otra parte, cuida este cuerpo a través de todos ustedes». El Maestro se hallaba por completo identificado con Dios y, al contemplarse como alma, podía desligarse de su cuerpo y comprobar que el Señor era el único que permitía su sufrimiento físico y que, además, sostenía esa forma corporal proporcionándole los cuidados necesarios.

Esta entrega a Dios no consiste en un deprimente estado de resignación al dolor, en el que se glorifique el sufrimiento como una virtud y se ore para obtenerlo. El devoto piadoso que le pide a Dios todo el sufrimiento del mundo y que hace énfasis en el dolor como un medio para agradar al Señor ha elegido un aspecto sumamente negativo del significado de la entrega a la voluntad divina. Yo creo en un enfoque positivo: «Soy el alma; mi naturaleza es perfecta, poderosa y plena de gozo. Cuidaré de este cuerpo, pero no me apegaré a él ni me lamentaré por sus imperfecciones». Si tenemos un dolor de cabeza, no es incorrecto admitirlo y aplicar cualquier remedio lógico para eliminarlo; pero, al mismo tiempo, debemos ser conscientes de que nuestra verdadera naturaleza está disociada del cuerpo y no puede verse afectada por sus padecimientos.

### El cuerpo es sólo un manto que cubre al alma

En realidad, el cuerpo es sólo un manto que cubre al alma. Si una persona tiene raído y hecho jirones su abrigo, generalmente no se aflige por ello; lo remienda o lo sustituye por otro. Nunca permitas que tu conciencia se identifique con el «abrigo» corporal que cubre de manera transitoria tu alma.

Las personas que no comprenden los caminos de Dios albergan a menudo la idea de que la perfección espiritual implica también la perfección del cuerpo, es decir, que el cuerpo de una persona que se halle en sintonía con Dios no estará sujeto a la enfermedad. ¡Qué absurdo! Aquel que persiste en esta forma de pensar está apegado a su forma física; el cuerpo es demasiado importante para él. No quiero decir que no debamos prestar una atención razonable al cuerpo. Sri Yukteswarji dijo: «¿Por qué no le das un hueso al perro?»[3]. Proporciónale al cuerpo lo que necesita y olvídate de él. Y Cristo, a su vez, expresó: «No andéis preocupados por vuestra vida, pensando qué comeréis, ni por vuestro cuerpo, discurriendo con qué os vestiréis. [...] Vuestro Padre ya sabe que tenéis necesidad de eso»[4].

El hecho es que a ningún mortal se le permite conservar eternamente su cuerpo, a pesar de lo bien que lo cuide. Entonces, ¿por qué conceder tanta atención a aquello que es efímero? Es un error espiritual preocuparse por el cuidado del cuerpo en lugar —o en detrimento— de nutrir el alma. Dios permite que la enfermedad y las imperfecciones se manifiesten en el cuerpo para que logremos aprender —por medio del sufrimiento, si es necesario— que, como hijos suyos, no somos el cuerpo mortal y que este mundo no es nuestro hogar. Somos el alma inmortal y nuestro hogar está en Dios.

Al destacar la virtud de la entrega, no hemos de subestimar la importancia y el valor que poseen la oración

[3] *Autobiografía de un yogui,* capítulo 12.

[4] *San Lucas* 12:22, 30.

y las afirmaciones. La actitud ideal de entrega mostrada por Paramahansa Yogananda debería convertirse en la aspiración más elevada de todo ser humano, puesto que se basa en una perfecta comprensión espiritual de la voluntad de Dios y en una perfecta sintonía con ella. El devoto que vive según este ideal sabe cuándo y cómo enfrentarse a sus problemas y cuándo resignarse al sufrimiento que originan.

### «Dios ayuda a los que se ayudan a sí mismos»

Jesús poseía el poder para liberarse de quienes habrían de crucificarle: «¿O piensas que no puedo yo rogar a mi Padre, que pondría al punto a mi disposición más de doce legiones de ángeles?»[5]. En cambio, oró: «Padre, si quieres, aparta de mí esta copa; pero no se haga mi voluntad, sino la Tuya»[6]. Para aquel que no ha alcanzado esa sintonía, la oración y las afirmaciones no sólo son benéficas, sino recomendables. Ellas contribuyen a que la mente y la conciencia se tornen receptivas a las bendiciones y a la guía de Dios, al fortalecer la fe y avivar la voluntad, lo cual, a su vez, despierta la energía vital curativa. De este modo, la oración y las afirmaciones ponen en movimiento otra ley cósmica: «Dios ayuda a los que se ayudan a sí mismos».

### El poder magnético de la afirmación

Toda persona debería practicar afirmaciones. Personalmente, considero que dos de las afirmaciones más beneficiosas son: «Señor, que no se haga mi voluntad, sino sólo tu voluntad a través de mí», y «Señor, Tú eres el Hacedor, no yo».

[5] *San Mateo* 26:53.

[6] *San Lucas* 22:42.

La creación del mundo se basa en el principio de que una partícula —el electrón— gira en torno a otra —el protón—, proceso en el cual se genera una fuerza creativa. Las afirmaciones operan de acuerdo con el mismo principio; en efecto, el poder de la voluntad concentrado, al girar repetidamente alrededor de una idea, genera una poderosa fuerza magnética. Si repetimos una y otra vez, con concentración cada vez más intensa, afirmaciones como las siguientes: «Señor, Tú eres mío, yo soy Tuyo» o «Señor, Tú estás en su cuerpo, él está sano», seremos capaces de crear aquello que estamos afirmando.

Sin embargo, la aplicación de este principio puede también producir resultados indeseables, si la voluntad concentrada gira en torno a un pensamiento negativo, pues éste puede causar un grave daño ya sea a quien lo alberga o a otras personas. En este mundo cosechamos lo que sembramos, es decir, aquellos pensamientos que proyectamos hacia el éter vuelven a nosotros mismos. Ésta es la razón por la cual Paramahansaji solía decir: «Vigila tus pensamientos, pues infaliblemente cosecharás un día los frutos de las semillas que sembraste». En este precepto radica la importancia de pensar en forma positiva y noble, lo cual redunda en nuestro propio beneficio y en el de los demás.

### El pensamiento es la fuerza más poderosa que existe en el universo

El pensamiento es la fuerza más poderosa que existe en el universo. La creación entera es, en verdad, el producto del pensamiento de Dios; sin el Divino Hacedor, nada puede existir. Puesto que hemos sido hechos a su imagen, su poder invencible reside en el interior de cada uno de nosotros. Nuestro pensamiento y nuestra conciencia son parte de la inteligencia y la conciencia de

Dios. No son, pues, facultades que precisemos adquirir; mas para ser capaces de manifestarlas, debemos aprender primeramente a conectarnos con nuestra fuente interna de poder.

Cuando practicamos afirmaciones para curarnos o sanar a otros, debemos visualizar el inmenso poder curativo de Dios como una luz blanca que envuelve nuestro cuerpo o el de la persona por quien nos encontramos orando, e imaginar que esa luz disipa toda imperfección o enfermedad. Cada pensamiento alentador que concebimos, cada oración que pronunciamos y cada noble acción que realizamos están impregnados con el poder de Dios. Podemos manifestar dicho poder divino, en grado cada vez mayor, a medida que fortalecemos nuestra fe y que nuestro amor a Dios se torna más profundo.

Debemos tener la absoluta certeza de que si aquello por lo cual oramos va a aportarnos, en última instancia, los mayores beneficios, la ley cósmica e incluso la voluntad divina pueden verse influidas por el poder de la oración y de la afirmación, siempre que nuestro pensamiento posea fuerza y que nuestra fe sea perfecta. No obstante, si después de haber rezado con gran intensidad y afirmado pensamientos positivos de curación, con fe y devoción, el resultado final es adverso, debemos en tal caso aceptar la sabia voluntad divina con un sentimiento de paz interior. Pero en tanto Dios no haya manifestado su decisión final, Él espera que el ser humano aplique el poder, la voluntad y la fortaleza que Él mismo le otorgó para resistir las imperfecciones que existen en este mundo de cambio y relatividad.

# El ser humano necesita a Dios

*Sede Internacional de Self-Realization Fellowship, Los Ángeles (California), 24 de marzo de 1969*

Bien sea que resida en el mundo o en un *ashram*, nada le aporta mayor deleite a la vida del ser humano que seguir el sendero espiritual interior. Cuando posee a Dios, su corazón no ansía ninguna otra cosa. Todo aquello que alguna vez buscó o anheló, lo encontrará en la completa satisfacción y regocijo que disfruta en Dios. Tal persona tiene una sola plegaria: que este mundo no vuelva a seducirla. Habiendo alcanzado la unión con Dios, la cual es la salida que le lleva a la libertad del alma y le permite escapar de la pequeña celda confinante formada por la conciencia del cuerpo y del ego, no desea jamás volver a ser aprisionada.

Comprendemos la naturaleza esclavizante del ego en la medida en que lo sometemos, con todas sus limitaciones y egocentrismo, a Dios. El Señor no puede entrar en la conciencia de quien constantemente vive pensando «yo, yo, yo». En aquel que está por completo absorto en el «yo» no hay lugar para el «Tú». La primera meta por la que debemos esforzarnos es eliminar ese «yo»; y aunque no es sencillo, resulta más fácil hacerlo si cultivamos un profundo anhelo por Dios.

A menudo, el deseo por Él se presenta como resultado del sufrimiento. Sin embargo, no considero que éste sea necesario en el sendero espiritual. Muchas interpretaciones de la vida y enseñanzas de Jesús enfatizan la aflicción y el sufrimiento como una virtud. Pero este concepto es muy deprimente. Incluso cuando era yo una jovencita y me lo explicaban, lo rechazaba. No podía imaginar que alguien buscara, de manera voluntaria y gozosa, la mortificación y el sufrimiento. Ésta no es una forma razonable ni práctica de acercarse a Dios, porque tales estados negativos no son propios del alma. ¡Jamás habría aceptado el yoga si lo hubiese considerado un sendero de tristeza! Siempre creí que la búsqueda de Dios debería conducir al fin del dolor y de la infelicidad. Hoy en día, después de más de treinta años en este sendero espiritual, estoy convencida, más allá de toda duda, de que encontrar a Dios y comulgar con Él pone fin, en verdad, a las penalidades humanas.

Esto no significa que el aspirante espiritual no tenga que afrontar ciertas etapas difíciles. Es muy poco realista suponer que, simplemente porque buscamos a Dios, Él ha de eliminar todos los obstáculos de nuestro sendero. Con toda certeza, el Señor podría hacerlo; pero si lo hiciese, ¿cómo se fortalecería el ser humano? Un músculo se robustece mediante el uso. Un brazo inactivo, que pende sin fuerza, se debilita gradualmente y termina por atrofiarse. Lo mismo ocurre con las personas. Si los músculos de la fe, la abnegación, la compasión, la paciencia, la devoción, la lealtad y la perseverancia —todas las cualidades sin desarrollar que yacen profundamente en el interior de su alma— no se estimulan y ejercitan durante su *sadhana* o búsqueda espiritual, tales personas jamás se transformarán ni vencerán sus debilidades y limitaciones humanas.

### Dios y el ser humano buscan el amor incondicional

Dios es muy paciente con sus hijos y nos ama incondicionalmente. ¿Y no es acaso esta clase de amor la que anhelamos obtener de Él? No queremos recibir de Dios un amor tan superficial que nos abandone si cometemos algún error o si en ocasiones no estamos a la altura de nuestros más elevados ideales. Tampoco nuestro amor por Dios debiera ser tan inconsistente que si, de manera equivocada, suponemos que Él nos ha abandonado, nosotros a su vez le abandonemos. Este tipo de amor no tiene ningún sentido. Anhelamos un amor que sea incondicional y eterno. Y si deseamos recibirlo, deberíamos estar dispuestos a ofrecerle a Dios esta clase de amor, y a esforzarnos por brindárselo también a los demás en este mundo.

Sé a ciencia cierta, confirmada sin duda alguna por las numerosas vidas y experiencias del pasado, que ningún ser humano puede darme lo que busco. Toda la adoración, la gloria, las alabanzas y el amor que pudieran ofrecerme los seres humanos no sería suficiente. Sólo Dios puede satisfacer mi alma. Sólo Él logra satisfacer plenamente los profundos anhelos de cada uno de nosotros.

### Aférrate a Dios con firmeza: Él puede ayudarte

Debemos tener fe en que la voluntad y las bendiciones de Dios están implícitas en cualesquiera de las experiencias que debamos afrontar. Su propósito no es castigarnos, sino fortalecernos y probar nuestro amor. El único Ser que guía siempre nuestras vidas es Dios, y podrá ayudarte en la medida que te aferres a su mano con firmeza. Si retiras tu mano a causa del resentimiento, o porque tu fe se ha debilitado al creer que no has obtenido lo que el mundo llamaría un trato justo, ten la certeza de que te estás apartando de la única Fuente de todo cuanto buscas. Esta gran verdad es un hecho probado de la vida que ha sido demostrado una y otra vez.

Recuerda que en este mundo obtenemos exactamente lo que hemos dado. No es Dios quien nos castiga;

nosotros creamos las causas de las experiencias dolorosas, por medio de nuestras propias acciones erróneas, cometidas en esta vida o en las pasadas. La causa es igual al efecto, y el efecto igual a la causa. Nunca lo dudes ni por un momento. Esfuérzate siempre por crear la causa que tenga como resultado el efecto apetecido. La causa más elevada que podemos poner en movimiento es un amor activo, consciente y cada vez más intenso por Dios. Sólo Él es capaz de conceder a cada devoto el total cumplimiento de todos sus deseos. Jamás deberíamos perder de vista esta verdad.

**Complacer a Dios debe ser el motivo que impulse nuestra vida**

En el sentido más elevado, las palabras de devoción que dirigimos a Dios tienen muy poco significado. La única manera en la que podemos expresar verdaderamente lo que sentimos por Él es mediante nuestras acciones. Quizás esto explica por qué la Biblia dice que a un hombre se le conocerá por sus actos[1]. Poco importa si quienes nos rodean no muestran aprecio por lo que hacemos. Nunca hemos de sentirnos decepcionados, incluso si, después de realizar un gran esfuerzo por ser buenos y hacer el bien, pareciera que nadie advierte o valora nuestro empeño. No estamos en la tierra con el fin de trabajar para el ser humano, sino para Dios. Cada acto debe llevarse a cabo como una ofrenda de devoción que se coloca reverentemente a sus pies. Es con Dios con quien tenemos que ver en cada momento de nuestras vidas y en todo lo que hacemos. Él es la Fuerza Viviente que nos guía y sostiene. Sólo el Señor está siempre con nosotros y es consciente de cada uno de nuestros pensamientos; por

[1] «Así que por sus frutos los reconoceréis. No todo el que me diga: "Señor, Señor", entrará en el Reino de los Cielos, sino el que haga la voluntad de mi Padre que está en los cielos» (*San Mateo* 7:20-21).

eso resulta tan importante que nuestros pensamientos sean siempre los más nobles y elevados. Nuestra motivación debería ser agradar a Dios; al complacerle, podemos tener la esperanza de que nuestra vida y nuestro servicio también agradarán a sus divinos hijos.

Los malentendidos, y el pesar que de ellos se deriva, no surgen en aquellos cuyo corazón es puro; y el corazón será justo sólo cuando no perdamos de vista la Meta: Dios. El devoto no se extraviará si recuerda seguir los pasos que conducen a la Meta: anhelar constantemente a Dios, lo cual se logra practicando su presencia y conversando con Él; meditar a diario, incluso cuando no exista el deseo de hacerlo; entregar con ferviente entusiasmo nuestra vida y servicio a Dios, en una actitud de completa dedicación.

Dios no nos necesita, pero nosotros necesitamos desesperadamente a Dios. Necesitamos la Verdad. En este inmenso océano de irrealidad, es preciso que nos aferremos a la balsa de la Realidad, hasta llegar a salvo a las playas de la infinita y eterna conciencia de Dios.

# Cómo alcanzar el favor de Dios

Satsanga *con representantes de los centros de meditación que asistieron a la Convención Mundial celebrada durante el quincuagésimo aniversario de Self-Realization Fellowship. El* satsanga *tuvo lugar en la Sede Internacional de SRF, Los Ángeles (California), el 13 de julio de 1970.*

En sus enseñanzas, Paramahansa Yogananda enfatizó, en primer lugar, la importancia de sumergirse profundamente en el océano de la meditación, a fin de encontrar las perlas divinas de la sabiduría, de la paz, del amor y del gozo. Guruji nos explicó que para retener ese tesoro, el devoto debe vivir, desenvolverse y mantener su ser en silencio. Ésta es una práctica que alentamos en el *ashram.* Sin embargo, no creas que pasamos todo el tiempo sentados meditando en silencio; llevamos, más bien, una vida muy activa, pero aprendemos a vivir más en nuestro interior. También aprendemos a no desperdiciar tiempo y energía en conversaciones ociosas. Guruji solía decir: «Si se agita un cántaro que sólo contiene agua hasta la mitad, produce mucho ruido; sin embargo, cuando está totalmente lleno, no emite sonido alguno al sacudirlo. Así debe mantenerse también el ser humano: rebosante de las aguas de la conciencia de Dios». Quien tiene el cántaro de la mente lleno de pensamientos divinos no siente apenas el deseo de conversar; prefiere convertirse en un observador silencioso que absorbe en su interior todo lo bello y bueno del entorno, a la vez que permanece distante de las trivialidades que perturban y distraen.

El estado descrito no es de ausencia mental. Guruji no permitía que nadie a su alrededor permaneciera distraído, y nos enseñó a mantenernos alerta en todo momento. Cada vez que surgía en nosotros la tendencia a la inquietud o a la excesiva extroversión, Paramahansaji nos recordaba nuestra elevada meta, diciendo: «Mantén la mente fija en Dios».

En cuántas ocasiones, después de hablar con el Gurú sobre algún problema, escribía yo en mi diario: «El Maestro dijo: "Simplemente ofréceselo a Dios; todo depende de Él"». Paramahansaji no quería decir que, para alcanzar nuestros objetivos materiales, lo único que se requiere es sentarnos a orar y todo nos caerá del cielo. Imagina que le dijésemos al científico, al hombre de negocios o al ama de casa: «Sólo siéntate y reza; Dios hará el trabajo por ti».

Guruji poseía un gran sentido práctico; de él aprendimos que Dios ayuda a los que se ayudan a sí mismos. El Creador nos ha dotado a todos con una chispa de su divina inteligencia y espera que, mediante su uso, desarrollemos nuestro potencial. Mientras cumplimos nuestras obligaciones, debemos orar constantemente en nuestro interior: «Señor, yo razonaré, ejerceré mi voluntad y actuaré; pero guía Tú mi razón, mi voluntad y mis acciones hacia la meta correcta». ¡Esta oración da resultado! Sé lo efectiva que es, porque, gracias a ella, se ha llevado a cabo la obra de *Self-Realization Fellowship* a lo largo de todos estos años.

**Dios es lo más fácil de conocer**

Algunos buscadores espirituales se quejan de lo difícil que resulta conocer a Dios. Sin embargo, Él es lo más fácil de conocer porque no está separado de nosotros ni jamás lo ha estado. Si así fuese, no nos hallaríamos aquí; de hecho, *ni siquiera existiríamos*. Dios no se ha apartado de nosotros; somos nosotros los que nos hemos apartado de Él. Cuando nuestros pensamientos se dirigen hacia el exterior, absortos en la diversidad del mundo finito, nos desconectamos del Señor. Ésta es simple y llanamente la verdad.

¿Cómo podemos volver a unir nuestra conciencia con Dios? Al despertar por la mañana, no pienses primero en el trabajo; crea el hábito de levantarte unos minutos más temprano de lo acostumbrado, de modo que, antes de empezar tus obligaciones diarias, puedas dedicar quince minutos o media hora a meditar y comulgar con Dios. Durante ese período, olvídate del reloj y de tus responsabilidades mundanas; si te urge concluir la meditación, no tendrás la receptividad necesaria para sentir la presencia del Señor. Al meditar, desecha todo pensamiento superfluo y piensa sólo en Dios. Habla con Él en el lenguaje de tu corazón y después esfuérzate al máximo por conservar, durante el desempeño de tus actividades, la paz que hayas cosechado en tu corazón.

### Si tu objetivo son los milagros, Dios se ocultará de ti

Finalmente —a menudo cuando menos lo esperes—, recibirás alguna señal de la dulce respuesta de Dios. Ésta es la forma en que desarrollamos nuestra conciencia divina; sin embargo, para ello es necesario el esfuerzo diario. Esa conciencia no llega de súbito; el Ser Divino no se te aparecerá entre las nubes ni se comunicará contigo escribiéndote mensajes en letras doradas. No busques semejantes milagros, pues, si lo haces, Dios se ocultará de ti. Así es Él.

Cuando esperas ver prodigios, en realidad no deseas a Dios; lo único que pretendes es que te dé una prueba. Pero Él no lo hará. Ofrécele tu corazón con sinceridad y confía por completo en Él, sin condición alguna; entonces, el Señor se entregará a ti. Pero jamás se manifestará mientras sólo busques sus milagros.

Las experiencias extraordinarias no son necesariamente una señal de progreso espiritual. El devoto que en verdad es sincero pide al Señor que no le envíe tales experiencias, pues sabe que pueden convertirse en una verdadera distracción que le impida alcanzar su auténtica meta: Dios. Los fenómenos espirituales no estimulan el amor del devoto por Dios, sino más bien el deseo reiterado de poner a prueba al Ser Supremo. Muchas almas nobles han descendido del elevado estado en que se encontraban porque, en su búsqueda de milagros, perdieron la percepción del Señor. Cuando Paramahansaji veía que un devoto tomaba este camino equivocado, le prevenía diciéndole: «Esa manera de actuar te conducirá al engaño. Anhela a Dios y ámale sólo por Él mismo. Entonces, obtendrás su respuesta». Así ha sucedido en mi vida. He orado a Dios: «No quiero nada de Ti, Señor. No necesito ninguna demostración de tu parte. Pero sí te pido un milagro: que no importa lo que me suceda en la vida, o las responsabilidades y pruebas que haya de afrontar, prométeme que jamás se extinguirá mi anhelo por Ti; porque si así ocurriera, no podría vivir». Mi mayor deseo es ansiar incesantemente a Dios, porque gracias a ese anhelo, Él se encuentra siempre en mi corazón. Esto es lo que siente el devoto.

### La percepción que descorre los velos de la naturaleza

Puedes lograr que la vida siempre te despierte interés y fascinación, de manera que vivas maravillado por todo cuanto existe en la creación del Señor. ¿Cómo? Evitando concentrarte sólo en lo externo y contemplando la Mano Divina en cada cosa. Observa las flores; cuán seductora es su hermosura y cuán extraordinario es que, a partir de pequeñas semillas —la mayoría de las cuales parecen iguales—, haya surgido tal variedad de formas dotadas de una gran belleza. Todo ello es asombroso y extasiante.

La mayor parte de la humanidad lleva una vida superficial, no reflexiona con profundidad en nada y busca siempre nuevas emociones provenientes de los sentidos. El resultado es una vida vacía en la que predomina el hastío; en la actualidad, este malestar espiritual se halla ampliamente extendido por el mundo.

Paramahansa Yogananda nos enseñó a apreciar incluso un grano de arena —no existen dos iguales—, así como a percibir y valorar la belleza de las flores y los árboles. De él aprendimos a tener el mayor respeto por toda la creación de Dios y a contemplar cómo su mano es la autora de todas las cosas. Cuando desarrollamos esta actitud, empezamos a descubrir hermosas formas que hasta ese momento permanecían ocultas en la naturaleza y a observar la escritura de Dios en el vasto cielo azul. Esta percepción, que descorre los velos de la naturaleza para revelarnos al Señor, se alcanza practicando sin cesar la presencia de Dios. En última instancia, todo en la vida —las multitudes, la pluralidad de lo existente— se puede reducir a sólo Uno. Dios es el gran Común Denominador de toda la creación y de la humanidad entera. Mantenle siempre presente en tus pensamientos, sean cuales sean las actividades que te encuentres realizando. Éste es el significado del *Karma Yoga* así como del *Bhakti Yoga*[1].

[1] *El Bhakti Yoga* es la vía espiritual para alcanzar a Dios que hace hincapié en la total entrega amorosa como el medio principal para experimentar la comunión y unidad con Dios.

### Los requisitos para convertirse en un verdadero *karma yogui*

*Karma* significa «acción»; el *Karma Yoga* es el sendero que conduce a la unión del alma individual con Dios por medio de la acción desprovista de egoísmo. Si queremos conocer al Señor en este mundo, es necesario tratar de hacer en todo momento lo que es bueno, correcto y constructivo. Como expresó Paramahansaji: «Piensa siempre que lo que llevas a cabo lo haces por Dios».

Cada uno tiene que desempeñar las obligaciones que le han sido asignadas por Dios y por la ley del karma como consecuencia de sus acciones pasadas. Debe cumplir esas responsabilidades y no eludirlas, procurando ejecutarlas de la mejor forma posible, al mismo tiempo que abriga una total fe en la guía y sabiduría de Dios. Cuando alguien actúa para sí mismo, está identificado con su pequeño ego. Pero al poner todo en manos de Dios, percibe su unidad innata con el Espíritu. La perfección puede alcanzarse por medio del *Karma Yoga,* sólo si dedicamos a Dios todos los frutos de nuestras acciones. Éste es un punto muy importante que hemos de recordar.

### Dependemos completamente de Dios

Si el ser humano es mortal y su estancia aquí es transitoria, ¿por qué cree tener un derecho automático sobre las cosas de este mundo? Ni siquiera sabe por qué está en la tierra, ni cuándo la abandonará. Todos dependemos completamente de Dios, pues fue Él quien nos trajo aquí. Estamos en el mundo para cumplir, de la mejor forma posible, las obligaciones que el Señor nos ha encomendado y para depositar los resultados a sus pies. Dios es el único que nos sostiene en cada momento de nuestra existencia, no sólo en este instante sino por toda la eternidad.

¡Qué triste es ver al ser humano olvidarse del Único al que debe la vida!

Guruji decía: «Ofrécele todo a Dios, incluso la responsabilidad de tus actos. El Señor quiere que le hagas responsable, porque Él es el verdadero Hacedor de todo, a través de ti. Has intentado despojarle tanto de los frutos de tus acciones como de la responsabilidad de su ejecución». Mañana, tarde y noche, el hombre común está absorto en «yo y lo mío». En contraste, ¡qué impresionante e inspiradora era la dulce humildad de nuestro Gurú! Cuando alguien le elogiaba, una sonrisa inefablemente tierna se apoderaba de su rostro, y decía: «Él es el Hacedor, no yo».

Una de las enseñanzas que nos transmitió Paramahansaji es: «Cuando este "yo" muera, sabré quién soy». Al desaparecer la conciencia del ego, experimentamos realmente esta verdad: «Señor, si algún bien hago en este mundo, te lo debo a Ti. En cuanto a mis faltas, te ruego que me perdones y que me ayudes a comportarme mejor la próxima vez».

### Jamás abrigues temor a Dios

Dios no es un ser que por venganza castigue a los seres humanos cuando cometen faltas. Por el contrario, Él es todo amor, bondad y perdón. Jamás sientas miedo de Él. Ya desde niña, me negaba a admitir el concepto filosófico de un Dios vengativo. No podía aceptar a un Dios que castigase a sus hijos con severidad por sus errores y pecados. ¿Acaso amaríamos a un padre así? Cualquier niño viviría atemorizado y huiría de un padre colérico que lo golpeara o azotara cada vez que hiciese algo indebido. Ante el Señor, todos somos como niños. Él conoce las debilidades de los seres humanos y lo vulnerables que son a *maya* —su ilusión cósmica—. Incluso antes de que cometamos una acción equivocada, Él lo sabe. Cuando actuamos incorrectamente, debemos reconocer nuestro error, y acercarnos a Él como lo haría un niño, e implorar sus bendiciones para que la próxima vez seamos capaces de proceder mejor. Al desarrollar el hábito de comunicarnos de este modo con Dios, profundizamos nuestra relación con Él. En esa intimidad, basada en el amor y el sincero esfuerzo del devoto por perfeccionarse, Dios no castigará a su hijo.

### Recuérdale a Dios la responsabilidad que le corresponde en nuestras dificultades

El Señor creó esta gran ilusión en la que se encuentra inmerso el ser humano. Recuérdale que Él es el culpable. Si no hubiese creado la ilusión cósmica de *maya,* las personas no se verían impulsadas a comportarse erróneamente. Después de mencionarle la parte de responsabilidad que le corresponde en nuestras dificultades, debemos pedirle al Ser Divino que nos conceda fuerza para rasgar el velo de la ilusión y así poder contemplar siempre lo que es la Verdad. No nos ha de importar qué haga el resto del mundo, ni siquiera si éste nos acepta o nos rechaza; sólo se requiere que deseemos ver siempre la Verdad y vivir de acuerdo con ella.

Tal vez el mundo no te brinde su estimación, pero no te encuentras aquí para obtener el reconocimiento de la gente, sino para esforzarte por alcanzar el favor y la aceptación de Dios. Debemos vivir conforme a los principios del Señor, no a los del ser humano. ¡Observa cómo se encuentra la creación debido a que la humanidad vive según los criterios mundanos! La sociedad se halla en tal estado que desconfiamos de nuestros estadistas, de nuestros políticos, de nuestros maestros y de nuestros jóvenes. Nadie confía en nadie. ¡Qué escenario más trágico! ¿Cómo podemos corregir esta situación? Empecemos por confiar en Dios. Lo que nos falta es tener fe en el Creador y recordar de manera incesante que Él es la Fuente de toda vida.

La humanidad debe recuperar su perdida herencia divina. Al igual que el hijo pródigo de la parábola de Jesús, el ser humano se ha convertido en un hijo descarriado que precisa esforzarse por regresar al Padre Divino. Para ello, no necesita ataviarse con la túnica ocre del renunciante. La sencillez y la libertad verdaderas radican en el corazón; allí Dios te observa y te guía en silencio. Y es en el corazón, en ese sentimiento de amor y entrega, donde hemos de establecer el hábito de conversar con Él.

El devoto que se esfuerza por alcanzar dicha meta debe también adoptar una actitud neutral hacia la vida; no una insensible indiferencia, sino, por el contrario, la disposición de ánimo que Paramahansaji expresó: «En lugar de cultivar un sinfín de deseos que no siempre aportan felicidad, enfoca la vida de esta manera: "Señor, eres Tú quien me ha colocado en este cuerpo. Yo no pedí nacer. Eres Tú quien sueña mi existencia"». En otras palabras, comprende que tanto tú como las demás formas de vida no son sino pensamientos condensados o materializados de Dios. Todo lo que somos y tenemos le pertenece a Él. Por nosotros mismos, no somos nada; pero en Él, lo poseemos todo. Con esta actitud, realicemos buenas obras y disfrutemos de los buenos frutos de esta vida.

# Los secretos del progreso espiritual

Ashram *de Self-Realization Fellowship en Encinitas (California), 25 de mayo de 1967*

Para desarrollar hábitos espirituales es esencial disponer de un conjunto de normas espirituales que sirvan de orientación. Aun cuando a Paramahansa Yogananda no le gustaban las reglas, él solía decir que, al comienzo, son necesarias para el devoto. Sólo una vez que éste ha aprendido a comportarse, las reglas se vuelven innecesarias.

A la luz de la sabiduría de Swami Sri Yukteswarji, «saber comportarse» significa actuar con la actitud correcta y en constante sintonía con Dios. Cuando nuestra conciencia se encuentra siempre en un plano divino, no necesitamos ya de regla alguna; pero mientras no hayamos alcanzado dicho estado, requerimos de esa disciplina. No debemos considerar que las normas espirituales limitan la libertad; ellas son nuestras amigas, pues nos sirven de guía y nos ayudan a canalizar nuestras energías, pensamientos y actividades de una forma constructiva que nos conduce hacia Dios.

Podemos comprender mejor las reglas y ceñirnos a ellas gustosamente, si nos percatamos de que el comportamiento correcto puede reducirse al principio siguiente: *Hacer lo debido, en el momento debido.* Quien ha dominado este arte del comportamiento correcto no necesita de reglas; aunque continúe adhiriéndose a los mismos principios, no se siente confinado en absoluto por ellos.

Así, por ejemplo, en nuestros *ashrams* existe la regla de participar diariamente en las meditaciones colectivas. Cuando una persona desarrolla la capacidad y el entendimiento necesarios para «hacer lo debido, en el momento debido», esa máxima deja de ser una regla para ella; entonces comienza a cumplirla sin esfuerzo alguno, porque considera esta práctica como parte del sistema de vida que quiere seguir y porque ha establecido el hábito del comportamiento correcto. Semejante devoto *desea* estar con Dios.

Cuando se deja fluir el agua desordenadamente sobre la tierra, actúa como una fuerza destructiva. A fin de utilizar su poder con un propósito constructivo, el hombre debe primeramente edificar una represa, con el objeto de controlar el flujo y la dirección del agua torrencial. Sólo entonces el poder de ésta se aprovecha de forma constructiva. Lo mismo ocurre con el esfuerzo espiritual; si lo canalizamos, resulta productivo. Las reglas basadas en la sabiduría no nos limitan, sino que nos conducen más bien en la dirección deseada, de manera regulada y sencilla. Ellas constituyen una parte esencial de la vida en la senda espiritual.

Los estudiantes de *Self-Realization Fellowship* deberían convertir los principios que enseña Paramahansa Yogananda en sus «reglas» o normas básicas, ciñéndose a la rutina espiritual por él prescrita; entonces comprobarán cuán efectivamente son orientados sus esfuerzos hacia Dios. Y la regla que ha de encabezar la lista es la práctica de la meditación diaria, equilibrada con la actividad correcta.

### El conflicto entre el servicio y la meditación

La siguiente pregunta surge a menudo en la mente de quienes buscan a Dios con profundidad: «¿Cuál es la relación correcta que ha de existir entre el servicio y la meditación? ¿En dónde radica mi deber principal: en la actividad constructiva o en la meditación?». En última instancia, la más elevada forma de acción es la meditación; así pues, jamás hay que descuidar ésta, aun cuando, como resultado de ello, las demás obligaciones del devoto puedan verse someramente afectadas.

Dios es tanto activo como inactivo. Si Él no actuase, la creación no existiría; al mismo tiempo, Él permanece eternamente inactivo, como el Absoluto que yace más allá de la creación. Si somos almas creadas a imagen de Dios —es decir, si no somos ni un ápice menos que Él mismo—, entonces nuestra naturaleza ha de ser tanto activa como inactiva, al igual que la Suya. Y la meta de toda persona que desee conocer a Dios es aprender a combinar estas dos cualidades en su vida.

Sería ideal que una persona dispusiese de la motivación, la fuerza de voluntad, la determinación y la devoción suficientes para permanecer durante ocho, diez o doce horas al día en profunda meditación. Y no me refiero a que permanezca sentada con la mente distraída, adormeciéndose y «despertando» una y otra vez, sino a que medite con profundidad. Pero a menos que el aspirante haya alcanzado ya un elevado grado de progreso espiritual, no le será posible mantenerse en un estado meditativo durante períodos tan prolongados. Ésta es la razón por la que, para el hombre común que sigue la senda espiritual, es esencial combinar la meditación con el trabajo, el cual ha de realizar como un servicio a Dios. Todos nuestros anhelos deberían tender hacia la meditación; no existe duda alguna al respecto. Pero dicho deseo tiene que combinarse con una actitud de servicio desinteresado.

El *Bhagavad Guita* nos dice que hemos de aprender a actuar no para nuestro propio bien, sino para Dios; y que debemos combinar la actividad con la meditación. Ésta es la esencia de la filosofía que el Señor Krishna enseñó a Arjuna en el *Guita.* Al igual que la mayoría de las personas de este activo mundo, jamás he disfrutado de la oportunidad de permanecer libre de toda actividad; pero, desde el comienzo mismo, decidí que cada momento libre del cual dispusiese habría de llenarlo de Dios. Esto es lo esencial: permanecer plenamente activos por amor a Dios, realizándolo todo por Él, y hacer uso de nuestros momentos libres para pensar sólo en Él. Ésta es la forma de equilibrar y combinar en nuestra vida los dos principios de la acción y la inacción.

En cierta ocasión un estudiante perceptivo me preguntó: «Cuando uno se siente incitado a abandonar su meditación, acortarla o suprimirla con el propósito de llevar a cabo algún tipo de servicio, ¿no es acaso ésta una forma de tentación?». Efectivamente, así es. Tenemos ciertos deberes, y no podemos descuidarlos; pero existen muchas ocasiones en las cuales nos entregamos a tareas que podrían haber sido desarrolladas posteriormente, una vez que hubiésemos cumplido con la necesidad de meditar. Además de lo anterior, cuando hayamos concluido con nuestras obligaciones, en el momento mismo en que nos dispongamos a practicar la meditación, tenemos que abandonar cualquier otra distracción y meditar. Debemos dedicar las horas del crepúsculo y de la noche a este tipo de esfuerzo por conocer a Dios.

### La meditación es nuestro deber más importante

Después de haber cumplido con nuestras responsabilidades, deberíamos adquirir el hábito de retirarnos a practicar la meditación profunda. Muy temprano en la senda, se nos enseñó a cultivar este hábito. Personalmente, comprobé que la siguiente práctica me fue de gran utilidad: un día a la semana, solía yo interrumpir mis deberes en la oficina a las cinco de la tarde y, omitiendo la cena, me retiraba de inmediato a mi habitación a meditar, y no abandonaba la silla de meditación hasta la medianoche. No puedo describir con palabras la fortaleza espiritual y las divinas bendiciones que recibí gracias a esta práctica. Quienquiera que siga fielmente este principio de realizar un esfuerzo verdadero por dedicar cierto tiempo a Dios comprobará que su progreso se acelera de modo muy notable.

La meditación es nuestro deber más importante, pues gracias a ella establecemos una relación con Dios que, a su vez, da significado a todo lo demás en nuestra vida. Por lo tanto, deberíamos primeramente meditar y luego llevar a cabo nuestros deberes. En muchos casos, cuando descuidamos la meditación, inventamos excusas para justificar este hecho. Con demasiada frecuencia preferimos la siguiente racionalización: «Tengo demasiados deberes que cumplir; no me queda tiempo para meditar» o «¿Por qué no habría yo de abandonar todos mis deberes y dedicarme simplemente a meditar?». Ésta es la forma en que razona quien busca una excusa ya sea para no meditar o para no trabajar. Pero si alguien desea verdaderamente encontrar a Dios, no permitirá que nada obstruya su camino. Podrá tener deberes, y se verá obligado a cumplir con ellos; pero no aceptará la idea de que tales deberes constituyan una limitación en su búsqueda de Dios. Ésta es la actitud correcta.

Buscar y encontrar a Dios requiere ejercer una enorme fuerza de voluntad y una gran autodisciplina. No nos es posible conquistar el más elevado Tesoro simplemente con unas pocas oraciones tibias o unas pocas buenas obras. Alcanzamos dicho Tesoro por medio de la autodisciplina y la fuerza de voluntad aplicadas a la meditación y a la acción correcta, es decir, mediante el adecuado cumplimiento de nuestras obligaciones.

El ser humano sería incapaz de razonar o mover un sólo dedo, si no contase con el poder que Dios le ha concedido para hacerlo. Por lo tanto, sólo Dios es el Hacedor; nosotros somos simplemente sus instrumentos. Si mantenemos en nuestra conciencia la comprensión de esta verdad mientras desempeñamos nuestros deberes, las acciones que llevemos a cabo se convertirán en una forma de meditación. Lo que pensamos determina en qué nos convertiremos. La meditación es un estado de sintonía interior con Dios que puede ser aplicado en cada actividad y función de nuestras vidas.

### Al cambiar nuestra manera de pensar nos acercaremos más a Dios

Porque Dios existe, nosotros existimos. Él es el único principio en la vida; nada hay sin Él. Por consiguiente, la conclusión lógica es que nosotros somos parte del Señor. El sentimiento de hallarnos separados de Dios es una ilusión. Una ayuda para destruir esta ilusión consiste en cambiar nuestra manera de pensar. Sea cual sea la actividad que realicemos, nuestra mente se encuentra siempre pensando en algo; así pues, haz que tu mente piense en Dios, y conversa interiormente con Él.

Mientras cuidas externamente del cuerpo, por ejemplo, piensa: «Este cuerpo es el templo de Dios. Mi único deber hacia él es cuidarlo por amor al Señor, para que pueda Él usarlo de acuerdo con su voluntad. Qué uso hará Él de este cuerpo, y si lo sustentará o no, es su responsabilidad y no la mía. Me preocuparé de mantener este cuerpo sano, no porque esté interesado en él o porque me encuentre atado a él y desee preservarlo para mí, sino solamente por amor a Dios».

Al esforzarnos por mantener la mente en Dios mientras cumplimos con nuestros deberes, tenemos que evitar, como es natural, cualquier distracción negligente en nuestras tareas; pero, de tanto en tanto, podemos decir interiormente: «Señor, si no fuera por tu fortaleza e inteligencia que se expresan a través de este vehículo tuyo, yo nada podría hacer». Cuando cultivamos la comunión interior con Dios en la meditación profunda, nuestra mente puede permanecer inmersa en el Señor, conversando con Él, independientemente de la actividad que nos encontremos realizando. Paramahansa Yogananda expresó esta experiencia en su hermoso poema titulado «¡Dios! ¡Dios! ¡Dios!»: «Al despertar, al comer, al trabajar, al dormir, al soñar, al servir, al meditar, al cantar, al amar divinamente [a todos mis seres queridos], por siempre mi alma exhala un solo son, silente: ¡Dios! ¡Dios! ¡Dios!». Paramahansaji vivió su vida entera de esta forma. Y es posible hacerlo. Si recordamos constantemente a Dios, algún día Él nos responderá. Y entonces, ¡cuánto gozo inundará todo nuestro ser! Semejante gozo es lo que sostiene al devoto en la senda espiritual.

### Cumple tus obligaciones con entusiasmo y sin quejarte

Jamás debemos quejarnos al cumplir nuestras obligaciones. Sean cuales sean las tareas que hayamos de ejecutar, tenemos que afrontarlas siempre con ardiente entusiasmo. Cuando nos quejamos, cuando adoptamos una actitud negativa, nos cerramos al poder de Dios y perdemos nuestro contacto con Él. Mientras nos esforzamos al máximo por realizar nuestra labor, debemos mantener siempre una actitud positiva y alegre, y experimentar un sentido de entrega a Dios. Eso aporta una paz, una tranquilidad tal, que nada en este mundo es capaz de brindarnos. Asimismo, hay que cultivar una buena disposición. Es necesario que vigilemos nuestras motivaciones, de modo que no nos engañemos cuando procuramos evitar una cierta tarea. Aunque nos sea posible aportar las razones más lógicas para decir «No», siempre podemos discernir si nuestra negación es fruto de que no deseamos llevar a cabo esa obligación específica, es decir, si estamos diciendo «No» porque abrigamos interiormente una actitud negativa.

Deberíamos trabajar entusiasta y creativamente, cumpliendo nuestros deberes y sirviendo a Dios, pero evitando al mismo tiempo dejarnos avasallar por el orgullo de haber alcanzado algún logro. Sin duda nos alegramos cuando hacemos bien algo. Todos deseamos experimentar cierta satisfacción por lo que hemos llevado a cabo; tal actitud no es incorrecta. Sin embargo, es preciso que evitemos pensar egoístamente: «*Yo* lo hice». Es aquí donde aparece el orgullo. Cuando alguien nos halague, deberíamos adjudicar de inmediato el mérito a Dios, diciendo interiormente: «Señor, yo sé que Tú eres el Hacedor. Nada sé por mí mismo, nada puedo hacer por mí mismo. Si me es posible realizar cualquier obra de valor en esta vida, eso es gracias únicamente a que Tú me has dotado de inteligencia y fe». Semejante práctica adjudica el crédito a quien realmente le pertenece, a Dios. Y entonces no es posible experimentar ya ningún orgullo egoísta.

**En su calidad de almas todos los seres humanos son iguales**

Existe otra forma más de evitar el orgullo: comprender que, ante Dios, todos somos iguales. A sus ojos, no existe nadie mayor o menor que otro. Cuando llega la muerte, nos vemos obligados a abandonar todos nuestros logros materiales. ¿Qué importan entonces? Al Señor no le interesa si somos o no grandes científicos, oradores, escritores, o si hemos conquistado una posición prominente de acuerdo con el criterio del mundo. Semejantes éxitos no nos aportan ningún conocimiento espiritual significativo; percibir el alma, en cambio, constituye la única conquista de valor duradero, la única que no nos será arrebatada con la muerte. ¡Los principios espirituales son grandes niveladores del ego humano!

Una de las cualidades que me inspiraban el más profundo respeto hacia nuestro gurú, Paramahansa Yogananda, era su modo de tratar a cada persona como un alma. El jamás otorgaba una consideración superior o inferior a nadie, fueran cuales fuesen sus talentos o su posición en la vida. Nada ni nadie, por más poder o influencia que tuviese, era capaz de sobornarle. Su criterio era: «¿Amas a Dios y deseas encontrarle?»; nada más le importaba. Jesús mismo estableció este ejemplo. Sus discípulos no eran hombres de grandes logros o conocimientos. Aquellos doce apóstoles, a quienes fue asignada la responsabilidad de divulgar un mensaje que ha perdurado a lo largo de dos mil años, provenían de los orígenes más humildes; algunos de ellos eran meros pescadores. Este hecho demuestra que lo que importa no es tanto lo que el hombre ha conquistado en el mundo, sino aquello que ha alcanzado en su lucha por conocer a Dios, en su esfuerzo por sintonizarse con Él.

Y por último —aunque no menos importante—, deberíamos hacerlo todo ejerciendo al máximo nuestra inteligencia y capacidad; pero una vez concluida la tarea, no deberíamos abrigar apego alguno por sus resultados. Eso es lo que enseña el *Guita*. Cuando aprendamos a desempeñar todos nuestros deberes con gran entusiasmo y, sin embargo, nos sea posible mantener una actitud de desapego con respecto a los resultados, disfrutaremos de una enorme libertad mental.

### Dios es el único bien

La persona que busca a Dios con sinceridad llega a comprobar que todo aquello que siempre había deseado obtener, ya fuese de las relaciones humanas o de este mundo en general, le es posible recibirlo de manos de ese Único Ser. Toda gloria y aliento que su alma anhela provienen de Dios. De Dios recibe todo el amor que su alma ha ansiado a lo largo de las encarnaciones. De Dios recibe toda la sabiduría, la comprensión, la felicidad que ha buscado en otros seres y en las cosas de este mundo. De ese único Absoluto recibe la fortaleza para erguirse por sí mismo, invulnerable a los embates de las circunstancias. Éste es el tipo de fortaleza y autosuficiencia que cada uno de nosotros anhela, porque cada alma sabe que es independiente y omnipotente, ya que fue hecha a imagen de Dios y, por lo tanto, está dotada de sus mismas cualidades divinas. El sufrimiento del ser humano se debe a la angustia que experimenta su alma cuando no le es posible manifestar su naturaleza omnipotente, debido a las limitaciones que él mismo se ha impuesto y que son ataduras ocultas con las cuales ha aprisionado a su alma.

La meditación libera al alma de tales ataduras; y la actividad correcta es una expresión de la libertad del alma y de su naturaleza plenamente gozosa y perfecta.

# ¿Es la meditación en Dios compatible con la vida moderna?

*Resumen de una charla impartida en la Sede Internacional de Self-Realization Fellowship, Los Ángeles (California), 12 de febrero de 1970*

La meta final del sendero hacia Dios es aquello que experimentas en la meditación, y no la palabra hablada ni la escrita. Las verdades que Paramahansa Yogananda y todos los Grandes Maestros han enseñado a lo largo de los tiempos no son en sí mismas la finalidad. Sólo sirven como una regla de oro, como la expresión de las leyes o principios divinos por medio de los cuales podemos experimentar directamente una gozosa, íntima y embriagadora relación con Dios. Jamás permitas que la palabra escrita o hablada se interponga en tu camino hacia ese profundo conocimiento. Este precepto significa que no debes perderte en las palabras, sino en la *experiencia* y la comprensión de las verdades que ellas encierran. Sin embargo, son muchas las personas que se enfrascan en un entendimiento intelectual de la verdad, olvidándose del objetivo supremo.

Alguien ha formulado la siguiente pregunta: «Aunque medito a menudo, llego a cierto límite que no puedo trascender. A veces parece que mi conciencia empezara a expandirse, pero esa relación con Dios se interrumpe en cuanto me reincorporo a mis obligaciones diarias.

Las experiencias que obtengo en la meditación no han pasado aún a formar parte de mi vida cotidiana. Todavía no he encontrado respuesta a mi pregunta: ¿Es la atareada vida de los occidentales compatible con la meditación? Tengo la impresión de que el Absoluto sólo puede alcanzarse en la paz y el silencio más profundos. Pero ¿cómo podemos lograr ese estado y servir al mismo tiempo a nuestros semejantes en esta vida tan llena de ocupaciones?».

### Combina la meditación con la actividad correcta

Si consultamos el *Bhagavad Guita* y las palabras de Jesús en la Biblia, ambas fuentes nos enseñan que el verdadero sendero hacia la iluminación es aquel que combina la meditación con la actividad correcta. Estas dos vías son esenciales para experimentar la conciencia divina.

Hace muchos años, recién llegada al *ashram,* abrigaba el sueño de consagrarme a meditar profundamente cada día, tantas horas como pudiese. Dentro de mí no existía el pensamiento de dedicarme al trabajo organizativo. Colaboraba en la cocina, en los jardines y en las tareas administrativas, a la vez que cumplía mis obligaciones como secretaria de Guruji; hacía todo cuanto se me pedía, pero mi único deseo era alcanzar a Dios y lograr el contacto divino lo más rápido posible. Pero advertía que siempre que trataba de entregarme únicamente a meditar, el Maestro me impulsaba hacia la actividad. Durante mucho tiempo, me sentí confundida por esta situación, hasta que un día él me dijo: «Debes comprender lo siguiente: buscar a Dios significa también servirle en la humanidad. No podrás permanecer totalmente absorta en la divina conciencia del Señor hasta que hayas aprendido a equilibrar en tu vida la meditación y la actividad correcta».

Este consejo de Guruji no sólo estaba dirigido a aquellos que residimos en *ashrams,* sino a todo el mundo. Para convertirnos en individuos equilibrados, es esencial aplicar esta verdad. Cuando pienso en «equilibrio», siempre lo relaciono con el único ser humano que he conocido en mi vida que, a mi juicio, era absoluta y perfectamente equilibrado: me refiero al Maestro. Aunque él estaba por completo inmerso en el Señor, también se hallaba dedicado por entero a servir de forma desinteresada a la obra de Dios. Éste es mi ideal. ¿Cómo podemos alcanzar ese estado? Siguiendo el modelo que el Maestro nos dejó. Él a menudo nos recordaba lo siguiente, aludiendo a los devotos de todos los senderos religiosos: «Así como, antes de comenzar su jornada, el miembro de la Iglesia de la Ciencia Cristiana estudia en *Ciencia y Salud* [su escritura sagrada] la lección que corresponde a ese día, o el católico asiste a misa cada mañana, de manera similar quien sigue fielmente las enseñanzas de *Self-Realization* destina a diario un cierto tiempo, por la mañana y por la noche, para permanecer a solas en profunda meditación».

### Sólo la meditación puede satisfacer tu necesidad espiritual

A menos que hayas formado el hábito de la meditación diaria —por la mañana y por la noche—, serás incapaz de satisfacer a tu alma y tampoco complacerás a Dios. Esta máxima atañe a todos nuestros miembros en el mundo entero. En la vida de un integrante de *Self-Realization* hay un período cada mañana y cada noche cuya importancia debería ser igual o, incluso, mayor que la concedida al lapso que dedicamos a comer o a dormir. Cuando un devoto tiene la convicción, el anhelo y la determinación de consagrar a diario un tiempo a Dios —al igual que lo reserva para comer o dormir—, puedes tener la certeza de que alcanzará su meta. Lamentablemente,

Su Santidad, Jagadgurú («maestro mundial») Sri Shankaracharya Bharati Krishna Tirtha del Gowardan Math, Puri (India), con Sri Daya Mataji en la Sede Internacional de *Self-Realization Fellowship,* Los Ángeles (California), en marzo de 1958. Su Santidad (ahora fallecido) fue el sucesor apostólico del primer Shankaracharya, el filósofo más notable de la India (siglo VIII o principios del siglo IX). *Self-Realization Fellowship* tuvo el honor de patrocinar la gira de Su Santidad por Estados Unidos.

En numerosas ocasiones, el gran Jagadgurú expresó su amoroso apoyo espiritual a la obra de Paramahansa Yogananda: «He encontrado en *Self-Realization Fellowship* la espiritualidad, el servicio y el amor más elevados. Sus representantes no sólo predican estos principios, sino que viven de acuerdo con ellos». En su correspondencia con Daya Mataji, siempre se dirigió a ella con paternal cordialidad y respeto espiritual como «muy querida (o amada) niña Daya Devi (santa)».

Mientras permanecía absorta en un *bhajan* devocional (con el cual se rinde culto a Dios por medio del canto), la conciencia de Mataji se retiró hacia el profundo estado interior de *samadhi,* Ranchi, 1967

*«¡Oh Señor! ¡Si el mundo supiera lo que podemos percibir dentro del corazón, dentro de nuestro vasto templo interior! Es un sentimiento de plenitud total que nada tiene que ver con el cuerpo y que cautiva en tal grado al alma que lo único que se desea es permanecer noche y día en ese estado de conciencia».*

hemos creado numerosísimos hábitos —tanto en esta vida como en muchas anteriores— que nos impulsan a apartarnos de esta responsabilidad, de esta obligación divina. Pero no existe razón válida para decir que no has tenido la oportunidad de buscar a Dios profundamente en la meditación. Te engañas a ti mismo, mas no puedes engañar a Dios.

La mayoría de las personas no entienden el significado de estas palabras: «Sé fiel a tu propia alma y, tan seguro como que la noche sigue al día, no podrás actuar con falsedad ante ser humano alguno»[1]. «Sé fiel a tu propia alma» no significa ser fiel a la conciencia de tu minúsculo ego, ese diminuto sentido de identidad que reside en tu interior, sino ser fiel al Dios que mora dentro de ti. Ésta es una cuestión muy importante en el sendero espiritual.

El Maestro aportó a Occidente el concepto de que el ser humano debe buscar a Dios y, al mismo tiempo, cumplir las obligaciones que le correspondan en la vida. La pregunta es: ¿cómo lograrlo? En primer lugar, define las metas que anhelas alcanzar; y al hacerlo, debes ser muy sincero. Tal vez pienses que deseas muchas cosas: «Quiero dinero, quiero ser famoso y tener una posición importante. Ansío todo esto». Pero si utilizas tu discernimiento con franqueza y eres capaz de aprender por medio de los errores de los demás, mira a tu alrededor y observa a todas las personas que, a pesar de haber logrado lo que tú deseas, no han encontrado la meta de la vida, es decir, la felicidad.

«Buscad primero el Reino de Dios [...] y todas esas cosas se os darán por añadidura»[2]. ¿Son falsas estas

[1] *Hamlet*, Acto I, Escena 3.

[2] *San Mateo* 6:33.

palabras, y tan sólo pretenden tranquilizar a la humanidad y conducirla a un estado de apatía espiritual?[3] ¿O, por el contrario, están colmadas del verdadero espíritu y sabiduría de Dios? Por mi parte, puedo asegurar, más allá de toda duda, que esta afirmación expresa una gran verdad. Busca primero a Dios, y todas las cosas que siempre has anhelado te serán concedidas. Nada hay que yo desee, porque dentro de mí siento una total satisfacción.

En esta misma meditación, mientras experimentaba el gran gozo y el embriagante amor de Dios, pensé: «¡Oh Señor! ¡Si el mundo supiera lo que podemos percibir dentro del corazón, dentro de nuestro vasto templo interior!». Es un sentimiento de plenitud total que nada tiene que ver con el cuerpo y que cautiva en tal grado al alma que lo único que se desea es permanecer noche y día en ese estado de conciencia.

### Sé sincero en tus metas espirituales

Así pues, en primer lugar, discierne cuál es tu meta y establece los pasos o indicadores mediante los cuales puedas avanzar hacia ella. Lo primero y más importante: ¡medita! Incluso si no sientes el deseo de hacerlo, medita. Aun cuando tengas algún malestar físico, crea de todos modos el hábito de meditar. A pesar de que tu cuerpo se encuentre fatigado, no le permitas reposar primero en la cama. Ése es el tipo de determinación que

[3] Nos equivocamos al suponer que bastará con sentarnos a orar para que Dios nos conceda todo cuanto necesitemos. Si no hacemos un verdadero esfuerzo espiritual para superar nuestras imperfecciones y sumergirnos profundamente en la meditación, si no efectuamos un esfuerzo físico por cuidar de nosotros y cumplir nuestras responsabilidades y, al mismo tiempo, servir a Dios en este mundo, la divina ley de la prosperidad no operará en nuestro favor.

debes abrigar. Si aplicas este principio, obtendrás una gran fortaleza espiritual. La persona que encuentra a Dios posee dicha fortaleza; no es sólo entereza moral, sino también emocional y, sobre todo, espiritual. Estas tres cualidades son necesarias.

Por consiguiente, discierne cuál es tu meta y jamás la sacrifiques, aunque te sientas tentado a hacerlo. He comprobado que quienes desisten a causa de alguna decepción en la vida, o en su relación con otras personas, van cuesta abajo y se alejan cada vez más rápido del «centro de la rueda» de la vida espiritual. El Maestro solía decirnos: «Si quieres conocer a Dios no permanezcas en la orilla». Es como lo que sucede en ese juego de los parques de atracciones o patios de recreo [que consiste en permanecer sobre una rueda que está girando]: si te mantienes en el centro, no importa la velocidad con que gire, no saldrás despedido; pero si te encuentras en el borde, sin duda alguna saldrás lanzado hacia fuera. Lo mismo ocurre en el sendero espiritual.

Y ahora tenemos lo siguiente [Daya Mata lee a continuación una pregunta que se le había enviado]: «He oído decir que ciertos guías espirituales aseguran que la autodisciplina no es necesaria». Mi respuesta es que esa afirmación resulta: ¡*totalmente* absurda!, ¡falsa! No puedes conocer a Dios a menos que hayas aprendido a disciplinarte. De otro modo, es imposible. El ser humano cuya mente está llena de celos, envidia o pensamientos sensuales ahuyenta a Dios. No puede haber simultáneamente luz y oscuridad en el mismo lugar. Nadie es capaz de albergar en su mente a Dios y tener, al mismo tiempo, esos pensamientos tan humanos. Es imposible. ¿Cómo vas a eliminar tales pensamientos erróneos, si no es por medio de la autodisciplina? No existe otra forma. Creo que el problema radica en que la mayoría de la gente no comprende el significado de la disciplina.

**El pensamiento positivo y correcto**

Si en una habitación quieres erradicar la oscuridad, no te dedicas a golpearla con un matamoscas, ¿verdad? Aunque lo hicieras durante mil años, no lo conseguirías. La manera de acabar con la oscuridad de la habitación es encender la luz o un fósforo. Y la manera de vencer tus pensamientos negativos consiste en contrarrestarlos con pensamientos positivos. Tan pronto como empieces a pensar, hablar y actuar en tu vida de forma más positiva, ten la certeza de que estarás aplicando las leyes divinas que automáticamente atraerán hacia ti buenos resultados.

Por lo tanto, además de la meditación diaria, es esencial que toda persona aprenda a vigilar sus pensamientos, ya que éstos son los que dan origen a las acciones. «Porque cual es su pensamiento en su corazón, tal es él»[4]. Aquello que pienses se manifestará finalmente en tus palabras y obras. En consecuencia, es preciso que empieces por controlar tus propios pensamientos. Comienza a reemplazar los pensamientos negativos de duda o de crítica por pensamientos positivos; y, según mi propia experiencia, la manera más sencilla de hacerlo es la siguiente: cada vez que tus responsabilidades te lo permitan, deja que tu mente repose en Dios. Él es el pensamiento más poderoso que existe en el mundo. Esto es lo que se denomina «practicar la presencia de Dios». Al nacer, tu mente es como un camino recién asfaltado. Posteriormente, los pensamientos empiezan a cavar «surcos» en tu cerebro. Si albergas un pensamiento en

[4] *Proverbios* 23:7.

particular —sobre todo si es negativo o destructivo— y te concentras en él una y otra vez, sin que nadie te entrene ni discipline para apartarlo de tu mente, comprobarás, conforme te hagas mayor, que te has convertido en un prisionero de dicho pensamiento y eres incapaz de liberarte.

### Piensa en Dios noche y día

Por lo tanto, en el sendero espiritual, si quieres conocer a Dios, es importante empezar a crear nuevos surcos en tu cerebro: nuevos surcos de pensamientos positivos y devoción hacia Dios. Ya sea que te dediques a la enseñanza, o que tu campo de actividad sean las matemáticas, o que impartas conferencias, o que cocines para tu familia como ama de casa, o que realices cualquier otro tipo de trabajo, en todo momento graba este sencillo surco en tu mente: «Mi Dios, mi Dios, mi Dios, mi Dios». Pero no afirmes este pensamiento de manera distraída. Yo siempre repito en mi interior: «Señor, enséñame cómo agradarte. Sólo quiero vivir en este mundo para complacerte». Este pensamiento me produce un gozo tan embriagador que no puedo concebir la vida de otra forma. Es algo maravilloso, pues cada vez que repites su nombre, compruebas que una renovada corriente de gozo y amor irrumpe en tu corazón y en tu conciencia.

Practica la presencia de Dios y medita. Es así como aprendemos a vivir felices en el mundo, entre nuestros semejantes. No es preciso mostrar tus sentimientos a todos. Guruji nos decía que es un gran error el hablarle a los demás sobre nuestra vida espiritual, pues, apenas lo hacemos, perdemos una parte de nuestra fuerza interior. Tal vez ya te haya ocurrido que tuvieras una experiencia maravillosa y que, en cuanto se la relataste a alguien, de pronto sentiste: «¡Oh, he perdido algo!». Se produjo una intromisión de la conciencia de otra persona en algo que era sagrado para ti. Por eso, Guruji siempre aconsejaba a los devotos: «No hablen de sus experiencias divinas». El caso es diferente si nos encontramos en un *satsanga* como éste y tal comunicación sirve de ayuda para todos. Pero no te sientas en la necesidad de contar tus experiencias a los demás. La mejor manera de ejercer influencia sobre ellos consiste en elevar el nivel espiritual de nuestra vida, así como de nuestros actos y pensamientos.

Volvamos a la pregunta anterior: ¿Es compatible la atareada vida de los occidentales con la meditación? ¡Por supuesto que sí!, y además es perfectamente lógico que así sea. Es lo que Dios esperaba de nosotros cuando nos creó. Debemos cumplir con entusiasmo y verdadero gozo y profunda atención todas nuestras obligaciones en este mundo, a la vez que pensamos siempre: «Esto lo hago para Ti, Dios mío».

Éste es el entusiasmo que debemos tener todos los que nos encontramos en el sendero espiritual. Nada hay más lamentable que la persona que tan sólo alberga indiferencia hacia su vida espiritual. Me parece una tragedia. Y es tan deplorable como ver a alguien que avanza por la vida —según solía decir el Maestro— como si careciera por completo de energía; estrechar su mano es igual que asir un pez muerto.

Desempeña tus tareas en este mundo siguiendo el ideal del *karma yogui*[5]: «Señor, diligentemente cumplo mis obligaciones, mas no lo hago para mí. No importa en qué lugar me sitúes, ya sea arriba o abajo [Mataji ilustra con un gesto su comentario], lo único que deseo es que estés a mi lado dondequiera que me coloques. Trabajaré a conciencia pensando sólo en complacerte a Ti,

[5] Aquel que sigue el sendero del *Karma Yoga.* (Véase la página 124).

sin esperar ningún reconocimiento ni alabanza. Señor, lo único que deseo es agradarte». Sería maravilloso que la humanidad aprendiese a aplicar este principio. De ese modo, viviríamos en un mundo pleno de paz, satisfacción y felicidad. Si aspiramos a tener paz algún día, hemos de aplicar dicho principio en esta civilización.

**El significado de la responsabilidad**

Tenemos que empezar a disfrutar nuestro trabajo. Quien se va al parque a dormir y carece de responsabilidades y no se preocupa por nadie dista mucho de ser el ideal que debamos seguir. Hemos pasado de un extremo al otro. Es necesario que aprendamos a conducirnos como seres humanos responsables. Esto es lo que Dios espera de nosotros.

Ser «responsable» significa expresar lo que realmente somos, expresar todas aquellas cualidades que tienen relación con el alma. Cuando comenzamos a comportarnos de esta manera, vivimos en el mundo de acuerdo con los planes de Dios y realizamos todos nuestros actos con la mente puesta en Él.

Al igual que sucede en el relato de Sukadeva y el rey Janaka, aprende a mantener continuamente tu atención en el aceite de la percepción de Dios mientras desempeñas todos tus deberes en este mundo[6]. Camina por la vida cumpliendo —¡no eludiendo!— todas las tareas que Dios te asigne cada día. Úsalas como una ofrenda: «Señor, no puedo darte oro ni sabiduría. No existe nada

[6] Para someter a prueba al joven Sukadeva antes de aceptarlo como discípulo, el gran santo y rey Janaka le pidió a Sukadeva que recorriera su palacio llevando en la palma de la mano una lámpara de aceite llena hasta el borde. La condición para pasar la prueba era que Sukadeva tenía que observar minuciosamente (para después describírselos al rey) cada objeto y detalle de todas las habitaciones del palacio, sin derramar una sola gota de aceite de la rebosante lámpara.

que te pueda obsequiar, porque Tú ya lo posees todo. ¿Qué habré de ofrecerte, Señor? Te puedo brindar mi humilde servicio cada día de mi vida. Dondequiera que me sea posible sembrar las semillas de la buena voluntad, donde pueda ser un pacificador, hablar constructivamente o hacer algún bien, no lo haré por mi propia conveniencia, sino para servirte a Ti».

### Sensibilidad constructiva y destructiva

Una de las principales habilidades que debemos cultivar en esta vida es la de tener una relación armoniosa con los demás y evitar conflictos. Recuerdo las primeras veces que estuve con el Maestro, que poseía una admirable capacidad para hacer sentirse cómodas a las personas que se acercaban a él: era como si siempre te hubiese conocido, como si pudieras abrirle tu corazón desde el primer momento. Tenía la capacidad de proyectar la esencia de lo que él era: la personificación de las cualidades divinas de amistad, amor y buena voluntad.

Debemos aprender a comportarnos en este mundo de tal manera que no ofendamos a los demás innecesariamente. ¿Has observado cómo actúa aquel que siempre está resentido? Su conducta parece instigarte a que dediques toda la vida a pensar: «¿Qué puedo hacer para no herir su susceptibilidad? Debo tener cuidado al expresarme, para no ofenderle». Todos hemos pasado por esa situación, y te voy a contar como la resolvía el Maestro. Cada vez que se encontraba con alguien rencoroso, le decía: «Tienes que vencer tu susceptibilidad». No te centres tanto en ti mismo. Si analizas a la persona que de continuo se siente maltratada, comprobarás que está demasiado centrada en sí misma; vive constantemente en guardia y trata de protegerse de lo que, según ella, son las burlas de los demás. Es una actitud equivocada.

Tenemos que aprender a desarrollar mayor fortaleza interior. Eso fue lo que Guruji me aconsejó hace años. Yo era en extremo sensible y sufría mucho por ello, ya antes de conocer al Maestro. Yo no quería herir a los demás y me apartaba de las personas para evitar que me lastimaran. Durante la guerra[7], sufrí lo indecible. Pensaba en todos los jóvenes que morían o eran mutilados, y eso me producía un enorme sufrimiento.

Un día, el Maestro me dijo:

—¿Sabes una cosa?, si deseas tener éxito en la vida, tienes que aprender a ser fuerte en tu interior.

—Maestro —repliqué—, no me gusta la gente insensible.

—No me malinterpretes —respondió—. No me refiero a la dureza de quienes son incapaces de comprender a los demás. Pero a menos que hayas desarrollado en tu interior una cierta fuerza espiritual, una fibra espiritual, no podrás ayudarte a ti misma ni podrás ayudar a los demás.

En cuanto una persona se halla en un estado mental negativo y de debilidad, tu enorme empatía hace que caigas con ella en el mismo hoyo del engaño, de manera que no puedes ayudarla a salir de él. Un ser divino, aunque experimente el sufrimiento en su interior y soporte sus propias cruces, no permite que los demás lo sepan, pues lleva su carga en silencio. Pero si se entera de que alguien está sufriendo, no caerá en la misma trampa, sino que le ayudará a salir de ella.

En este mundo, a veces no podemos evitar herir a los demás. No es posible pasar por la vida sin lastimar a alguien en algún momento. Ni siquiera Cristo o el Maestro pudieron hacerlo. Hemos de comprender que,

[7] La Segunda Guerra Mundial.

puesto que la gente es como es, en ocasiones nos vemos obligados a tratar con aspereza a algunas personas. Por otra parte, siguiendo el criterio anterior, tenemos que aprender a no ser tan delicados y sensibles si alguien nos trata a nosotros con rudeza. Procura siempre ponerte en el lugar de los demás. Esfuérzate por comprender cualquier situación desde el punto de vista de ellos, y nunca te tomes las cosas de manera personal. Es imposible llegar a un acuerdo con alguien que, al conversar, no puede dejar de involucrarse de una forma personal. En un intercambio de ideas, es preferible ceñirse a los principios y evitar el conflicto de personalidades. De este modo, te librarás de muchos malentendidos.

Estoy sacando a relucir estos puntos por una razón especial. Nos preguntamos: «¿Cómo podemos atraer a Dios diariamente a nuestras vidas?». La respuesta es: por medio de esta clase de autodisciplina. No es posible conocer a Dios con sólo repetir un mantra[8] y prescindiendo de la autodisciplina. No podrás lograrlo. Tienes que acompañar la práctica de los mantras y de la presencia de Dios con los pensamientos y acciones adecuados; porque —como enseña el *Guita*— es la meditación *aunada* a la actividad correcta lo que le proporciona al ser humano la iluminación divina.

No puedes pasarte el día entero hablando de Dios y pisoteando a los demás y, al mismo tiempo, experimentar la comunión con el Señor. Es imposible. Si las relaciones con los seres humanos no fuesen necesarias para nuestro crecimiento, Dios nos habría situado a cada uno

[8] *Mantram* o mantra, en un sentido general, es la ciencia de los sonidos raíz que, por medio de la afinidad vibratoria, tienen una correspondencia con la creación misma. En un sentido espiritual, se trata de ciertos sonidos que se cantan vocal o mentalmente para ayudar a calmar la mente y elevar su nivel espiritual.

en nuestro pequeño mundo donde no pudiéramos hacer otra cosa que pensar en Él todo el día. Pero el Señor sabía que ése no era el medio para volver a unirnos con Él. Así que tomó a millones de seres humanos —dotados de diferentes personalidades, características y tendencias— y los arrojó a esta tierra, por así decirlo, colocándolos en diferentes entornos; les dijo entonces: «Ahora, ¡aprended a llevaros bien los unos con los otros!». Y este imperativo no sólo atañe a los devotos que viven en *ashrams,* sino a todo el mundo.

La actividad correcta implica aprender a comportarse apropiadamente con el prójimo, y para ello se requiere autodisciplina, que es la verdadera base de la vida espiritual.

El ser humano está hecho a imagen de Dios; pero a menos que aprenda cómo liberar esa imagen divina de la jaula de su cuerpo y de la jaula invisible formada por los estados de ánimo, los hábitos y las emociones, será incapaz de conocer a Dios. La única manera de escapar de ambas jaulas —la visible y la invisible, en las que se encuentra atrapada el alma— es por medio de la autodisciplina. El verdadero significado de la palabra *swami* alude a aquel que posee «dominio de sí mismo». Si deseas conocer a Dios, debes aprender autodominio; debes aprender a liberar tu alma aprisionada por los grilletes de la carne, de las emociones y de los hábitos; de esa manera, conocerás tu verdadera naturaleza y sabrás que estás hecho a imagen de Dios. Podrás caminar por este mundo como un alma libre, y llevarás a cabo todas tus obligaciones con más entusiasmo que el ser humano común, que sólo cumple sus deberes con el fin de obtener fama o riqueza. El hombre divino está siempre preparado y bien dispuesto para entregarse por entero al servicio de Dios y, al mismo tiempo, a meditar en Él, porque ambas actividades son necesarias.

**La meditación y los pensamientos correctos**

La meditación es el arte de apartar la mente de todo objeto de distracción para enfocarla sólo en Dios. Existen diferentes formas de meditar. Una de ellas es la que practica el místico cristiano. Otra es la que practica el místico hindú, el yogui. En todas las otras grandes religiones del mundo existe alguna forma de meditación. Lo que enseñamos en *Self-Realization Fellowship* —y en lo que creemos— es que todos los senderos conducen a Dios. Sin algún sistema de meditación no es posible conocer a Dios; sin embargo, ésta por sí sola no es suficiente. Además de meditar, debemos aprender a controlar nuestros pensamientos. Cuando te sientas tentado a pensar mal de los demás, o a devolver el golpe que recibes, o tengas el deseo de herir a alguien con tus palabras, en ese instante debes recurrir a la autodisciplina, afirmando: «¡Eso no lo haré!». Y no lo harás por una sencilla razón: porque sabes que apenas les permitas a esos pensamientos malignos entrar en tu conciencia, te abandonará la luz divina y se apoderará de ti la oscuridad. Con frecuencia he pensado en este principio para aplicarlo en mi propia vida. En muchas ocasiones, a lo largo de sus primeros años en el *ashram,* hubo circunstancias en que Daya Mata se sintió lastimada. Entonces, solía decirle a la Madre Divina: «¿Ves? Soy muy egoísta. No consentiré que ningún pensamiento oscuro o de resentimiento u odio entre en mi corazón, porque he comprobado que cuando así ocurre, Tú te alejas; y no voy a permitir que te vayas. Por eso, Madre Divina, si necesito que alguien me defienda en este mundo, a Ti te corresponde pelear por mí. Mi obligación es pensar en Ti. Preocúpate por mí, si lo deseas, pero mi único interés eres Tú».

Este tipo de filosofía crea una dulce relación con Dios y establece un íntimo y profundo sentimiento de devoción. Te hace comprender que no existe nada más cercano que Él. ¿A quién podré recurrir para hablar de todas mis dificultades, sino a Dios? ¿Quién sino Él posee la sabiduría para guiarme acertadamente? El Señor es, además, el supremo amor de todos los amores, pues ¿quién me ama de una manera incondicional, sino Él? ¿Quién sino Él me entiende cuando ni yo mismo me comprendo? ¿Quién está más cerca de mí que mi Dios? Porque incluso a aquellos que más quiero tendré que abandonarlos algún día. Pero he descubierto que existe una continuidad ininterrumpida en mi percepción del Amado Único; y seguiré aferrándome a esa percepción, a ese pensar en mi Bienamado, a lo largo de mi vida y de todos los cambios que deba experimentar. Cuando empiezas a pensar en estos términos, desarrollas una dulce relación con Dios y compruebas que Él siempre está a tu lado; no hay separación. Cuando alcanzas ese estado, no deseas perderlo jamás y te das cuenta de que tu fervoroso deseo es propagar su mensaje divino por todo el mundo.

### Tu verdadera misión en la vida

¡No sé cómo el mundo puede vivir sin pensar en Dios! Seguramente has oído la expresión «perdido en el espacio», que es un término muy en boga en esta época, ¿verdad? El mundo está «perdido» en sus propias ilusiones. Esto es una tragedia. Por desgracia, iniciamos el esfuerzo por salvarnos sólo cuando el sufrimiento se presenta en nuestras vidas. Pero no creo que debamos esperar a que así ocurra, sino comprender que Dios nos puso aquí por alguna razón. En cuanto nos preguntamos

«¿Por qué nací?», es posible que muchos de nosotros, envueltos en la ilusión, nos sintamos convencidos de que vinimos aquí para ser grandes mesías, ¡lo cual es un engaño más! La única misión para la que fuimos colocados en el mundo es ¡salvarnos a nosotros mismos! Primero sálvate a ti, y después tal vez Dios te use como su instrumento para tratar de salvar a los demás. ¿Acaso no es esto ser sincero con uno mismo? Muchos quieren salvar el mundo antes de comenzar a salvarse ellos mismos. Señalo esto porque a veces los devotos me escriben en sus cartas: «Sé que Dios me tiene reservada una gran misión». A ellos les quiero decir: «Sí, esa gran misión es ¡salvarte a *ti mismo*!».

Dedícate desde *ahora* a meditar con profundidad durante períodos prolongados y a vencer tu pequeño ego, a fin de que tu gran alma pueda manifestarse dentro de ti. Éste es el entrenamiento que el Maestro nos dio a todos.

Por eso, alma amada, te sugiero lo siguiente: medita y observa tus pensamientos a diario. Disciplina tu mente cuando compruebes que te estás dejando invadir por pensamientos negativos. Dios te ha dotado de discernimiento, que es la capacidad para distinguir entre lo correcto y lo erróneo. Cuando adviertas que vas en la dirección equivocada, en ese mismo momento, detente. Corrige el rumbo y empieza a pensar en Dios: «Señor, dame fuerzas. Ayúdame a superar este obstáculo».

Si tienes un carácter violento, contrólate. El Maestro solía decirnos: «Muérdete la lengua antes de expresarte con dureza». Yo puse en práctica este consejo. Y un día comprendí: «Observa, cada vez que pierdes el control, ¿qué te ocurre? Sucede que también pierdes tu paz. ¿Y quién es la que sufre? ¿A quién castigas? ¡Sólo a ti! ¡Qué ridícula situación!». Si tienes mal carácter y lo que deseas es arrojar cosas al suelo, aléjate y da un paseo. Camina, camina y camina, pero no pienses en el problema que dejaste atrás. Procura pensar en la hermosura de la naturaleza y trata de desviar tu mente hacia cosas más positivas. Y si lo que sientes es odio, recuerda: lo que siembres, la Ley Divina te lo devolverá. Aquel que odia será odiado en este mundo. Tan pronto como empieces a odiar a alguien, reflexiona: «¡Esto es un bumerán que volverá hacia mí! ¡Señor, bendice a esa alma! ¡Señor, bendice a esa alma!». Cada vez que el odio brote dentro de ti, repite: «¡Señor, bendice a esa alma! ¡Bendice a esa alma!». Cuanto más pienses de ese modo, más desearás que Dios bendiga a esa alma. Y, en efecto, así ocurrirá.

Puedes adoptar este principio y aplicarlo en las distintas situaciones difíciles que hayas de afrontar. Ésta es la forma eficaz de utilizar las enseñanzas de *Self-Realization* y, también, una manera de practicar la presencia de Dios mediante la aplicación de sus divinos principios en la vida diaria.

[Tras una plegaria y una meditación, Daya Mata concluyó el *satsanga* con las siguientes palabras:]

Al finalizar tu meditación, no derrames la paz y la comprensión que has obtenido. Durante el día, lleva contigo —por tanto tiempo como puedas— el pensamiento de Dios con el que has llenado el depósito de tu conciencia durante la meditación. Es así como aprendemos a aferrarnos a Él en medio de nuestras actividades. En palabras del Maestro: «Debes aprender a ser calmadamente activo y activamente calmado; un príncipe de la paz que dirige el reino de la actividad sentado en el trono del equilibrio».

# El único camino hacia la felicidad

*Nueva Delhi (India), 3 de diciembre de 1961*

Es preciso comprender que somos el alma perfecta e inmortal. Las deficiencias que expresamos a través de nuestros hábitos y estados de ánimo, o a través de la enfermedad y el fracaso, no forman parte de nuestra verdadera naturaleza. Nos hemos identificado a tal grado con la conciencia mortal que, sin pensarlo, aceptamos sus limitaciones. En lugar de ello, deberíamos orar: «Señor, ayúdame a comprender que no soy este cuerpo, ni mis hábitos o estados de ánimo. Permíteme saber que siempre soy tu hijo, hecho a tu perfecta imagen».

Un día, al meditar, me estaba lamentando de mis imperfecciones, cuando de pronto escuché la dulce voz de la Madre Divina que me decía: «Pero ¿me amas?». De inmediato, sentí que mi ser entero se anegaba de un inmenso amor por Ella. A partir de entonces, mi mente ha permanecido absorta en un pensamiento: «Estoy enamorada de mi Madre Divina, y en ese amor le entrego mi vida para que haga con ésta lo que desee». Abrigo una fe total en Ella: sé que su amor jamás me defraudará.

Dios nos ama a todos por igual. La luz del sol ilumina con la misma intensidad un trozo de carbón que un diamante. No podemos decir que el sol es parcial porque el diamante refleje la luz más que el carbón. Asimismo, la luz del amor de Dios resplandece de idéntica manera para todos. Debemos ser como el diamante que recibe y refleja la luz divina.

Repite sin cesar el nombre de Dios, pero no con la mente ausente, sino con total concentración. Para comulgar con Dios se requiere nuestra máxima atención. Sea cual sea la actividad externa que estemos realizando, en lo más profundo de nuestra mente podemos permanecer completamente absortos en el Uno, susurrando sin cesar: «Tú eres mi único amor».

### El ser humano más exitoso

Es el amor de Dios el que fluye hacia nosotros a través de las diferentes relaciones humanas. Si le buscas a Él en primer lugar, entonces recibirás también todo lo demás que siempre hayas deseado. He podido comprobar, sin lugar a duda, que todo aquello que anhela el ser humano se encuentra en el Amado Cósmico. Desde el principio de los tiempos, los grandes devotos de Dios han sido la inspiración de la humanidad. ¿Quién ha sido el ser humano más exitoso, que ha alcanzado la plenitud de su naturaleza, que se comprende a sí mismo y comprende a todos los demás, que es recordado y honrado por el mundo a lo largo de los siglos? ¿Quién ha sido esa clase de hombre? Aquel que ha conocido a Dios.

Nuestro bendito gurú, Paramahansa Yogananda, decía que, para convertirnos en esa clase de ser humano exitoso, lo primero que se requiere es el anhelo por Dios. Normalmente las personas no albergan este deseo hasta que la adversidad se presenta en sus vidas. Si su existencia transcurre sin problemas, no sienten la necesidad del Señor. Pero cuando su vida entera se ve afectada en lo más profundo —por la pérdida de la salud, de la riqueza o de un ser querido—, entonces comienzan a clamar por la ayuda de Dios.

Gurudeva nos urgía a buscar en primer lugar al Señor, porque sólo al anclar nuestra conciencia en Él, podemos triunfar en la batalla de la vida. Cuando este mundo, en permanente cambio, nos hace afrontar los momentos difíciles, debemos comportarnos como guerreros divinos. ¿Por qué esperar a que la vida nos tome por sorpresa, y nos derribe o desilusione? Cultivemos el deseo por Dios *ahora* y empecemos a buscarle. Aquel que nos acompaña en los buenos tiempos no nos abandonará en la hora de las tribulaciones.

**Los pasos que conducen a la unión con Dios**

El primer paso hacia la unión con Dios es el anhelo, el divino anhelo por el Señor. Por medio de la meditación diaria cultivamos el hábito de amarle. Todo ser humano debería dedicar un breve período cada día a comulgar profundamente con Dios. Las personas ansían mantener su cuerpo sano y confortable, y a veces también se esfuerzan por desarrollar su inteligencia; sin embargo, de las veinticuatro horas del día, ¿cuánto tiempo le dedican al alma, que es su verdadero ser? ¡Poquísimo! Incluso cuando practican *japa*[1] o *puja*[2] o recitan oraciones, sus mentes permanecen dispersas e inquietas. Tenemos que ser sinceros con Dios. ¿De qué sirve decir «Señor, te amo», si la mente está centrada en otra cosa? Mas toma el nombre de Dios y pronúncialo una sola vez con auténtico amor, o cántalo incesantemente con anhelo y concentración crecientes, y eso cambiará tu vida.

Devotos como yo vendrán una y otra vez para hablarte de Dios, y tal vez leas innumerables libros sobre Él, pero nada de eso será capaz de proporcionarte el

[1] Repetición de un mantra o del nombre de Dios.

[2] Ceremonia de adoración.

conocimiento divino. Mediante tu propio esfuerzo, haz salir al Señor de su invisible omnipresencia. Lo único que necesitas es recoger la mente en tu interior, apartándola de la conciencia del cuerpo, y encontrarás al Uno.

El propósito de la vida es conocer a Dios. Necesitamos conocerle, porque el principal padecimiento de la humanidad es la ignorancia, y sólo podemos librarnos de sus consecuencias si comulgamos con el Poder Omnisciente.

Además de cultivar el anhelo por Dios, el devoto ha de esforzarse por llevar una vida simple. Procura que tu vida sea sencilla y sin complicaciones. No desees cosas innecesarias. En Occidente hay demasiados lujos; y en la India, demasiada pobreza. Gurudeva solía decirnos que debería existir un equilibrio entre los ideales espirituales de Oriente y la eficiencia material de Occidente. Tanto los excesos como la escasez terminan por acarrear sufrimiento. «Vida sencilla y pensamiento elevado» es la mejor fórmula para una vida feliz. Alberga siempre pensamientos nobles, porque el poder de la mente es enorme.

El siguiente paso es la acción correcta, que consiste en hacer lo que debemos, en el momento adecuado. La mayoría de las veces los hábitos que hemos adquirido gobiernan nuestros actos de una manera compulsiva. La conducta apropiada no está regida por el hábito, sino por el principio de la verdad. En la India, la acción correcta se resume en las normas de *yama* y *niyama*[3], que se corresponden con los Diez Mandamientos del mundo cristiano. Vive de acuerdo con estos principios y sé sincero contigo. Analizar los verdaderos motivos de tus

[3] Las normas de conducta moral *(yama)* y observancias religiosas *(niyama)* que constituyen los dos primeros pasos del Óctuple Sendero del Yoga formulado por el antiguo sabio Patanjali.

actos te ayudará a perfeccionarte y a vivir cada vez más conforme a la verdad.

La alegría debe acompañar a la actividad correcta. Cuando sientas tristeza o experimentes un estado de ánimo negativo, puedes salir de esa situación si estás resuelto a recuperar la alegría. Gurudeva solía decirnos: «Si decides ser feliz, nada puede hacerte infeliz. Pero si decides ser infeliz, nada podrá hacerte feliz». Así que elige ser feliz siempre. Cuando las circunstancias se presenten desfavorables, mantén tu mente positiva y recuerda que las dificultades son sólo temporales y acabarán desapareciendo.

El *Raja Yoga* enseña el método científico para comulgar con Dios. En las enseñanzas del *Raja Yoga,* «concentración» significa apartar la atención de todo aquello que la distraiga y enfocarla en una sola cosa a la vez. El objetivo es calmar todos los pensamientos inquietos, de manera que la mente se convierta en un lago apacible y transparente en el que logres ver reflejado a la perfección el objeto en el cual te concentras. La capacidad de concentrarse es tan necesaria para triunfar en el mundo como para progresar en la meditación.

Una vez que nos hemos concentrado, estamos preparados para meditar, y entonces convertimos a Dios en el objeto de nuestra concentración. Al meditar, cuando la mente se encuentra absorta en el Uno, comienzas a sentir una expansión de la conciencia que te colma de amor divino, el cual se desborda hacia los demás —no un amor posesivo, sino liberador—. Ése es el amor de Dios que satisface todos los anhelos del corazón y del alma. En tal amor se halla el éxtasis de la conciencia divina. El alma, libre de la identificación con el cuerpo, se sumerge en la bendita conciencia de Dios y no tiene otro deseo que permanecer para siempre en ese éxtasis divino. En dicho estado, no siente la necesidad de nada externo.

### Nuestro reino no es de este mundo

El ser humano piensa que este mundo es la única realidad; pero existe algo más allá. El motivo de la insatisfacción de los seres humanos radica en que su reino no es de este mundo. Todo aquí es transitorio, sujeto a cambio y gobernado por la ilusión del tiempo. Cuando nos unimos al Ser Divino, no existe pasado, presente o futuro. Sólo Dios es eterno.

En lugar de conversar sobre Dios o leer acerca de Él, ha llegado el momento de *percibirle.* El mundo no conocerá la paz hasta que la humanidad aprenda a sentirla en Dios.

Antes de poder cambiar el mundo, el ser humano ha de cambiarse a sí mismo. A menos que aprendamos —como individuos— a vivir juntos como hijos de Dios, contemplando el único haz de luz creativa que anima a todos los seres, habrá división, guerra y sufrimiento. Es preciso encontrar al Ser Supremo dentro de nosotros y entonces compartir humildemente su paz, amor y armonía con los demás. Al esforzarnos de esta forma por actuar como instrumentos divinos, debemos orar: «Señor, Tú eres el Hacedor. Hágase tu voluntad». Aceptar con humildad la voluntad de Dios no es sinónimo de pereza, inactividad o falta de iniciativa, pues Dios ayuda a quienes se ayudan a sí mismos. Significa, más bien, entregarnos a Él, a fin de que pueda utilizarnos como su instrumento para hacer el bien en la tierra, de acuerdo con su divina voluntad.

Dedica diariamente un cierto tiempo a la meditación —la profunda y gozosa comunión con Dios—. De las veinticuatro horas del día consagra una al Amado

Divino. Sabio es aquel que sigue este consejo. «Dulce es vivir, morir un sueño; dulce es gozar, sufrir un sueño, al fluir tu canción en mí»[4]. Tú eres Sabiduría; Tú eres Gozo; Tú eres Amor. Y Eso, alma amada, es tu verdadera naturaleza.

[4] Citado del libro *Cosmic Chants* [Cantos Cósmicos], de Paramahansa Yogananda.

# El cielo se encuentra en tu interior

*Sede Internacional de Self-Realization Fellowship, Los Ángeles (California), 4 de septiembre de 1962*

La manera más segura de disfrutar siempre de paz interior consiste en mantener a Dios en los pensamientos que abrigamos durante el día, sean cuales sean las actividades que estemos realizando y los conflictos internos o las experiencias externas que hayamos de afrontar. A menudo, Gurudeva nos formulaba la siguiente pregunta: «¿Dónde se encuentra tu mente, dónde se halla el centro de tu ser?». De esta forma, nos recordaba que mantuviésemos siempre la conciencia en el interior, centrada en Dios. En todo momento es necesario conservar la atención y nuestro ser enfocados en la calma interna que proviene de la presencia del Señor, ese sentimiento que permanece en nosotros después de una profunda meditación, esa sensación tan placentera y llena de paz que nos hace sentir unidos a Dios. En tal estado, no existe deseo alguno, ni la más leve ola de intranquilidad que altere la conciencia. El ser humano debería sentirse continuamente así y no permitir que nada lo perturbe.

Es preciso considerar cualquier dificultad que se presente en la vida como una prueba de Dios, cuyo único propósito es instruirnos y fortalecernos. Una cadena es tan resistente como el más débil de sus eslabones; de igual forma, cada persona es tan fuerte como su mayor debilidad. Es necesario que aprendamos a permanecer en calma, firmes e imperturbables, con independencia de lo que nos acontezca en la vida. Esta ecuanimidad de la conciencia no se puede alcanzar por la mera lectura de las verdades espirituales o conversando acerca de ellas, sino por medio de la meditación, es decir, la comunión directa y personal con Dios. Conforme nos hacemos mayores, resultan más evidentes las decepciones que nos depara la vida; los placeres que ésta nos ofrece no cumplen sus promesas. En cambio, cuanto más profunda es nuestra búsqueda de Dios, en mayor grado comprobamos que no existe nada comparable a la alegría que nos proporciona su presencia. Sólo su Gozo es real en este mundo ilusorio de relatividad y continuos cambios. Ninguna otra cosa que anhele el ser humano le puede proporcionar —ni siquiera remotamente— tal satisfacción.

### Sólo Dios puede colmar el vacío que sentimos

Hace poco me enteré de la triste noticia del suicidio de una joven actriz muy exitosa. Ella poseía todo lo que el mundo cree que es necesario para ser feliz. A pesar de eso, había expresado el gran vacío y desolación que sentía dentro de sí. ¿Por qué las personas experimentan dicho vacío? Porque su atención está centrada en lo externo; no han logrado establecerse en la paz interior que nos brinda Dios. «El mundo no es lo que parece», solía decirnos Paramahansaji. Cuando tratamos de asir la materialidad, su esencia se escurre de nuestras manos. El aspecto tangible de la vida no es más que una masa de impresiones y pensamientos efímeros que se esfuman en la nada. Si construimos nuestra felicidad sobre lo externo sólo, comprobaremos que nuestros logros se reducen únicamente a espuma, que poco a poco desaparece. Las personas sienten un enorme vacío y soledad cuando no poseen una vida interior dedicada a Dios.

Si el ser humano desea alcanzar la felicidad verdadera y perdurable en este mundo, necesita construir una sólida vida espiritual en su interior y establecer un vínculo personal con el Señor. Dicha relación se puede lograr por medio de la meditación diaria y profunda, tal como enseñó Paramahansa Yogananda a quienes seguimos el sendero de *Self-Realization*. Además de meditar, a lo largo del día debemos repetir mentalmente y sin cesar el nombre de Dios, una y otra vez, con profunda devoción. En ocasiones, pienso en Dios encarnado en la figura de Jesús o del Señor Krishna, y le amo en la forma de estos grandes seres. Otras, le concibo como mi amada Madre Divina y le venero en ese aspecto. A veces, le veo y reverencio como mi Gurú, y le adoro de este modo. Podemos visualizar a Dios en el aspecto que más despierte nuestra devoción y contribuya a sintonizarnos interiormente con Él. ¡Qué maravilloso mundo se oculta dentro de nosotros![1] «Mi Reino no es de este mundo»[2], dijo Jesús. «Dentro de mí, está el cielo», afirmó Gurudeva. Tal paraíso interior no es una nebulosa imaginaria: es real y gozoso. A menos que descubramos ese edén, la vida no será sino una sucesión de desagradables contratiempos.

También es preciso aceptar que mientras luchemos en favor del ego o permanezcamos apegados de modo egoísta a cualquier objeto, tarde o temprano nuestra paz y esa posesión nos serán arrebatadas. Sólo debemos desear recibir aquello que proviene de la mano de Dios y disfrutarlo mientras sea su voluntad. Reconoceremos

[1] «Al preguntarle los fariseos cuándo llegaría el Reino de Dios, les respondió: "El Reino de Dios no vendrá con observación, ni se dirá: 'Vedlo aquí o allá', porque, mirad, el Reino de Dios está dentro de vosotros"» (*San Lucas* 17:20-21).

[2] *San Juan* 18:36.

las bendiciones que provienen de Él por la dulce paz y el gozo que colman nuestro ser cuando recibimos sus dones y por la sensación de desapego que sentimos al disfrutarlos.

Comienza cada día con este pensamiento: «¡Oh Dios!, mi único deseo es hacer tu voluntad. Mi único apego eres Tú. Busco tu guía en toda acción que emprendo, y haré cuanto esté a mi alcance para seguirte». Posiblemente, no siempre seamos capaces de cumplir su voluntad a la perfección —de otra manera, no nos veríamos forzados a pasar por este mundo—, pero cada vez que caigamos, debemos levantarnos y continuar haciendo el intento. No hemos de lamentarnos por ningún fracaso ni entregarnos a la autocompasión; por el contrario, diremos: «Haré lo que esté dentro de mis posibilidades, y jamás me alejaré de mi meta divina: esforzarme por agradarte a Ti». Aférrate a la Madre Divina y entrégate a Ella como un niño. Incrementa tu fe y cultiva más tu devoción, pues ambas son imprescindibles.

En las escrituras hindúes se afirma que existen dos clases de devotos, los cuales se describen por medio de un encantador símil. Un tipo de devoto es semejante a un monito que abraza con tal firmeza a su madre —mientras ella se desliza entre los árboles— que jamás se cae. El otro es como el gatito cuya madre lo alza y lo lleva de un lado para otro. El gatito permanece absolutamente relajado, sin sentir tensión ni temor, y confía por completo en su madre, sin importarle a dónde lo lleve ni en dónde lo coloque. Debemos ser como ambos. Cuando llegan las épocas difíciles y parece que nos sacudieran de pies a cabeza, por así decirlo, tenemos que asirnos a la Madre Divina con firmeza, como el monito. En otras ocasiones, hay que comportarse como el gatito: permanecer totalmente satisfecho, ajeno a uno mismo, entregado a una completa y confiada dependencia del Ser Divino. Tal devoto conoce la verdadera paz.

### La verdad que surge del interior cambia nuestra vida

La verdad es tan antigua como el tiempo y la vida misma; sin embargo, es siempre nueva. En cuanto la asimilamos, sentimos que se ha vuelto nueva. Podemos leer una verdad varias veces y tener la impresión de que no nos dice personalmente nada; entonces, tal vez nos preguntemos por qué no nos revela algo. La razón es que dicha verdad aún no ha surgido desde nuestro interior. No se nos puede insuflar la verdad desde el exterior; tiene que emerger desde dentro o la percibiremos como irreal. En algún momento, al meditar o cuando estábamos sintonizados espiritualmente de cualquier otra forma, todos hemos tenido la experiencia de comprender al instante alguna verdad que antes habíamos leído, pero sin llegar a reconocerla. ¡Qué emoción tan grande nos produce! De repente, dicha verdad surge a la luz desde nuestro propio interior y, por primera vez, la contemplamos con absoluta claridad.

Toda verdad permanece oculta en el alma, porque ésta es un reflejo de Dios, y Dios es la verdad. Por lo tanto, nosotros somos la verdad. Pero mientras nos identifiquemos con el pequeño ego, luchemos por fines egoístas y permanezcamos limitados por nuestras opiniones o por lo que nos agrada y nos desagrada, la verdad se ocultará, pues aún nos apegamos a las falsas nociones creadas por la ilusión de *maya*. Debemos orar a la Madre Divina para que aparte de nosotros el velo de *maya*. Cuando lo retira, la experiencia es a veces muy impactante; tal vez no nos agrade conocer la verdad sobre nosotros. Pero no temas ese momento. Lo único que desea la Madre Divina es que sus hijos se perfeccionen, y jamás nos enviará una prueba que seamos incapaces de afrontar y vencer por medio de la fuerza interior.

Ante todo, noche y día implora que puedas acrecentar tu devoción por Dios, a fin de encontrar el Único Amor. Toda alma anhela amor, comprensión, compañía y bienestar. Sabio es aquel que sólo lo busca en Dios. Tal devoto es el que abandona este océano de sufrimiento al alcanzar las playas de la paz, el gozo, la sabiduría y el amor divino. Es allí adonde todos nos dirigimos, pero muchos desperdician su tiempo y energía nadando en círculos carentes de sentido.

Conserva toda la paz, el gozo o la devoción que coseches en tu corazón al meditar; protégelos con celo y entusiasmo, y esfuérzate por incrementarlos. La forma de hacerlo es practicar *japa yoga,* la repetición del nombre de Dios, tan a menudo como te sea posible, en medio de las actividades y exigencias de la vida diaria. Si viviéramos de acuerdo con el poema de Paramahansa Yogananda «¡Dios! ¡Dios! ¡Dios!», llegaríamos a conocer al Señor. En cada aspecto de nuestra vida —en el trabajo, al meditar, cuando afrontamos dificultades o disfrutamos de los placeres sencillos—, es imprescindible asirnos interiormente y sin cesar a este pensamiento: «¡Dios! ¡Dios! ¡Dios!».

### El Señor permanece siempre a nuestro lado

La forma de atrapar a Dios es recordándole, pues Él jamás se aleja de nosotros. Ha estado a nuestro lado desde el momento en que fuimos creados y lo estará siempre. Somos nosotros los que nos hemos apartado de Él, porque nuestra mente permanece demasiado ocupada con otros asuntos y se halla luchando en favor del ego: «Me siento herido, estoy triste, no me comprenden, no me aman». No somos el cuerpo ni el ego, pero nos hemos identificado con las emociones, los hábitos y la limitada conciencia del ego. Somos hijos de Dios hechos a su bendita imagen. Jamás te des por satisfecho hasta que puedas experimentar cada vez más esta verdad en tu vida.

Cuando tu existencia es aburrida o infeliz, se debe a que no le has prestado suficiente atención a Dios; tu conciencia se ha identificado con demasiadas preocupaciones y asuntos materiales, pero no has meditado lo suficiente. Nada existe en este mundo que sea más ameno, embriagador, gozoso y satisfactorio que Dios. Él es la Amada Madre, el Padre, el Ser Divino y el Amigo. Él es nuestro único Verdadero Amor.

# No tendrás otros dioses

*Ashram* de Self-Realization Fellowship
*en Encinitas (California), 21 de junio de 1972*

En muchas ocasiones, no apreciamos los dones que Dios nos ha concedido. En mi visita a las estribaciones de la cordillera del Himalaya, pude comprobar que los nativos que viven al pie mismo de estas espléndidas montañas —las más bellas del mundo— no saben valorarlas. Las personas residentes allí no compartían la inmensa admiración que experimentaban los turistas.

Uno de los mayores deleites de este mundo radica en no acostumbrarse demasiado a nada, de manera que podamos encontrar siempre algo nuevo, inspirador y emocionante en nuestra vida. Nunca visito Encinitas ni entro en los jardines de Mount Washington sin sentir una gran emoción, como si los estuviera contemplando por vez primera. Pon en práctica este ideal de no acostumbrarte a nada ni a nadie.

Quienes más disfrutan de la vida son aquellos que tienen la capacidad de valorar su entorno, a las personas que los rodean y todo cuanto Dios les prodiga. Esta habilidad se adquiere cuando hacemos el esfuerzo por practicar la presencia de Dios todos los días, ya que Él es siempre nuevo. Recuerdo que el Maestro dijo en numerosas ocasiones que el romance con Dios es la experiencia más sublime del mundo —superior a cualquier otra relación que pueda establecer el alma—, porque su divino amor y la comunión con Él se renuevan incesantemente. La relación con Dios nunca deja de ser fascinante; siempre existe un nuevo deleite o experiencia, un insospechado despertar de la conciencia, un inesperado despliegue de sabiduría y entendimiento o un desconocido rapto de devoción que conmueve el corazón del devoto.

Uno de los puntos esenciales en el sendero espiritual consiste en contemplar cada día como un nuevo comienzo. Y lo más importante de todo es practicar la presencia de Dios desde el momento en que despertamos por la mañana hasta que nos quedamos dormidos por la noche. Éste era el entrenamiento que impartía Guruji; él jamás concedía el primer lugar a las cosas externas de la vida o al desarrollo de la organización.

En incontables ocasiones, cuando alguno de nosotros comentaba que tenía algún problema en particular, la indicación del Maestro era muy sencilla: «Haz lo posible por resolverlo y ofréceselo a Dios», o bien «Mantén más la mente en Dios». Cuanto mayor sea la frecuencia e intensidad con que enfoques tu mente en el Señor, más fácil te será afrontar las experiencias de la vida, ya sean positivas o negativas.

En 1936, cuando Guruji volvió de la India, nos dijo: «No busco poder; no busco nada, porque todo se lo he entregado a la Madre Divina. He arrojado mis ambiciones en la llama de un solo deseo: contemplar la faz de mi Madre Divina. En el altar de mi corazón, he incinerado todo deseo inferior. Lo único que anhelo es un destello de su rostro, una vislumbre de esa poderosa Luz».

Ésa es la forma en que vivió Paramahansaji, y el ideal que aún trata de inculcar en todos. Él afirmó: «No estoy limitado por el cuerpo. Algún día, cuando éste ya no exista, seré feliz al contemplarte desde el Espíritu. Podré observar cómo progresas espiritualmente y cómo se desarrolla la obra de los Gurús. Yo soy el eterno e imperecedero Espíritu, y velaré por ti a través de un millón de ojos».

Si a partir de hoy te aferras a este pensamiento: «He renunciado a todas mis aspiraciones por un único deseo: la Madre Divina», y una y otra vez te concentras en él, comprobarás que la vida adquiere un significado totalmente distinto y te aporta cada día una nueva inspiración.

Gurudeva solía decir: «Mi interés es esforzarme por despertar en todas las almas que se crucen en mi camino un solo deseo: el de comulgar con Dios». Ése es el significado de la realización del Ser: la capacidad para comulgar directamente con Dios. Esto no se puede conseguir si mantenemos siempre nuestra conciencia enfrascada en los cinco sentidos, percibiendo el mundo externo; por el contrario, debemos desconectar los teléfonos sensoriales y aprender a comulgar con Dios en el templo del silencio interior.

Las Escrituras advierten: «No tendrás otros dioses fuera de Mí. [...] Yo, Yahvé, tu Dios, soy un Dios celoso»[1]. El Señor no decía lo anterior solamente para los renunciantes; le hablaba a toda la humanidad, a cada uno de sus hijos. El significado de su mensaje era muy realista: «Alma amada, te he concedido el poder del raciocinio, la inteligencia, el discernimiento y la voz de la conciencia para que puedan mostrarte la diferencia entre el bien y el mal. He hecho cuanto me es posible para ayudarte a ser una persona feliz que refleje la divinidad, mi imagen que mora en tu interior. Ahora, vive tu vida. Dedícate a alcanzar los objetivos que desees, pero no me olvides. Cuando te separas de Mí, del Uno que te ha dado la vida y te ha infundido cualidades divinas, te extravías».

[1] *Éxodo* 20:3, 5.

En una reunión informal con residentes del *ashram*, al terminar una ceremonia de *sannyas*, en la Sede Internacional de SRF, Los Ángeles (California), 1965

*«En cada aspecto de nuestra vida —en el trabajo, al meditar, cuando afrontamos dificultades o disfrutamos de los placeres sencillos—, es imprescindible asirnos interiormente y sin cesar a este pensamiento:* "¡Dios! ¡Dios! ¡Dios!"*».*

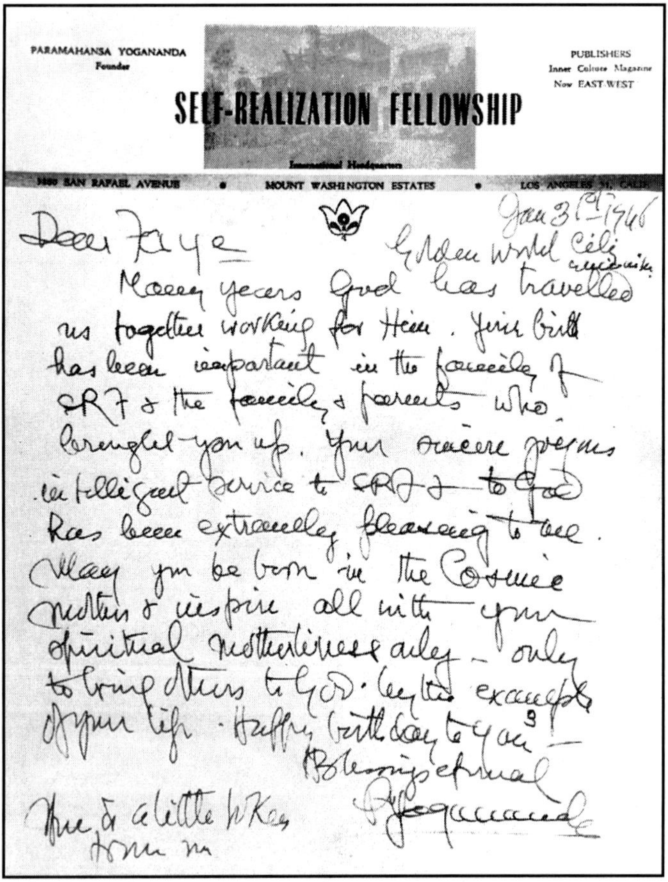

PARAMAHANSA YOGANANDA
Founder

SELF-REALIZATION FELLOWSHIP
International Headquarters

PUBLISHERS
Inner Culture Magazine
Now EAST-WEST

3880 SAN RAFAEL AVENUE • MOUNT WASHINGTON ESTATES • LOS ANGELES 31, CALIF.

Jan 31st 1946
Golden World Celebration

Dear Faye

Many years God has travelled us together working for Him. Your birth has been important in the family of SRF & the family & parents who brought you up. Your sincere joyous intelligent service to SRF & to God has been extremely pleasing to me. May you be born in the Cosmic mother & inspire all with your spiritual motherliness only — only to bring others to God by the example of your life. Happy birthday to you.

Blessings eternal
P. Yogananda

Here is a little token from me

Carta de Paramahansaji dirigida a Daya Mata con motivo de su cumpleaños, el 31 de enero de 1946

*«Durante muchos años, Dios nos ha hecho caminar juntos trabajando por su obra. Tu nacimiento fue un suceso importante tanto para la familia de SRF como para la familia y los padres que te educaron. Tu servicio inteligente, sincero y lleno de gozo, dedicado a SRF y a Dios, me ha complacido enormemente. Dios quiera que nazcas en el seno de la Madre Cósmica e inspires a los demás solamente con tu espíritu maternal y con el único propósito de conducirlos a Dios por medio del ejemplo de tu vida. ¡Feliz cumpleaños!, y bendiciones eternas para ti».*

La fotografía de Paramahansa Yogananda por la que Daya Mataji sentía predilección.

*«[…] su obligación como gurú era ayudar al discípulo a reconocer y superar la ilusión; su misión no se limitaba a incrementar el conocimiento intelectual referente a Dios, sino a conducir almas hacia Él».*

*Satsanga* celebrado en París durante una gira de tres meses por los centros europeos de SRF, 1969

*«En este mundo, nuestra misión como hijos de Dios es esforzarnos por comprender: comprendernos a nosotros mismos y comprender a los demás, comprender la vida y, sobre todo, comprender a Dios. Esta tierra llegará a ser un lugar mejor tan sólo cuando la comprensión reine en el corazón y la mente de los seres humanos».*

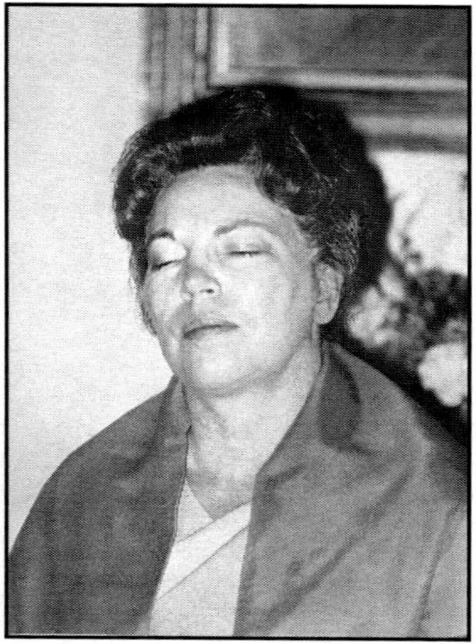

Meditación llevada a cabo durante una ceremonia de *Kriya Yoga* que se celebró en la Sede Internacional de SRF, Los Ángeles (California), 1965

*«Aprende a permanecer más tiempo en silencio y a escuchar la voz del Amor en tu interior».*

En ese momento, Dios ya no constituye lo primero en tu vida, ya que has puesto otras cosas en *su* lugar.

Cuando nuestro comportamiento expresa ira o avaricia —o cualquiera de las peculiaridades que no admiramos en los seres humanos—, hemos expulsado a Dios de nuestras vidas. Pero al esforzarnos al máximo por manifestar la divinidad que se halla oculta en nosotros, colocamos a Dios en primer lugar. Sólo entonces nos identificamos con nuestra alma. La persona que está realmente viva es aquella que al despertarse por la mañana se encuentra plena de vitalidad, de alegría de vivir, y posee un desbordante deseo de olvidarse de sí misma y expresar su Ser más elevado, que es el Dios que mora en su interior. Hasta ese momento, podrá afirmarse que dicha persona se ha limitado meramente a existir.

Guruji continúa diciendo: «El camino hacia Dios pasa por la práctica continua de su presencia en cada momento de la vida y por la profunda meditación diaria. Cuando los proyectiles de tu anhelo logren derribar las murallas del silencio tras las que Dios se oculta, atraparás al Ser Divino en tu corazón».

**El valor del silencio**

En nuestros *ashrams,* se fomenta entre los devotos la práctica del silencio, ya que es una parte vital de nuestro *sadhana* o búsqueda de Dios. Porque si no aprendemos mínimamente a guardar silencio, jamás sabremos en verdad lo que significa escuchar la voz de Dios; resulta muy difícil conocerle a menos que pongamos en práctica buenos hábitos, y uno esencial es aprender a no hablar de manera innecesaria.

Guruji jamás permitía el chismorreo; en ese aspecto era absolutamente intolerante. Consideraba que éste era uno de los hábitos más crueles y despiadados en los que incurre la humanidad. A las personas que se acercaban a él con habladurías, a menudo les decía: «He escuchado tus palabras desagradables respecto a los demás. Ahora deseo que me hables de igual modo de ti. Exponme tus faltas, puesto que también tú las tienes».

Guruji utilizaba una bella ilustración: «Nuestra pequeña boca es como un cañón, y las palabras son las municiones, capaces de destruir muchas cosas. No hables por el solo hecho de hablar, o hasta estar convencido de que tus palabras harán algún bien».

En muchas religiones encontramos personas que practican el silencio. En la India, esto se denomina *mauna,* y el que lo practica es un *muni.* Todo devoto que desee conocer a Dios debe dedicar una parte del día a desarrollar esta maravillosa cualidad, lo cual se puede lograr si convencemos a nuestra mente de que deseamos hacerlo.

«Los grandes seres —decía Guruji— hablan poco, pero cuando lo hacen, los demás escuchan». Esto es verdad; jamás encontrarás a un gran hombre que sea parlanchín; por el contrario, tenderá más bien al silencio, estará más interesado en escuchar que en conversar. Pero cuando hable, todos le escucharán.

### El yoga nos enseña a corregirnos a nosotros mismos

Guruji continúa diciendo: «Jamás debemos concentrarnos en las faltas de los demás [...]. "No juzguéis, para no ser juzgados"[2]. He aquí el engaño: interesarse por las faltas de los demás cuando tenemos tanto que limpiar en nuestro propio hogar mental. Primero, limpia tu casa».

El devoto que desee conocer a Dios necesita aprender a permanecer más tiempo en silencio y a escuchar la voz del Amor en su interior. Es preciso que aprenda a

[2] *San Mateo* 7:1.

experimentar el amor en su vida, a practicarlo primero en su corazón y a manifestarlo después externamente.

Cuántas veces en la vida herimos a las personas con nuestras palabras y acciones. Esto es lo que se llama crueldad mental y, en muchos aspectos, es peor que la violencia física. Jamás digas nada cuando te encuentres bajo los efectos de alguna emoción innoble. Si tu corazón no se halla libre de malicia cuando vayas a hablar, es preferible «cerrar la boca». El deseo de herir a alguien —al hijo, al marido, a los padres— ¡es una brutalidad!

La ciencia del yoga ayuda al ser humano a vencer sus flaquezas, mostrándole cómo corregirse a sí mismo y cómo cambiar sus hábitos diarios, de manera que se convierta en una mejor persona, y no en lo que comúnmente se llama «un ángel en la calle y un demonio en su casa», es decir, alguien que se expresa de una forma encantadora delante de los demás, pero que en su hogar hace todo lo contrario. El yoga nos enseña a practicar la introspección; como dice Robert Burns: a «vernos como nos ven los demás»[3]. El yoga proporciona ese recurso, pues capacita al devoto para que pueda verse a sí mismo como lo perciben las demás personas, no como él cree que es; puede haber un abismo entre ambos puntos de vista.

«¿Cómo soy? ¿Soy desagradable? ¿Disfruto al herir a la gente, al hablar mal de los demás? Si es así, será preferible que aprenda a vencer estos hábitos indeseables». Éste es el significado de la introspección.

El primer *sloka* del *Guita* dice (de una manera simbólica): «Reunidas en el campo de batalla de mi conciencia se encuentran mis buenas cualidades y las malas.

[3] «¡Oh, si nos fuera dado el poder de vernos como nos ven los demás!».

¿Cómo fue el día de hoy? ¿Cuál de ellas venció?»[4]. ¿Permanecí calmado en medio de la conmoción? ¿Fueron amables mis palabras a pesar de que deseaba decir una crueldad para herir a alguien? ¿Fui generoso, o reservé lo mejor para mí?

Vive el amor en tu interior. Cuando sientas el impulso de hacer o decir algo desagradable, imagina que tu corazón está colmado de amor. Y después, exprésalo externamente mediante un acto bondadoso.

Sé como una flor; si tomas una bella rosa y la estrujas entre tus manos, ella despedirá una dulce fragancia. Ésa es la forma en que debe comportarse un devoto de Dios. Sea cual sea la rudeza con que se le trate, exhala siempre el dulce aroma del perdón y la amabilidad. Así era San Francisco; todos los santos manifiestan en sus vidas compasión y bondad.

Un ser divino no trata de justificarse. Su alma posee una gran paz. Un ser así está más interesado en lo que Dios piense de él que en la opinión de la gente. El Señor es el amor más importante en su vida, y no coloca otros dioses delante de Él. Guruji decía: «Si todo el mundo te rinde honores, pero Dios no lo hace, eres muy pobre; porque un día, cuando se te indique abandonar el cuerpo, habrás de renunciar a todo. En cambio, si cuentas con la aprobación de Dios, lo posees todo, porque ese reconocimiento te lo llevarás al grandioso mas allá».

[4] Daya Mata hace referencia a la interpretación de Paramahansa Yogananda que aparece en su obra *Dios habla con Arjuna: El Bhagavad Guita,* en la cual los guerreros mencionados en el *Bhagavad Guita* representan las enfrentadas tendencias del bien y el mal que se hallan en cada ser humano: «Reunidas en el campo sagrado del cuerpo —el lugar de las buenas y malas acciones—, ¿qué hicieron mis tendencias rivales? ¿Qué facción obtuvo hoy la victoria en la incesante lucha? Vamos, dime, ¿qué hicieron las tendencias erróneas, tentadoras y malignas, y las fuerzas antagónicas de la autodisciplina y el discernimiento?». *(Nota del editor).*

Al hombre divino le importa mucho que su proceder con respecto a los demás sea correcto. «¿Me comporto con cortesía? ¿Pienso con amabilidad? ¿Expreso gentileza en mis palabras? ¿Hago el bien en este mundo?». Él no está interesado en ser un gran maestro para poder hacer el bien. ¡No! Dondequiera que se encuentre o quienquiera que sea, lo único que anhela es hacer el bien. Tal persona es como una fragante flor; y los devotos, como si fuesen abejas, se reúnen en torno a ella.

Guruji solía utilizar otra ilustración: «A las moscas les gusta aglomerarse alrededor de cosas repugnantes. La abeja sólo desea dirigirse a donde pueda recolectar el dulce néctar. No me agrada ver a las personas comportarse como las moscas, congregándose dondequiera que haya fealdad, chismorreo, falta de amabilidad, maldad, odio, celos, envidia, intolerancia y prejuicios. Prefiero contemplar un jardín repleto de los fragantes capullos de las cualidades del alma al que las abejas humanas se vean atraídas para libar la divina miel del amor, la compasión y la gentileza».

Cuando pronuncio estas palabras, reaccionas positivamente. ¿Por qué? Porque expresan la verdadera naturaleza de tu alma. Yo sólo te estoy recordando lo que eres: un alma hecha a imagen del Amado Único.

«No tendrás otros dioses fuera de Mí. [...] Yo, Yahvé, tu Dios, soy un Dios celoso»; ahora comprendes mejor lo que quiere decir el Señor: cuando actuamos de forma divina, cuando expresamos cualidades divinas, que son innatas a todos nosotros, no tenemos otros dioses —como celos, codicia, ira, odio y demás—, pues hemos hecho que lo primero en nuestras vidas sea Él y sus divinas cualidades e ideales.

**Una experiencia con la Madre Divina**

Voy a leer algo sobre una experiencia muy hermosa que el Maestro tuvo aquí en Encinitas. Éstas son sus propias palabras: «Mientras los demás desperdician su tiempo, medita, y comprobarás que, en tal estado, el Silencio te hablará. "Llama a mi Madre con toda tu alma y Ella ya no podrá ocultarse más. Sal del silencioso cielo, sal del recóndito valle de la montaña, sal del escondite secreto de mi alma, sal de mi cueva de silencio"[5]. Por doquier, veo que el Divino Espíritu se manifiesta en forma de Madre. El agua se condensa y se transforma en hielo, y de la misma manera, el Espíritu invisible puede congelarse y tomar forma ante la escarcha de mi devoción. Ojalá pudieras ver los hermosos ojos de la Madre que anoche contemplé. Mi corazón está rebosante de gozo eterno. El pequeño cáliz de mi corazón no puede contener el gozo y el amor que contemplé en esos ojos que me miraban y que a veces sonreían. Le dije: "¡Oh! ¡Y la gente afirma que eres irreal!", y la Madre Divina sonrió. "Tú eres real, y todo lo demás es irreal", exclamé, y la Madre Divina sonrió otra vez. Oré entonces: "¡Oh, Madre!, conviértete en una realidad para todos". Y escribí su nombre en la frente de unos discípulos que estaban presentes. Satán jamás podrá apoderarse de sus vidas».

Algunos se preguntarán por qué Guruji aludió a Dios como la Madre Divina. En algunas ocasiones se refería a Él como Padre y en otras como Madre. En un sentido absoluto, Dios carece de forma, pero el devoto tiene la opción de reverenciarle en el aspecto que le resulte más atractivo. A veces nos agrada pensar en Dios como Espíritu absoluto, pero, en general, la humanidad

[5] Citado del libro *Cosmic Chants* [Cantos Cósmicos], de Paramahansa Yogananda.

prefiere concebirle dotado de forma. Durante muchas vidas hemos estado encasillados en cuerpos, y por eso no podemos dejar de pensar en un Dios con rasgos personales. Desde el principio de la historia, el ser humano ha confinado al Absoluto en algún tipo de imagen. Sin embargo, esto no es idolatría. Reconocemos la Conciencia Crística en la bella figura de Jesús, pero el Infinito no se halla limitado a esa forma. ¿A qué se debe que la mayoría de nosotros se sienta inspirado al contemplar la imagen de Jesús? La razón es que recordamos su misericordia y compasión, así como su maravilloso amor por la humanidad. Quizá si no viéramos su forma representada, no podríamos sentir tan intensamente esa inspiración.

Guruji continúa diciendo: «Siento un inmenso gozo, día y noche. El día transcurre y la noche llega, mas yo pierdo por completo la noción del tiempo. No necesito meditar ahora, porque Aquello en lo que meditaba se ha vuelto uno conmigo. A veces respiro; a veces no. A veces el corazón late; a veces no. Compruebo que he abandonado todo, excepto esa conciencia divina. Ya sea que esta maquinaria física funcione o no, yo contemplo esa grandiosa luz de Dios. Tal es mi gozo». Ésta es la meta suprema que experimenta aquel que permanece siempre en comunión con Dios; él comprueba que, aunque reside en un cuerpo, su conciencia se expande más allá de la forma.

Por último, leeré este pensamiento de Guruji: «Incluso si Dios enviase diez mil Jesucristos para redimirte, no podrían lograrlo a no ser que tú hicieras el esfuerzo. Ninguna gran alma puede ayudarte, a menos que tú mismo te ayudes. La ley divina carece de restricciones. Tú ya eres hijo de Dios. Esfuérzate, obtén el conocimiento de la ley del Señor y medita a diario; de este modo alcanzarás tu meta divina. Medita por la mañana y por la noche. Profundiza cada vez más en tu meditación, y medita por la noche hasta una hora avanzada. No creas que necesitas dormir tanto». Esto es verdad. Quien haya meditado muy profundo sabe que, al hacerlo, el cuerpo y la mente obtienen un completo descanso, mucho mayor que el conseguido en el reino subconsciente del sueño. Al dormir experimentamos sueños, por lo que no siempre logramos el reposo del cuerpo o de la mente; pero en la meditación profunda, tanto el cuerpo como la mente entran en un estado de absoluta tranquilidad y paz.

Si en verdad anhelas a Dios, debes sumergirte profundamente en el deseo por Él. Ámale con todo tu corazón. Demuéstrale que tu deseo por Él es auténtico. Búscale, porque mientras no seas consciente de que eres uno con el Señor, estarás limitado por este mundo de dualidad y sufrimiento. Dios no es el causante de este sufrimiento de la humanidad. Nosotros formamos parte de Dios, y a menos que lo comprendamos, jamás seremos felices. Sufrimos porque nos hemos separado de Él. Nos sentimos solos e inseguros; temblamos cuando algo le ocurre a esta forma mortal, porque no vemos el ininterrumpido círculo de nuestra existencia, que es infinito. Todas las penalidades provienen de pensar que somos el cuerpo. Ya sea que el miedo a la pobreza o a la enfermedad o a lo desconocido den pie al sufrimiento, éste es el resultado de no conocer a Dios.

Cuando empezamos a percibirnos como el alma inmortal, sabemos que el fuego no puede quemarla, ni el agua ahogarla, ni las balas aniquilarla[6]. En esto consisten

[6] «Ningún arma puede herir al alma; ningún fuego puede quemarla, ni el agua humedecerla, ni el viento marchitarla» (*Bhagavad Guita* II:23). (Traducido del sánscrito al inglés por Paramahansa Yogananda en su obra *Dios habla con Arjuna: El Bhagavad Guita*).

el yoga y la religión: ayudar al ser humano a comprobar que su naturaleza es inmortal, eterna e indestructible. La Verdad es maravillosa. Podríamos hablar de ella indefinidamente, pero se resume en pocas palabras: la Verdad es aquello que ayuda y anima a todo ser humano a retornar a Dios.

Dios no tiene favoritos. Él nos ama a cada uno de nosotros como ama a sus más grandes santos. La única diferencia entre las personas comunes y los seres divinos es que éstos jamás se dieron por vencidos. Cada vez que cayeron, se levantaron, diciendo: «No importa. Seguiré intentándolo. Estoy decidido a encontrar la Verdad, el Amor y la Sabiduría. Estoy decidido a encontrar a Dios».

Ésta también debe ser tu meta. «No tendrás otros dioses». Mientras buscas en tu interior a Dios, expresa externamente esa búsqueda sirviéndole, cada día de tu vida, en toda oportunidad que surja.

Recuerda que Dios está tan cerca de ti como se lo permiten tus pensamientos. Él es omnipresente, y si en este momento aceptas que Él está contigo, justo detrás de tus ojos cerrados, sentirás su cercanía. Medita en esta verdad, y comprobarás que se cumple en tu vida.

# Experiencias con mi Gurú, Paramahansa Yogananda

*Reminiscencias extraídas de charlas dictadas en la India y América*

Todo corazón humano anhela el amor. Y cualquier tipo de amor humano —aquel que une entre sí a los amigos, así como también a padres e hijos, esposo y esposa, amo y sirviente, gurú y discípulo— proviene de Dios, que es el único Amor existente.

Todo corazón humano anhela también la felicidad; en verdad, ésta es la meta misma de la vida. Tal vez alguien pueda decir: «Mi meta es alcanzar el éxito en los negocios» o «mi objetivo es componer hermosas piezas musicales»; sin embargo, a través de la satisfacción de cada uno de nuestros deseos específicos, lo que estamos buscando, aunque sólo sea subconscientemente, es la felicidad. El deseo de ser felices y el deseo de amar y ser amados constituyen las fuerzas motivadoras de todas nuestras actividades y ambiciones.

Los sabios de la India han enseñado que Dios es la Dicha siempre existente, siempre consciente y eternamente renovada. Ellos afirman que la felicidad que buscamos —esa dicha que perdurará para siempre y jamás se agostará— sólo podemos encontrarla en Dios. ¿Y dónde está Él? Su divina imagen reside, como alma, en cada ser humano. Desconocemos la suprema paz de la realización espiritual porque hemos encauzado nuestra atención y nuestra búsqueda hacia objetos mundanos. Deberíamos recordar que la felicidad que alcanzamos en la tierra es siempre condicional y pasajera. Solamente la bienaventuranza de Dios es eterna.

El amor y el gozo, en sus formas más puras, pueden encontrarse únicamente en Dios. No obstante, tendemos a buscarlos en todo lo demás, excepto en Él. Sólo cuando nos vemos frente a grandes tribulaciones y sufrimientos, comenzamos a pensar en Dios y a dedicar un breve período de tiempo a adorarle, mediante la oración, la práctica de *puja* o la recitación de un mantra. Pero llega un momento en que ninguna práctica externa es capaz de satisfacernos. Si nuestra mente tiende a distraerse y vagar sin cesar, la oración será ineficaz, y la repetición de mantras o la práctica de *japa* no nos aportará la respuesta de Dios que anhela nuestra alma.

### Dios puede ser conocido sólo a través de la experiencia personal

Existe una fruta muy dulce llamada chirimoya. Es redonda y está recubierta por una cáscara verde, bajo la cual se encuentra una suave pulpa blanca con grandes semillas negras. Aunque acabo de describir dicha fruta, ¿podría alguien, por este simple hecho, saber realmente qué es una chirimoya y cuál es su sabor? Para quien no la haya visto ni probado y tan sólo haya oído mi descripción, la respuesta es no. Lo mismo ocurre con Dios. Los santos y *rishis*[1] han descrito sus experiencias con el Señor, pero la mera lectura de sus relatos no nos capacitará para conocerle. No podemos percibir a Dios simplemente a través de las descripciones que de Él nos ofrezcan. Es necesario que experimentemos personalmente la presencia divina, en el elevado estado de éxtasis que proviene de la meditación profunda y prolongada.

[1] Sabios que han alcanzado la unión con Dios.

El hombre común se encuentra habitualmente tan absorto en sus preocupaciones, responsabilidades y deseos de disfrutar de placeres terrenales que jamás dirige su mente hacia Dios. E incluso cuando dedica cierto tiempo del día al Señor y procura buscar la paz en su interior, no tiene éxito en sus meditaciones debido a que no le es posible meditar con la profundidad suficiente.

### Toda devoción que el gurú recibe de sus discípulos, él se la ofrece a Dios

Para seguir un determinado *sadhana*, es necesario disponer de un gurú. La mente de un verdadero gurú se encuentra siempre fija y absorta en el Bienamado Cósmico; ya sea que siga él la senda de *Raja, Guiana, Karma* o *Bhakti Yoga*[2], su conciencia se halla unida a Dios. Toda devoción que el gurú recibe de sus discípulos, él se la ofrece al Señor. Su propósito es encauzar la mente del devoto hacia el Padre Celestial, y no hacia su persona.

Mi divino gurú, Paramahansa Yogananda, fue uno de estos grandes seres. Jamás permitió a sus discípulos apegarse a él o depender de su personalidad. Su único deseo era que amásemos y buscáramos solamente a Dios. Una y otra vez, nos estimulaba a elevar nuestros pensamientos hacia el Señor, enseñándonos a mantener la mente en armonía con Él, noche y día. Toda vez que Paramahansaji comprobaba que algún factor externo estaba absorbiendo nuestra atención, nos reprendía. Gurudeva nos enseñó a mantener la mente siempre embriagada de Dios, a que los labios hablasen sólo de Él y a que nuestro corazón le cantase sin cesar al Señor. En verdad, Gurudeva era para nosotros un ejemplo de

[2] Los diversos senderos que conducen a Dios: la vía «suprema», la vía del discernimiento, la vía del servicio y la vía de la devoción, respectivamente.

cómo deberíamos vivir: con el ser entero absorto en la Divinidad.

### Una experiencia en *nirbikalpa samadhi*

Guruji vivió el último período de su vida en un constante estado de éxtasis divino o *nirbikalpa samadhi*[3], el cual comenzó en junio de 1948. En aquella ocasión, junto con otros devotos, tuve el privilegio de encontrarme presente cuando nuestro Gurú entró en dicho estado. Cerca ya del atardecer, Paramahansaji nos había llamado a su habitación. Él estaba sentado en un sillón, a punto de comer un mango. De pronto, recogió su mente por completo en el interior y entró en éxtasis, permaneciendo en *samadhi* durante toda la noche. El presenciar esta escena fue para mí una experiencia maravillosa y transformadora. Naturalmente, muchos de nosotros le habíamos visto en *samadhi* con anterioridad, pero en esta ocasión ocurrió un milagro especial: Gurudeva le formuló diferentes preguntas a la Madre Divina, y Ella utilizó la voz de él para responder. A través de Guruji, la Madre Divina profirió aquella noche diversas predicciones acerca de asuntos mundiales, así como también sobre la divulgación del mensaje de *Self-Realization Fellowship;* muchas de tales predicciones ya se han cumplido.

Con frecuencia me había sentido escéptica, como Tomás el incrédulo, y deseaba contar con una prueba

[3] *Samadhi* es un estado de bienaventuranza supraconsciente, en el cual el yogui percibe la unidad existente entre el alma individual y el Espíritu Cósmico. *Nirbikalpa samadhi* es el estado de éxtasis más elevado, que solamente los maestros más avanzados experimentan. La inmovilidad física y la condición de trance que caracterizan los estados inferiores de *samadhi* no son un requisito del *nirbikalpa samadhi.* Un maestro que se encuentre en el más elevado estado de éxtasis puede continuar desarrollando sus actividades ordinarias, incluso las más difíciles, sin perder por ello en forma alguna su percepción interna de Dios.

definitiva de la existencia de Dios; aquella noche, mis dudas se desvanecieron para siempre. En mi conciencia ardió el amor y el anhelo de comulgar con la Bienamada Madre, cuya voz escuchamos y cuyo amor percibimos en esa ocasión a través de nuestro bendito Gurú.

Tras aquel *samadhi,* Guruji nos dijo lo siguiente: «No sé qué va a hacer la Madre Divina con mi vida. Es posible que Ella me pida abandonar esta tierra; o tal vez desee que me desentienda de toda labor administrativa y permanezca recluido». Guruji partió después a un retiro en el desierto, y desde entonces permaneció recogido la mayor parte del tiempo, dedicándose a meditar y escribir.

### Los últimos días con mi Gurú

Durante la última semana de febrero de 1952, mientras se encontraba en el desierto, Guruji recibió la noticia de que había sido invitado a pronunciar un discurso en Los Ángeles, con motivo de una recepción ofrecida al embajador de la India, Sri Binay Ranjan Sen. A raíz de esta noticia, Gurudeva regresó el 1 de marzo a la sede central en Los Ángeles. El 3 de marzo, bajo su dirección, dedicamos muchas horas a preparar golosinas especiales y *curry* destinados a agasajar al embajador, quien habría de visitar la sede central de *Self-Realization Fellowship* al día siguiente.

Por la noche, cuando los preparativos estaban casi terminados, el bendito Maestro me pidió que caminara en su compañía, a lo largo del corredor. Luego se detuvo y, sentándose ante el retrato de su gurú, Swami Sri Yukteswarji, habló con hondo amor de aquella gran alma que había guiado sus pasos hasta Dios.

A continuación, me dijo: «¿Te das cuenta de que, en unas cuantas horas más, habré abandonado este cuerpo?». Sus palabras me llenaron de dolor. Poco tiempo antes, cuando Gurudeva había dicho que en breve abandonaría su cuerpo, yo le había preguntado: «Maestro, ¿qué haremos sin usted? Usted es el diamante que resplandece en el anillo de nuestros corazones y de su sociedad. ¿Qué valor tendrá el anillo, si se ve privado de su hermoso diamante?». Y aquel gran *bhakta*[4] respondió: «Recuerda lo siguiente: cuando me haya marchado, sólo el amor podrá reemplazarme. Permanece absorta en el amor de Dios día y noche, y ofrece ese amor a todos los demás».

La ausencia de este tipo de amor es la razón por la que el mundo se encuentra plagado de sufrimientos.

Cuando visité su habitación el 7 de marzo —el último día de su vida—, encontré al Maestro muy sereno, sentado en su sillón en la postura del loto. Al aproximarme a él, colocó los dedos delante de sus labios, indicando que deseaba permanecer en silencio. Su mente se hallaba en un profundo estado de recogimiento, absorta en Dios. En la habitación se percibía una intensa vibración divina de paz y amor. Al atardecer, él partió hacia el Hotel Biltmore, en donde había de celebrarse la recepción en honor del embajador. Aquella noche, Guruji habló con tal fervor acerca del amor a Dios, que sus palabras produjeron un estado de elevación en la audiencia entera. Indudablemente, los asistentes no habían escuchado jamás a alguien hablar en términos tan íntimos de la presencia del Señor.

Muchos años atrás, el Maestro había predicho: «Cuando abandone este cuerpo, me marcharé hablando de Dios y de mi bienamada India». Y fue así como, esa noche, sus últimas palabras en la tierra se refirieron a

[4] Devoto de Dios.

Dios y a la India. Al concluir, citó la estrofa de su poema «Mi India»: «Allí donde el Ganges, los bosques, las cuevas del Himalaya y los hombres sueñan con Dios, santificado estoy: ¡mi cuerpo ha tocado ese suelo!». Tras pronunciar estas últimas palabras, elevó los ojos al centro *Kutastha*[5] y se deslizó lentamente hacia el suelo.

En un instante, algunos de nosotros corrimos a su lado. Puesto que él nos había enseñado a cantar *Om* en su oído para hacerle retornar del estado de *samadhi,* Ananda Mata[6] y yo nos inclinamos hacia nuestro divino Gurú y comenzamos a entonar el *Om.* En ese momento, una gran paz y gozo descendió súbitamente sobre mí, y sentí que una extraordinaria fuerza espiritual entraba en mi cuerpo. La bendición que recibí aquella noche jamás me ha abandonado.

El devoto debe esforzarse por mantener la sintonía mental y espiritual con el gurú. El poder de las bendiciones de un gurú que ha alcanzado la unión con Dios es incomparable.

### Sigue el *sadhana* prescrito por el gurú

El *sadhana* prescrito por nuestro gurudeva, Paramahansa Yogananda, nos enseña cómo aplicar el Óctuple Sendero del Yoga enunciado por el sabio Patanjali. El peldaño inicial es *yama-niyama:* los preceptos morales y espirituales que deben seguir todos los seres humanos, a fin de llevar una vida en armonía con las leyes divinas. Luego viene *asana,* la postura correcta para la

[5] El centro de la percepción divina o centro de la conciencia crística, ubicado a nivel del entrecejo.

[6] Hermana de Sri Daya Mata y fiel discípula de Paramahansa Yogananda desde 1931. Ananda Mata ingresó al *ashram* en 1933, a la edad de 17 años. Sirvió en cargos de gran responsabilidad y fue miembro del Consejo Directivo de SRF/YSS hasta su fallecimiento en 2005.

meditación, con la columna vertebral erguida. Es importante practicar el *asana* adecuado, ya que de este modo es posible evitar que las perturbaciones físicas acosen la mente cuando ésta procura enfocarse en Dios. El principio siguiente es *pranayama* o control de la energía vital, el cual es necesario para evitar que la respiración mantenga la conciencia atada al cuerpo. A continuación, el recogimiento mental o *pratyahara* nos libera de las distracciones mundanas que nos llegan a través de los cinco sentidos. Entonces nos encontramos libres para practicar la concentración y la meditación *—dharana* y *dhyana—*, las cuales conducen al estado de *samadhi:* la experiencia supraconsciente de la unidad con Dios.

El Señor no tiene favoritos; Él ama a todos por igual. El sol brilla de la misma forma tanto sobre el carbón como sobre el diamante, pero este último recibe y refleja la luz. La mayoría de las personas poseen mentalidades de «carbón»; a ello se debe que se crean privadas de las bendiciones divinas. No obstante, el amor de Dios y sus bendiciones fluyen hacia todos; lo único que necesitamos hacer es recibirlos. A través de *bhakti,* podemos transformar nuestra conciencia en una mentalidad diamantina, capaz de recibir y reflejar plenamente el amor y la gracia de Dios. Es así como hallaremos paz y satisfacción en esta vida. Incluso un poco de meditación y de sincero amor por nuestro Creador puede aportarle paz al corazón humano y contribuir a un verdadero mejoramiento de las condiciones mundiales.

Al ofrecer al gurú la devoción de nuestros corazones, y recibir su divino e incondicional amor y amistad, aprendemos lo que significa realmente amar a Dios. El gurú despierta en nuestro interior el verdadero amor a Dios; él nos enseña cómo amar al Señor.

# El sendero de la devoción

*Sede Internacional de Self-Realization Fellowship, Los Ángeles (California), 13 de abril de 1965*

La devoción es el camino más sencillo para encontrar a Dios. Quien quiera recorrer ese sendero fácil debe concentrarse principalmente en desarrollar dicha cualidad. Pero junto con la devoción es preciso también ejercitar el discernimiento, el cual definió en cierta ocasión nuestro gurú, Paramahansa Yogananda, como la capacidad para hacer lo correcto en el momento adecuado.

El discernimiento espiritual mantiene la perfecta concentración de nuestros pensamientos. Esta cualidad nos lleva a preguntarnos cada vez que actuamos: «¿Me aportará esta acción una mayor conciencia de Dios?». También nos permite decir *«neti, neti»* («esto no, esto no») a aquellos actos que no nos conduzcan hacia Él, comprometiéndonos a evitarlos, al mismo tiempo que llevamos a cabo con fidelidad aquellas acciones que nos aproximan a Dios, según lo dicte el discernimiento. Si observas estos dos principios básicos —devoción y discernimiento—, comprobarás que constituyen la manera más simple de encontrar a Dios. Desde luego, cuando me refiero a «devoción», incluyo la práctica de las técnicas de meditación conferidas por el gurú.

¿Cuál es la forma más sencilla de ganarse la confianza de una persona? No es por medio del raciocinio, sino a través del amor. Por lo tanto, la manera lógica de conquistar al Amigo Divino es amarle. El amor era lo que yo buscaba en este mundo. Vivía para el amor. Pero anhelaba que fuese perfecto; y comprendí que no tenemos derecho a esperar que ese tipo de amor provenga de los seres humanos, ya que ellos mismos son imperfectos. Uno de los problemas que se presentan en el mundo de hoy es que los maridos, las esposas, los hijos y las familias se quejan de que no reciben amor los unos de los otros. No se detienen a reflexionar que si quieren amor, primero tienen ellos que *darlo.* No es posible obtener amor por el mero hecho de exigírselo a alguien. Ofrécelo tú y, después, lo recibirás.

Y si deseas a Dios, es preciso que primero le ames. A cambio, recibirás tal abundancia que no volverás a implorar el amor imperfecto que ofrece el mundo.

Cuando leo acerca del amor ideal entre amigos, padres e hijos, o cónyuges, pienso: «Amado Dios, si estos lazos humanos son tan hermosos, ¡cuánto más bella ha de ser la relación Contigo, que eres la fuente de estas diversas expresiones del amor!». ¡Qué enorme inspiración y consuelo proporciona ese pensamiento! Pero no alcanzarás a Dios con sólo razonar sobre sus cualidades; es menester que te esfuerces por asimilarlas, que te concentres en ellas, meditando sobre su naturaleza hasta que los atributos que el Señor manifiesta formen parte de tu propia experiencia. Si deseas conocer a Dios como amor, elige un pensamiento en particular que despierte tu devoción y concéntrate en él durante largo tiempo, meditando con intensidad, a fin de acrecentar la magnitud de tu fervor.

### Nuestra devoción debe ser sólo para Dios, no para impresionar a los demás

El buscador de la verdad que opta por el camino de la devoción *(bhakti)* puede atravesar, al principio, por un período de emotividad. Pero si es en verdad sincero, este fervor superficial dará paso, de modo gradual, a un profundo estado interior de conciencia devocional. Es posible reconocer este proceso en las vidas de muchos santos que siguieron el sendero de *bhakti.* Pasan por una etapa inicial de gran emotividad: los ojos se les anegan de lágrimas; a veces, incluso pierden la conciencia. Pero si el devoto persevera y posee gran sinceridad y no trata de impresionar a los demás, poco a poco su mente se recoge de tal manera que cesa casi por completo toda demostración externa de sus sentimientos.

Algunos buscadores de Dios, al experimentar el más leve fervor, hacen gran alarde de ello en presencia de los demás para tratar de impresionarlos, ya sea de manera consciente o inconsciente. Como consecuencia de tal demostración externa, pierden todo sentimiento genuino de devoción. Cuando el devoto atraviesa por esa etapa emocional del principio, debe preguntarse: «¿Soy sincero?». Recuérdalo siempre. Quien busca fervientemente al Señor ha de analizarse con franqueza: «¿Estoy tratando de impresionar a alguien? ¿Soy tan profundamente emocional en mis sentimientos por Dios cuando me encuentro a solas —y nadie me observa— como cuando estoy con los demás?». Lo primero que debe hacer el devoto es ser sincero consigo mismo. Si se encuentra a solas y comprueba que sus sentimientos son genuinos y sus lágrimas fluyen con igual profusión, entonces su devoción avanza por el camino correcto. Si, por el contrario, advierte que su emotividad es mucho más intensa cuando se halla en presencia de los demás, se debe apartar mentalmente por un momento y preguntarse si en realidad está tratando de impresionar con su «enorme avance espiritual» a quienes le rodean. De ser así, lo mejor es que se apresure a orar con intensidad a Dios: «¡Oh, Señor, no permitas que profane esta chispa de devoción que siento por Ti! Ayúdame a eliminar cualquier demostración externa, para que nadie sea testigo de mi amor por Ti; permíteme mantener oculto ese amor como algo sagrado entre Tú y yo». De esta forma, el devoto revierte el curso exterior de sus pensamientos y sentimientos y lo dirige hacia el interior.

Cuando el devoto ama a Dios con sinceridad, y su devoción llega a ser pura e insondable, él se olvida del mundo; entonces, ya no le preocupa la aceptación o el rechazo de los demás, ni que le consideren un loco o un santo. Lo único que desea es sentir el amor de Dios y permanecer absorto en Él. En ese estado de conciencia, cuando a veces las lágrimas se deslizan por sus mejillas, y si su atención —por un instante— repara en el exterior, su deseo es que sólo Dios y nadie más perciba esas lágrimas. Tal devoto puede estar seguro de que se halla en la senda correcta y que su fervor, poco a poco, se tornará más profundo, recogido e íntimo —aunque a pesar de ello, de vez en cuando, podría manifestarse externamente.

### La meta final del ser humano es el gozo

El ser humano es a la vez racional y afectivo. En su alma conviven la razón y el sentimiento, y ambos cautivan su atención. Recuerdo que nuestro Gurú dijo en cierta ocasión: «Cuando me encuentro en un estado de sabiduría, predomina el discernimiento y no estoy consciente de la devoción. Cuando me encuentro en un estado devocional, éste prevalece y soy menos consciente del raciocinio». Pero ambos, el amor y la sabiduría, aportan la experiencia embriagadora de la bienaventuranza divina.

Todo ser humano busca la bienaventuranza; ella es la única meta de la vida y la naturaleza misma de Dios:

la dicha siempre existente, siempre consciente y eternamente renovada. Y ésa es también la naturaleza del alma. Podría objetarse que la humanidad trata de lograr objetivos de índole muy diversa; pero en todos ellos, lo único que anhela, como culminación de su búsqueda, es experimentar la dicha o bienaventuranza. Si alguien busca el amor, no es porque ansíe la tristeza; quiere experimentar la alegría de sentirse amado. Si va al encuentro de la sabiduría, no es porque pretenda sentirse limitado; anhela la felicidad embriagadora que proviene de la omnisciencia. ¿Por qué las personas ambicionan el oro y el dinero cuando ambos, en sí mismos, carecen de valor? Si van tras ellos es por el placer que proporciona el poseer todo cuanto se desea. Quien persigue la fama es por el deleite de sentir: «soy todopoderoso» o «soy eterno». La meta final de toda búsqueda de la humanidad es la bienaventuranza.

La naturaleza del alma es el poder, la dicha, el amor, la conciencia eterna, la omnisciencia y la omnipresencia. Por esa razón, en todo aquello que el ser humano busca en este mundo, él está tratando de experimentar las cualidades que forman parte de su verdadera naturaleza. Analiza, por ejemplo, qué es la fama sino el anhelo de lograr la inmortalidad, el deseo de ser reconocidos mientras estamos aquí y seguir presentes en la memoria de los demás cuando hayamos partido de este mundo. Los seres humanos se afanan por lograr estas «metas» porque, de manera inconsciente, tratan de experimentar la naturaleza de su propia alma. Por lo tanto, se les debe perdonar que busquen frenéticamente la satisfacción en la vida material. No es errado tratar de alcanzar el bienestar, pero a menudo resulta equivocada la forma en que lo perseguimos. Aquello que es eterno no se puede encontrar en lo que es temporal.

Sólo existe un modo de obtener la satisfacción absoluta. Cristo lo sabía y por eso dijo: «Buscad primero el Reino de Dios y su justicia, y todas esas cosas se os darán por añadidura». Si buscas a Dios, en Él hallarás todo aquello que siempre has anhelado. Descubrirás la plenitud en Aquel que es eterno, porque encontrarás tu propio ser inmortal.

# Una bendición de Mahavatar Babaji

Ashram *de Self-Realization Fellowship en Encinitas (California), 24 de agosto de 1965*

En el transcurso de una visita a los *ashrams* de Paramahansa Yogananda en la India (realizada entre los meses de octubre de 1963 y mayo de 1964), Sri Daya Mata llevó a cabo un peregrinaje sagrado a una gruta en el Himalaya que ha sido santificada por la presencia física de Mahavatar Babaji[1]. Durante algún tiempo después de tal peregrinaje, Daya Mata rehusó mencionar en reuniones públicas sus experiencias relacionadas con dicho evento. No obstante, en el presente *satsanga*

[1] El supremo Gurú de la sucesión de maestros unidos a Dios que asumen la responsabilidad sobre el bienestar espiritual de todos los miembros de *Self-Realization Fellowship (Yogoda Satsanga Society of India)* que practican fielmente *Kriya Yoga.*

La gruta a la cual hizo Daya Mata su peregrinaje es aquella en la que se encontraba el Mahavatar cuando confirió el sagrado *Kriya Yoga* a su gran discípulo Lahiri Mahasaya, en 1861. La maravillosa historia del encuentro entre ambos, tal como fuera relatada por Lahiri Mahasaya, ha sido incluida por Paramahansa Yogananda en el capítulo 34 de *Autobiografía de un yogui:* «Cierta tarde, durante una de estas excursiones, escuché con asombro una voz muy lejana que me llamaba por mi nombre. Continué mi vigorosa ascensión por la montaña [...]. Finalmente, alcancé un claro de dimensiones reducidas a cuyos lados se abrían varias cavernas. Erguido sobre uno de los bordes rocosos, un hombre joven y sonriente extendía la mano en señal de bienvenida. [...]

»—Lahiri, ¡has venido! —El santo me hablaba afectuosamente en hindi—. Descansa en esta cueva; fui yo quien te llamó». Lahiri Mahasaya continúa su relato describiendo las extraordinarias circunstancias en las cuales recibió la sagrada *diksha* (iniciación en *Kriya Yoga*) de Mahavatar Babaji.

que tuvo lugar en Encinitas, un devoto pidió a Mataji que relatara a los asistentes su visita a la cueva de Babaji, y la Voluntad Divina la incitó a responder. A continuación aparece su relato, para inspiración de todos.

Entre Paramahansa Yogananda y Mahavatar Babaji existió una relación muy especial. Gurudeva solía hablar a menudo de Babaji y de aquella ocasión en la que estando en Calcuta, antes de abandonar la India para viajar a Estados Unidos, el Mahavatar se apareció ante él[2]. Cada vez que el Maestro se refería al gran avatar[3], lo hacía con tal devoción, con tal sentimiento de reverencia, que nuestros corazones se colmaban de un gran amor y anhelo de Dios; a veces, sentía yo que mi corazón estaba a punto de estallar.

Tras el deceso de Guruji, el recuerdo de Babaji continuó intensificándose en mi conciencia. Solía yo preguntarme por qué, no obstante sentir un profundo amor y reverencia hacia todos nuestros *paramgurús*[4], existía en mí una atracción especial hacia Babaji; no era consciente de que hubiese recibido de él ninguna gracia especial que pudiera haber despertado en mí este marcado sentimiento de proximidad hacia él. Sin embargo, jamás esperé tener una experiencia personal de la sagrada presencia de Babaji, ya que me consideraba totalmente inmerecedora de ello. Pensaba que, tal vez, en alguna vida futura podría contar con semejante bendición. Nunca, en realidad, he perseguido o anhelado disfrutar

[2] Véase *Autobiografía de un yogui,* capítulo 37.

[3] Una encarnación divina; un alma que, habiendo alcanzado la liberación y la unión total con el Espíritu, regresa voluntariamente a la tierra para ayudar a la humanidad.

[4] *Paramgurú,* el gurú del propio gurú; ésta es una referencia a la sagrada sucesión de Gurús de *Self-Realization Fellowship:* Mahavatar Babaji, Lahiri Mahasaya, Swami Sri Yukteswar y Paramahansa Yogananda.

de experiencias espirituales. Sólo deseo amar a Dios y sentir su amor. Mi felicidad yace en estar enamorada de Él; no preciso de ninguna otra recompensa en la vida.

Cuando viajamos a la India en esta última ocasión, dos de las devotas[5] que me acompañaban expresaron el deseo de visitar la cueva de Babaji. Aun cuando al comienzo yo no tenía un deseo personal intenso de realizar dicha visita, investigamos la posibilidad de llevarla a cabo. La gruta se encuentra en las laderas del Himalaya más allá de Ranikhet, cerca de la frontera con Nepal, y las autoridades en Delhi nos comunicaron que las regiones fronterizas del norte de la India estaban cerradas a los extranjeros. Por este motivo, nos pareció que semejante viaje sería imposible. Sin embargo, tal información no me decepcionó. He visto demasiados milagros, y no dudo en absoluto del poder de la Madre Divina para posibilitar cualquier cosa que Ella desee. Por otro lado, si no era su voluntad que realizásemos semejante viaje, no tenía yo ningún interés personal en hacerlo.

Uno o dos días más tarde, no obstante, Yogacharya Binay Narayan[6] me anunció que se había puesto en contacto con el Primer Ministro de Uttar Pradesh (el estado en el cual se encuentra ubicada la cueva de Babaji) y que éste había concedido un permiso especial para que nuestra comitiva visitase la región. Nos llevó un par de días prepararnos para partir, pues no disponíamos de ropa de abrigo apropiada para el frío clima de las montañas; todo cuanto habíamos traído eran nuestros saris de algodón y

[5] Ananda Mata (véase la nota al pie de la página 188) y Uma Mata. Uma Mata es miembro del Consejo Directivo de *Self-Realization Fellowship/Yogoda Satsanga Society of India.*

[6] Posteriormente conocido como Swami Shyamananda. Fue Secretario General de *Yogoda Satsanga Society of India* y desempeñó este cargo hasta la fecha de su deceso, en 1971.

los *chuddars* (chales) de lana para cubrirnos los hombros. En nuestro entusiasmo por emprender el peregrinaje, ¡habíamos sido un poco temerarias!

Abordamos el tren a Lucknow, la capital del estado de Uttar Pradesh, y llegamos a la residencia del Gobernador hacia las 8 de la noche. Después de cenar con él, el Primer Ministro y otras visitas, alrededor de las 10 de la noche nos encontrábamos de nuevo en un tren con destino a Katgodam, acompañadas por el Primer Ministro. Era casi el amanecer cuando llegamos a la pequeña estación. Desde allí, tuvimos todavía que viajar en auto hasta la estación de montaña de Dwarahat, en la cual existen alojamientos para peregrinos.

### Una divina confirmación de Babaji

Permanecí durante cierto tiempo totalmente sola, sentada en la estación ferroviaria de Katgodam, mientras el resto de la comitiva se encontraba en el exterior, aguardando la llegada de los automóviles. Con profundo sentimiento y devoción, me puse a practicar lo que en la India llamamos *Japa Yoga,* es decir, la repetición constante del nombre de la Divinidad. Mediante esta práctica, la conciencia entera se absorbe gradualmente en un sólo pensamiento, excluyendo de sí todo lo demás. Me dediqué a repetir el nombre de Babaji, y no podía pensar en nada sino en él. Mi corazón se encontraba henchido de un gozo indescriptible.

Repentinamente, perdí toda noción de este mundo. Mi mente se recogió por completo en un estado de conciencia distinto; y en un éxtasis del más dulce gozo, contemplé la presencia de Babaji. Comprendí entonces a qué se refería Santa Teresa de Ávila al mencionar haber «visto» al Cristo sin forma: la individualidad del Espíritu manifestada como alma, revestida solamente de la esencia y pensamiento del ser. Este «ver» constituye una percepción más vívida y exacta en todos sus detalles que los burdos rasgos de las formas materiales, e incluso de las visiones. Me incliné interiormente ante él y tomé el polvo de sus pies[7].

El Maestro nos había dicho a algunos de nosotros lo siguiente: «Jamás deben preocuparse por la dirección de esta sociedad. Babaji ha seleccionado ya a quienes están destinados a dirigir esta obra». Cuando fui elegida para este cargo por el Consejo Directivo, me pregunté: «¿Por qué yo?»[8]. Y fue así como en ese momento inquirí a Babaji acerca del tema: «Me eligieron a mí, siendo tan inmerecedora de ello. ¿Cómo pudo ser?». Me encontraba interiormente sollozando a sus pies.

Con enorme dulzura, él respondió: «Hija mía, no debes dudar de tu Gurú. Lo que él te dijo es la verdad». Mientras Babaji pronunciaba estas palabras, una bendita paz descendió sobre mí. Mi ser entero permaneció sumergido en esa paz, ignoro por cuánto tiempo.

[7] Una costumbre hindú, según la cual el devoto, tras tocar los pies de un maestro, toca su propia frente en señal de humildad ante la grandeza espiritual de dicho maestro. (Cf. *San Marcos* 5:27-34).

[8] En cierta ocasión, al preguntársele a Paramahansa Yogananda cómo se designaría a los futuros presidentes de *Self-Realization Fellowship/Yogoda Satsanga Society of India,* los cuales, al asumir dicho cargo, habrían de actuar como sus representantes y como los directores espirituales de SRF/YSS, él respondió: «Al frente de esta sociedad siempre habrá hombres y mujeres de realización. Dios y los Gurús ya saben quiénes son».

Aun cuando Paramahansaji había escogido y entrenado a Daya Mataji para su futura misión espiritual, ella interiormente jamás consideró de forma literal esta designación, haciéndose la reflexión de que, llegado el momento oportuno, el Señor, sin duda, elegiría a otra persona en su lugar. Pero ni la voluntad de Dios ni el deseo expreso del Gurú habían de ser alterados por esta vaga esperanza de un alma tan perfectamente capacitada para dicha misión, pero que, por humildad, se encontraba poco dispuesta a asumirla. *(Nota del editor).*

Poco a poco, me percaté de que el resto de mis acompañantes había regresado a la habitación y, al abrir los ojos, contemplé lo que me rodeaba con un nuevo sentido. Recuerdo haber exclamado: «¡Por supuesto! ¡He estado aquí anteriormente!». Todo me pareció instantáneamente conocido, al despertarse en mí los recuerdos de una vida pasada.

Los automóviles que habrían de conducirnos hasta la cumbre de aquella estribación se encontraban listos; tomamos nuestros asientos y emprendimos el viaje de ascenso a lo largo del serpenteante camino de la montaña. Cada paisaje, cada escena que contemplaba, me parecía familiar. Tras la experiencia en Katgodam, la presencia de Babaji permaneció conmigo de manera tan intensa que, dondequiera que miraba, me parecía que él estaba allí. Nos detuvimos brevemente en Ranikhet, donde fuimos recibidas por las autoridades de la ciudad, a quienes el Primer Ministro había notificado nuestra visita.

Finalmente, llegamos al remoto villorrio de Dwarahat, enclavado en las alturas de las laderas del Himalaya. Nos alojamos allí en una hospedería estatal, una diminuta y sencilla residencia para peregrinos. La noticia de la llegada de los viajeros occidentales que habían acudido a visitar la sagrada gruta atrajo aquella noche a numerosas personas de las inmediaciones que deseaban conocernos. Muchos son los que hablan en esta región acerca de Babaji, cuyo nombre significa «Reverendo Padre». Los visitantes nos acosaron a preguntas, y celebramos un *satsanga,* tal como el que estamos llevando a cabo ahora. Gran parte de los presentes comprendía el inglés, y algunos traducían para aquellos que no lo entendían.

### Una visión profética

Una vez concluido el *satsanga,* cuando todos los aldeanos hubieron partido, nos sentamos a meditar y luego nos retiramos a descansar en nuestros cálidos sacos de dormir. En medio de la noche, tuve una experiencia supraconsciente. Una enorme nube negra se abalanzó súbitamente sobre mí e intentó envolverme por completo, mientras yo clamaba a Dios. Ananda Ma y Uma Ma, que se encontraban conmigo en la habitación, despertaron alarmadas y me preguntaron qué había sucedido. «No deseo hablar sobre ello ahora —les dije—. Me encuentro bien. Duérmanse nuevamente». A través de la práctica de la meditación, el omnisciente poder de la intuición se desarrolla en cada uno de nosotros; y yo había comprendido intuitivamente el mensaje que la Divinidad me enviaba por medio de esta simbólica experiencia. Ésta predecía una grave enfermedad que pronto habría yo de sufrir, y también señalaba que la humanidad se enfrentaría a un período extremadamente oscuro, durante el cual la fuerza del mal intentaría englobar el mundo entero. Sin embargo, puesto que la nube no me había envuelto por completo, al repelerla con mis pensamientos de Dios, la visión significaba, asimismo, que yo habría de afrontar con éxito ese riesgo personal, y así sucedió. Además, revelaba que, a la postre, el mundo también emergería de la amenazante nube oscura del karma; pero la humanidad tendría que hacer primero un esfuerzo, volviéndose hacia Dios.

Al día siguiente, a las 9 de la mañana, iniciamos nuestro camino hacia la gruta. Esta etapa del peregrinaje habría de realizarse en su mayor parte a pie. Sólo en ocasiones podíamos cabalgar o hacer uso de un *dandi.* Éste es un pequeño vehículo similar a un palanquín, hecho de madera burda y suspendido, mediante cuerdas, de dos pértigas que descansan sobre los hombros de cuatro porteadores. Ascendimos, ascendimos y ascendimos; a veces, teníamos literalmente que arrastrarnos, gateando, ya que en muchos lugares la ladera era en extremo empinada. Nos detuvimos sólo por breve tiempo en dos hospederías a lo largo del camino. La última de éstas era una residencia estatal en la cual proyectábamos alojarnos durante la noche, a nuestro regreso de la gruta. Alrededor de las 5 de la tarde, cuando el sol comenzaba ya a descender tras las montañas, llegamos a la cueva. La luz del sol —¿o era acaso la luz de otro Poder?— anegaba la atmósfera entera, y todos los objetos, con un resplandeciente fulgor dorado.

Existen, en realidad, numerosas cuevas en esta región. Una de ellas, más abierta, ha sido labrada por la naturaleza en una roca gigante, y tal vez sea éste el mismo borde rocoso en el cual se encontraba Babaji cuando Lahiri Mahasaya se reunió con él por primera vez. Próxima a ella existe otra caverna, para entrar a la cual es necesario agazaparse y avanzar apoyándose en las manos y las rodillas; ésta es la gruta en la cual se afirma que residió Babaji. Su estructura, especialmente en el pasaje de entrada, ha sido alterada por las fuerzas naturales durante el tiempo transcurrido —más de un siglo— desde la época en que fuera ocupada por Babaji. Permanecimos sentadas en meditación en el interior de esta cueva durante largo tiempo y oramos por todos los devotos de nuestros Gurús, y por la humanidad entera. Nunca antes me pareció tan elocuente la quietud; la voz del silencio hablaba claramente de la presencia de la Divinidad. Olas de percepciones divinas se vertieron en mi conciencia, y todas las oraciones que elevé aquel día han sido respondidas.

Como recuerdo de nuestra visita y como símbolo de la reverencia y devoción que profesan todos los *chelas* de Gurudeva hacia el divino Mahavatar, dejamos en la gruta un pequeño pañuelo, con el emblema[9] de *Self-Realization* bordado en él.

Ya había caído la noche cuando iniciamos el camino de regreso. Muchos aldeanos se habían unido a nuestro peregrinaje, y algunos de ellos adoptaron la sabia precaución de llevar consigo unas lámparas de queroseno. Mientras descendíamos la montaña, de nuestro grupo se elevaban cantos de alabanza a Dios. Alrededor de las 9 de la noche, llegamos a la humilde morada de una de las autoridades de la región, que nos había acompañado hasta la gruta; se nos invitó a descansar allí durante un breve lapso. Nos sentamos al aire libre, en torno a una fogata, y se nos sirvieron papas asadas, pan negro y té. El pan se cuece en cenizas y es negro por completo. Nunca olvidaré el sabor de aquella deliciosa cena, en medio del penetrante aire nocturno del sagrado Himalaya.

Era ya medianoche cuando llegamos a la hospedería estatal en la cual nos habíamos detenido por corto tiempo en nuestro camino hacia la cueva. Allí íbamos a pasar la noche... es decir, ¡lo que restaba de ella! Mucha gente nos hizo ver posteriormente que sólo la fe pudo habernos hecho atravesar esa región de noche, ya que está atestada de peligrosas serpientes, tigres y leopardos. Por este motivo, nadie soñaría siquiera con recorrer la zona una vez caída la noche. Pero se dice que la ignorancia es bienaventuranza, y jamás se nos ocurrió abrigar temor

[9] Véase la portada de este libro. Los elementos de la insignia muestran el ojo espiritual de la intuición (situado en la frente, a nivel del entrecejo), a través del cual el ser humano puede contemplar a Dios. La silueta del emblema es una flor de loto con los pétalos abiertos, antiguo símbolo del despertar espiritual.

En profunda comunión divina, en la cueva de Mahavatar Babaji situada en la cordillera del Himalaya, cerca de Ranikhet, 1963

*«La voz del silencio hablaba claramente de la presencia de la Divinidad. Olas de percepciones divinas se vertieron en mi conciencia, y todas las oraciones que elevé aquel día han sido respondidas».*

En la aldea de Palpara, Bengala Occidental (India), 1973

*«Las fronteras desaparecen cuando nos une el amor por Dios, a quien consideramos el Padre de todos. Él debe ser el ideal común, la meta común, de toda la humanidad».*

Celebración de la fiesta espiritual de Holi; Ranchi, marzo de 1973.

*Arriba:* Maestros y estudiantes de las escuelas de YSS reciben una lluvia de polvo de colores de manos de Mataji. *Abajo:* Un niño concentrado en la ejecución del ritual coloca polvo de colores a los pies de Mataji.

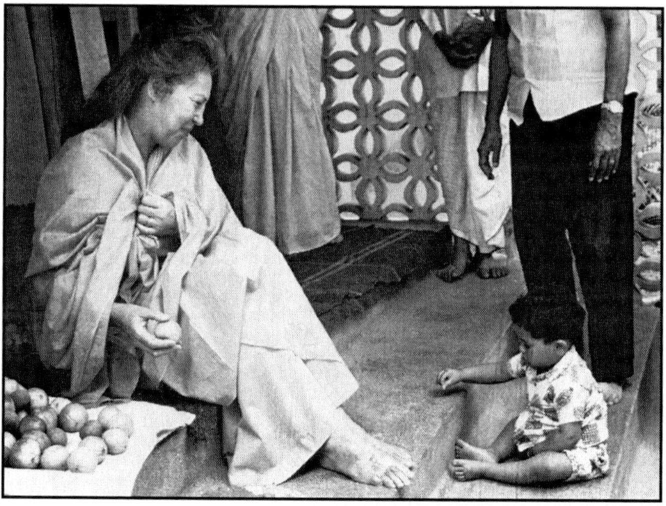

*«Cuando diriges la mirada hacia el interior, hacia Dios, percibes la más absoluta simplicidad, una divina y gozosa sencillez: así es Dios».*

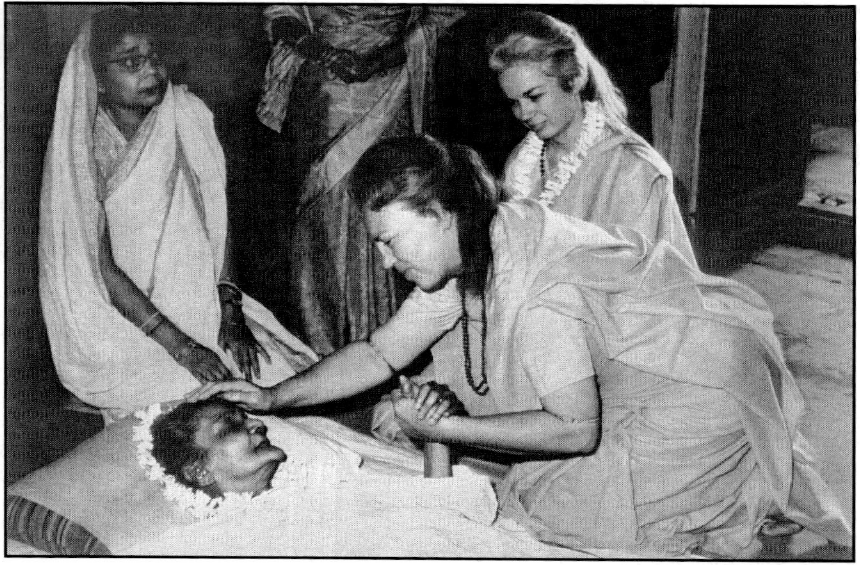

Calcuta, 1968

*«Tenemos que darnos cuenta de que no estamos solos, de que nunca lo hemos estado ni lo estaremos. Desde el principio de los tiempos, el Señor ha permanecido a nuestro lado y así será por toda la eternidad».*

alguno. Incluso si hubiésemos conocido los peligros a que nos exponíamos, estoy segura de que nos habríamos sentido protegidas. Sin embargo, ¡yo no recomendaría a nadie hacer ese viaje de noche!

A lo largo de todo el día, la experiencia que tuve con Babaji en Katgodam se mantuvo vívida en mi conciencia, así como también aquella constante sensación de estar reviviendo escenas del pasado.

### «Mi naturaleza es amor»

Aquella noche me fue imposible dormir. Mientras me encontraba sentada en meditación, la pieza entera se iluminó súbitamente con un fulgor dorado, que se convirtió luego en un azul luminoso; ¡y allí estaba, de nuevo, la presencia de nuestro bienamado Babaji! Esta vez me dijo: «Hija mía, debes comprender lo siguiente: No es necesario que ningún devoto acuda a este sitio para encontrarme. Quienquiera que se recoja en su interior con profunda devoción, llamándome y creyendo en mí, recibirá mi respuesta». Éste fue su mensaje para todos nosotros, ¡y cuán cierto es! Basta con creer en Babaji y llamarle silenciosamente, con devoción, para sentir su respuesta.

Entonces, le dije: «Babaji, mi Señor, nuestro Gurú nos enseñó que, cuando necesitemos sabiduría, deberíamos orar a Sri Yukteswarji, ya que él es todo *guiana,* todo sabiduría; y cuando deseemos experimentar *ananda* o bienaventuranza, deberíamos comulgar con Lahiri Mahasaya. ¿Cuál es tu naturaleza?». Al decir esto, sentí como si mi corazón fuese a estallar de amor; un amor tremendo, como miles de millones de amores en uno solo. Él es puro amor; su naturaleza entera es *prem* (amor divino).

Aun cuando silenciosa, no podía yo concebir una respuesta más elocuente que la anterior; sin embargo,

Babaji la tornó aún más significativa y dulce, al agregar las siguientes palabras: «Mi naturaleza es amor; pues es sólo el amor lo que puede transformar al mundo».

La presencia del gran avatar se desvaneció con lentitud en la decreciente luz azul, dejándome inmersa en un gozoso éxtasis de amor divino.

Recordé lo que me había dicho Gurudeva poco tiempo antes de abandonar su cuerpo, cuando le pregunté: «Maestro, generalmente, cuando el líder de una organización desaparece, ésta deja de prosperar y comienza a desintegrarse. ¿Cómo proseguiremos sin su presencia? ¿Qué habrá de sostenernos e inspirarnos, cuando usted ya no se encuentre en este mundo?». Jamás olvidaré su respuesta: «Cuando me haya marchado, sólo el amor podrá reemplazarme. Vivan tan embriagados del amor de Dios, noche y día, que no piensen en ninguna otra cosa. Y ofrezcan dicho amor a todos». Éste es también el mensaje de Babaji: el mensaje para esta era.

El amor a Dios, y a Dios en todos, es un mandamiento eterno que predicaron todos los gigantes espirituales que han bendecido con su presencia esta tierra. Debemos aplicar esa verdad en nuestras propias vidas. ¡Es tan esencial hacerlo en esta época en que la humanidad experimenta gran inseguridad ante el mañana, y pareciera que el odio, el egoísmo y la codicia podrían destruir este mundo! Debemos convertirnos en guerreros divinos, armados de amor, compasión y comprensión; lograrlo es una necesidad vital.

Así pues, almas amadas, he compartido esta experiencia para que sepan que Babaji vive. Él existe, y su mensaje es un eterno mensaje de amor divino. No me refiero al amor egoísta, limitado, personal y posesivo que predomina en las relaciones humanas corrientes. Me refiero al amor que Cristo ofrece a sus discípulos, al amor que Gurudeva nos prodiga: un amor divino e incondicional. Éste es el amor que *nosotros* debemos brindar a los demás. Todos clamamos por este amor. No existe siquiera uno de nosotros en esta sala que no anhele disfrutar del amor, de un poco de bondad y comprensión.

Somos el alma, y la naturaleza del alma es la perfección; por ello, nunca podremos sentirnos satisfechos con algo que no sea perfecto. Pero jamás nos será posible conocer qué es la perfección mientras no le conozcamos a Él, el Amor perfecto, nuestro Padre, Madre, Amigo y Bienamado Dios.

# El espíritu de la verdad

*Sede Internacional de Self-Realization Fellowship,*
*Los Ángeles (California), 2 de mayo de 1963*

Durante todos los años que permanecí en los *ashrams* de Paramahansa Yogananda, no recuerdo muchas ocasiones en las que el Maestro se dedicase a disertar profundamente sobre cuestiones metafísicas cuando hablaba con los discípulos residentes. Este proceder no se debía a una carencia de interés por nuestra parte ni a su falta de conocimiento. Él eludía intencionalmente tales conversaciones a fin de evitar que nos concentrásemos en el mero análisis intelectual. No deseaba que nos enfrascáramos en especulaciones filosóficas, para que no dejásemos de sentir, ante todo, un ferviente interés por conocer y experimentar a Dios.

De igual forma, entre muchos otros temas, podríamos hablar esta misma tarde sobre si las almas están siendo creadas sin cesar y, de ser así, cuántas creó Dios el día de hoy. En ocasiones, Guruji trató en sus escritos asuntos de esta naturaleza, pero no consideraba que fueran de suma importancia, pues la comprensión de tales cuestiones les llega a todos los devotos conforme progresan en su desarrollo espiritual. Hasta alcanzar esa percepción directa, el buscador de Dios debe evitar distraerse o extraviarse en disquisiciones filosóficas. Uno se puede llegar a convertir en un erudito de las enseñanzas de Paramahansaji y, a pesar de eso, ser incapaz de captar el espíritu del Maestro. El ideal al que estoy entregada es que el espíritu de Dios y del Gurú se manifieste en las vidas de los devotos que siguen este sendero. Tales discípulos constituyen el futuro de esta obra, porque aquellos que asimilen ese espíritu, sintonizándose con el Gurú por medio de la meditación, llegarán a comulgar con Dios y a comprender todas las verdades que sean necesarias. Estudia con profundidad las enseñanzas de Guruji —desde luego que sí—, pero ¡lo primero es lo primero! Tu mayor interés y esfuerzo debe ser experimentar en tu alma el Dios que te muestra Gurudeva y al que aluden sus enseñanzas.

Prefiero sentarme a los pies de alguien que esté embriagado del amor de Dios y escucharle hablar de su comunión personal con Él, que oír la más brillante disertación de filosofía teórica. En el *ashram,* nos sentiríamos vacíos e inquietos si ocupásemos el tiempo concentrándonos en áridas discusiones teóricas sobre quién es Dios y qué hace. Pero cuando escuchas a alguien hablar un poco acerca de Él, basado en su propia experiencia, y luego meditas en compañía de otros devotos hasta percibir la presencia divina, entonces experimentas satisfacción interior y creces espiritualmente.

Recuerda estas palabras: mientras albergues un deseo de algo que no sea Dios, significa que aún te encuentras luchando contra la ilusión. Si Paramahansaji advertía que algún residente del *ashram* estaba anteponiendo cualquier cosa a Dios, colocaba todo obstáculo posible en su sendero para despertarle del engaño. Y si un discípulo trataba de impresionarle con preguntas insólitas, Gurudeva sencillamente no le hacía caso. Pero cuando Paramahansaji percibía la atracción magnética del anhelo sincero de un devoto por conocer a Dios, le dedicaba horas a esa persona. No sólo le hablaba de las verdades espirituales, sino que le orientaba y fortalecía en la meditación; y si era necesario, también le disciplinaba por medio de palabras severas. Él nos instruía de este modo, pues su obligación como gurú era ayudar al discípulo a reconocer y superar la ilusión; su misión no se limitaba a incrementar el conocimiento intelectual referente a Dios, sino a conducir almas hacia Él.

**La verdad sólo se puede comprender al experimentarla**

Cuando una persona capta a fondo una verdad o ama intensamente a alguien, no puede comunicar con facilidad sus sentimientos. Por la misma razón, es muy difícil para un devoto verter en palabras una bella experiencia con Dios. Es tan divina, tan perfecta en sí misma, que no se desea hablar de ella. Los santos aseguran que cuando tal conocimiento celestial se describe con palabras, se cubre de cierta impureza. El lenguaje es un medio imperfecto y, por lo tanto, no puede expresar plenamente la perfección. Y lo mismo ocurre con la Verdad; en cuanto la Verdad o Dios se trata de transmitir tan sólo con palabras, pero no se ha experimentado, existe algo que se pierde. Un ejemplo lo tenemos en las enseñanzas de Jesucristo: sólo se interpretan correctamente cuando nace un San Francisco de Asís u otro gran amante de Cristo. Tales devotos no se preocupan mucho por las palabras, sino por el espíritu que las anima; su deseo es vivir conforme al espíritu de Cristo. Este espíritu de la verdad es lo que Paramahansa Yogananda trataba de inculcar en aquellos que venían a él para recibir instrucción.

La mayoría de las personas no buscan activamente a Dios porque no comprenden que la verdadera felicidad se halla en el Señor. El anhelo humano de fama y poder, el deseo de abundancia material o el afán de ser reconocido por los demás nacen del impulso natural del alma por expresar su potencial infinito. El alma conoce su propia naturaleza perfecta, que es divina, plena de gloria y omnipotente. Sin embargo, debido al engaño en el que se encuentra sumergido el ego, hemos olvidado la perfección de nuestro verdadero ser; sólo percibimos, pero sin comprenderlas, las sugerencias del alma que nos incitan a manifestar nuestro poder y gloria innatos.

### La forma correcta de satisfacer los deseos

No es incorrecto tener buenos deseos y nobles objetivos; el error consiste en tratar de expresarlos y satisfacerlos a través de medios finitos, porque de ese modo terminamos sumergiéndonos en la ilusión. Cuando tales inclinaciones se presenten, ora en tu interior: «Señor, sé que el origen de estos anhelos es el deseo que siente el alma de expresar su naturaleza infinita hecha a tu divina imagen. Ayúdame a contemplarme como alma y a satisfacer así mi necesidad de amor, poder y reconocimiento». Ésta es una forma maravillosa de razonar: utilizar el discernimiento para vencer la ilusión.

«Buscad primero el Reino de Dios y su justicia, y todas esas cosas se os darán por añadidura». Yo sé que es así como sucede. Hace muchos años, siendo aún una joven devota en el sendero, comprendí que Cristo había expresado en estas palabras la gran promesa divina de que si buscamos al Señor en primer lugar y sobre todas las cosas, todo lo que siempre hayamos anhelado vendrá a nosotros. Decidí comprobar o refutar esta afirmación en mi propia vida. Cada vez que una duda me asaltaba, yo renovaba mi voto interior de aprovechar las oportunidades que se me presentasen en esta encarnación para comprobar si estas palabras de la Biblia son verdaderas o falsas.

El método más sencillo para avanzar en el sendero espiritual es elegir un principio filosófico o una declaración de la verdad y tratar de incorporarla a tu vida.

Cada uno de los aquí presentes aprecia de modo especial alguna verdad particular de las Escrituras —o de las palabras de los grandes santos—, debido a la inspiración que ésta despierta en su interior. Sin embargo, no te contentes con sólo sentirte inspirado por las palabras. Esfuérzate cada día al máximo por vivir de acuerdo con esa verdad, de manera que tu inspiración se torne más profunda hasta convertirse en percepción directa.

Para el Maestro, lo más importante era la actitud del devoto, su amoroso deseo y determinación de alcanzar la experiencia directa de Dios. Eso es lo que mantiene vivas y puras las verdaderas enseñanzas espirituales. Ni todo el aprendizaje intelectual del mundo puede lograrlo, porque la intelectualización, a menudo, constituye un escollo entre la comprensión que se obtiene al escuchar o leer acerca de la Divinidad y la percepción directa de Dios. Cuando un buscador de la verdad experimenta en sí mismo el amor y la sabiduría del Señor, nadie puede quebrantar sus convicciones. «Aquel que sabe, sabe; y nadie más sabe»[1]. Lo único que tal devoto anhela es vivir la Verdad, sentir la presencia de Dios y experimentar su unidad con Él. No posee otra ambición ni afán.

Por lo tanto, encontrar a Dios, o incluso buscarle con toda sinceridad, constituye el fin de todos los deseos, porque la relación con el Señor satisface la totalidad de los anhelos. Al sentirse plenamente dichoso, el ser humano que está unido a Dios no concibe la necesidad de expresarse como un ego separado de Él. Sólo se halla interesado en hacer la voluntad de Dios, en compartir su divina presencia con los demás y en despertar dentro de ellos el interés, no en su propia persona, sino en la

[1] Verso citado del libro *Cosmic Chants* [Cantos Cósmicos], de Paramahansa Yogananda.

Divinidad. Su mayor alegría consiste en conducir a otras almas hacia el único Amado a quien él adora.

Aquellos que mediten con profundidad, que practiquen *Kriya Yoga* fielmente y que logren la percepción directa de Dios serán la fuerza que sostendrá a *Self-Realization Fellowship.* Dios estableció en el éter el plan para esta obra; fue fundada a instancias de Él[2], y el amor y la voluntad del Señor la guiarán y la harán perdurar. No tengo la menor duda de ello. La práctica del *Kriya* le ofrecerá la prueba de la Verdad a cada generación de discípulos de Paramahansa Yogananda.

[2] Paramahansa Yogananda describió en *Autobiografía de un yogui* los singulares acontecimientos que condujeron a la fundación de *Self-Realization Fellowship (Yogoda Satsanga Society of India)* con la finalidad de difundir el *Kriya Yoga* en el mundo.

# ¿Tienen karma los avatares?

*Sede Internacional de Self-Realization Fellowship,*
*Los Ángeles (California), 17 de agosto de 1965*

Durante la charla, Sri Daya Mata respondió a las siguientes preguntas: ¿Es el sufrimiento que experimentan los seres liberados el resultado de algún mal karma pasado? ¿Originan algún karma sus acciones en esta vida?

El resultado conjunto de las acciones acertadas o equivocadas que hayamos realizado constituye nuestro karma. La ley del karma (acción) es la ley de causa y efecto: lo que se siembra se cosecha; las acciones buenas producen resultados beneficiosos en nuestra vida, mientras que las malas producen resultados negativos y sufrimiento. Toda la humanidad está sujeta a la ley del karma, a excepción de aquellas raras almas que, habiendo alcanzado la unidad con Dios, se han elevado por encima de dicha ley. Las almas como Jesús y Krishna sin duda sufren en la tierra, pero pensar que esto se debe a sus actos errados es llevar la lógica a una conclusión absurda. Siguiendo semejante línea de razonamiento, tendríamos que inferir que el Señor tiene muy mal karma, pues ha creado una humanidad sufriente. Y si somos chispas individualizadas de Dios, como afirman las escrituras, nuestro sufrimiento sería el resultado de las acciones equivocadas del Señor y, por lo tanto, es Él quien sufriría a través de nosotros. Pero es ilógico pensar que la ley del karma pueda aplicarse a Dios o a aquellos que, habiéndose unido a Él, han trascendido así el dominio de las leyes divinas. La víbora posee veneno en sus colmillos, pero éste jamás le produce la muerte. El Infinito lleva en sí mismo la ley de la dualidad, el veneno de *maya*, pero es invulnerable a él. De igual modo, aquel que es uno con Dios no se ve afectado por *maya*. Sólo quienes están sujetos a la ley de la dualidad sufren las consecuencias del veneno de ésta. Incluso los grandes santos pueden tener algún vestigio de karma que expiar. No obstante, cuando un alma regresa a la tierra después de haberse liberado, se encuentra más allá de todos los imperativos kármicos. Haga lo que haga, esa alma posee un dominio total sobre sí misma y sobre los resultados de sus acciones.

### Los maestros pueden asumir una actitud severa sin sentirse irritados

Sería incorrecto afirmar, por ejemplo, que Gurudeva Paramahansa Yogananda era capaz de irritarse; yo jamás le vi enojado. Y sin embargo, él podía asumir una actitud severa si lo consideraba necesario. Cuando se domina un determinado instrumento, es posible hacer uso de él en forma eficaz, de acuerdo con el propósito para el cual está destinado. Pero si se carece de control sobre dicho instrumento, puede que se emplee de manera errada. Dios ha dotado al hombre del poder de hablar y actuar con ardor. Cristo mismo demostró este poder, cuando expulsó con vehemencia a los mercaderes del templo[1]. Él no se dirigió a ellos dócilmente, diciéndoles: «Hijos míos, es incorrecto lo que están haciendo; por favor, lleven sus mercancías fuera del templo», sino que volcó las mesas y soltó las palomas que se ofrecían a la venta. Del mismo modo, todos los maestros —aquellos que son amos de sí mismos— pueden manifestar a veces una actitud en

[1] *San Mateo* 21:12.

apariencia iracunda, pero siempre poseen pleno control sobre ella. Toda persona que tenga propensión a la ira, y sea incapaz de controlarla, debería aprender a conquistar esta emoción, pues en caso contrario sufrirá las consecuencias kármicas.

Paramahansaji nos contó que en cierta ocasión, siendo adolescente, se indignó con un muchacho pendenciero que solía molestar a los niños más pequeños. Tras pelear con ese bravucón y vencerle, juró que jamás volvería a mostrarse irascible. Sin embargo, ni siquiera esa ira fue un enojo común. Cuando una gran alma nace en este mundo, al comienzo se expresa a través del cuerpo y la mentalidad de un niño, experimentando algunas de las limitaciones infantiles. No obstante, oculta en su interior —al igual que la flor lo está en la semilla— yace la esencial divinidad de su naturaleza; esa pauta de excelsitud se encuentra ya allí. Así pues, aun cuando Gurudeva manifestó la ira propia de un niño, semejante ira estaba gobernada por una sabiduría subconsciente, ya que la había motivado una causa justa.

El hecho de que Paramahansaji estuviese consciente mientras se encontraba en el vientre de su madre demuestra que él no era un ser común. Tras haber alcanzado la unidad con Dios muchas encarnaciones atrás, retornó a esta vida como un maestro. Sin embargo, era tan humilde que no solía hablar de sí mismo ante el público; jamás declaraba su grandeza. Así actúan quienes son verdaderamente grandes; dotados de una humildad perfecta, nunca piensan en su propia eminencia. Así también es la Divinidad; jamás habla de su incomparable grandeza, ni siquiera a los santos. No obstante, al contemplar la naturaleza, podemos apreciar dicha cualidad divina: la inteligencia y hermosura de Dios se manifiesta como poder en el océano, majestuosidad en las montañas y omnisciencia en las leyes que gobiernan el universo; en todo ello encontramos la callada sublimidad de Dios.

De modo similar, la verdadera nobleza humana es una cualidad de la que no hablan quienes la poseen. Así ocurre con todos los grandes maestros; así sucedía también con Gurudeva.

### Al igual que los actores representan un papel, los avatares adoptan un nombre y una forma

No obstante, para manifestarse con forma humana en la tierra, incluso un maestro debe asumir sobre sí un cierto grado de ilusión, pues de otro modo los átomos mismos de su cuerpo no podrían permanecer unidos; pero esto no es karma. Jesús se refería a esa ilusión que es consustancial a toda forma manifestada, cuando tras salir del sepulcro, después de la crucifixión, le dijo a María Magdalena: «Deja de tocarme, que todavía no he subido al Padre»[2]. Al descender al mundo de la dualidad y adoptar una forma humana, cualquier alma —incluso un Cristo— debe aceptar ciertas limitaciones. Pero la sujeción a las compulsiones kármicas no constituye una de tales limitaciones. Semejante alma permanece siempre más allá del karma.

En la tradición espiritual de la India, existen innumerables historias, verdaderas y mitológicas, cuyo propósito es ilustrar —y de ese modo simplificar— profundas verdades metafísicas. Como ejemplo, consideremos una leyenda que se cuenta acerca del Señor Krishna. En cierta ocasión, caminaba él junto con uno de sus devotos, por los campos de un villorrio de la India, cuando observó a una puerca amamantando a sus cerditos. La mamá cerda gruñía de tanto en tanto, hablando a sus pequeñuelos,

[2] *San Juan* 20:17.

y éstos chillaban alegremente. El Señor Krishna vio en esta escena una hermosa expresión del amor maternal, y le dijo a su discípulo: «Voy a entrar en el cuerpo de la puerca y disfrutaré de esa experiencia durante algún tiempo». La figura de Krishna desapareció, y su identidad se desvaneció en la mamá cerda.

La mayoría de la gente no siente mucha atracción por los cerdos; sin embargo, cuando yo era niña, solía visitar cada verano la granja de mi abuela y consideraba que no existía nada más hermoso o dulce que los pequeños y rosados cerditos. Eran adorables, muy limpios y afectuosos. Yo acostumbraba a llevarlos al prado delantero de la casa y jugar con ellos durante horas. Por eso, cuando escuché por primera vez este relato, pude comprender y apreciar los sentimientos de Krishna.

Transcurridos algunos meses, el discípulo comenzó a preocuparse por el Señor Krishna y, preguntándose por qué no habría regresado aún, acudió al campo donde le había dejado. Y allí encontró a la cerda, gozosamente rodeada de sus marranitos.

—Krishna, mi Señor, ¿qué haces? Tú dijiste que saldrías de ese cuerpo al cabo de un tiempo.

—¡Oh, ésta es una experiencia tan dulce! ¡No deseo marcharme! —respondió Krishna.

—¡Mi Señor, tú eres Krishna! ¡No puedes permanecer confinado así! ¡Regresa!

—Tienes razón —asintió Krishna—. Toma una lanza y clávala en este cuerpo.

Cuando el discípulo obedeció, la figura de Krishna surgió inalterada del cuerpo del animal, sin haber sido mancillada por aquella experiencia.

De igual manera, Cristo y los maestros no poseen karma, ni se ven afectados más que momentánea y superficialmente por las limitaciones que hayan asumido.

Es sólo al adquirir una forma corporal cuando se dejan limitar temporalmente por ella. Dios carece de forma; Él no es un anciano de barba blanca que permanece sentado en un trono en algún lugar del cielo. Él es Espíritu ilimitado, sin confines. Cuando asume temporalmente una cierta forma, es sólo la forma la que se halla limitada.

Así pues, los grandes seres no tienen karma; ellos vienen a la tierra únicamente para desempeñar un determinado papel. Jesucristo permaneció confinado por su cuerpo durante un tiempo, pero, con el advenimiento de su crucifixión, él supo cuál era el papel que estaba destinado a representar, de acuerdo con la voluntad del Infinito: demostrar la inmortalidad del alma. Por eso afirmó: «Destruid este santuario y en tres días lo levantaré»[3]. Él tenía ese poder. Pero sería falso declarar que Cristo no sufrió. ¡Por supuesto que sufrió! Él moraba en aquel cuerpo y experimentó verdadero dolor cuando le flagelaron, así como cuando atravesaron su carne con los clavos, la corona de espinas y la lanza. Él conoció el dolor, pues de otro modo no hubiera exclamado: «¡Dios mío, Dios mío!, ¿por qué me has abandonado?»[4]. Sin embargo, en el instante siguiente, conquistó la ilusión de estar limitado. Este hecho despierta en nosotros la esperanza de que todos podemos también vencer esa ilusión, si perseveramos en nuestros esfuerzos.

### La verdadera fortaleza proviene de nuestra entrega a Dios

Según cierto refrán, aquello de lo cual no podemos sanar lo debemos sobrellevar. Es preciso que incrementemos un poco más nuestra capacidad de resistencia en este mundo. No seamos tan débiles, quejumbrosos

[3] *San Juan* 2:19.

[4] *San Mateo* 27:46.

y propensos al llanto, ni permitamos que nos invada el sentimiento de que no hay esperanza en la vida. Mientras haya vida habrá esperanza. En nuestro interior, jamás tenemos que darnos por vencidos, ¡jamás! En lugar de dejarnos derrotar, debemos arrojarnos mentalmente a los pies de Aquel que es nuestra fortaleza, nuestro poder, nuestro amor y nuestro gozo. La verdadera fortaleza proviene de semejante entrega. Ésta es difícil de lograr; si fuese fácil, todos la conseguirían. Pero es muy difícil renunciar a este pequeño yo. Estamos en la tierra para aprender esa lección.

Lo que le aconteció a Cristo les sucede también a todas las grandes almas. Una vez que han completado su misión en la tierra, deben desechar de sí nuevamente toda conciencia de forma. Y ante la proximidad de la muerte, incluso los más grandes seres experimentan un súbito sobresalto. Lahiri Mahasaya se estremeció al recibir el siguiente mensaje de Babaji: «Dile a Lahiri que el poder almacenado para esta vida se está agotando, casi está terminado»[5]. Algo semejante le sucedió a Sri Yukteswar cuando llegó su tiempo de abandonar el cuerpo. Tal es la magnitud del poder de la ilusión. Este momentáneo temor no disminuye en absoluto la grandeza de esas divinas almas.

### Tarde o temprano Dios satisface todos los deseos

Así como las almas liberadas no están sujetas al karma, tampoco están ligadas a sus deseos. Cuando Lahiri Mahasaya recibió la iniciación en *Kriya Yoga,* Babaji creó para él un palacio de oro, con el fin de satisfacer un deseo olvidado que su *chela* había abrigado

[5] *Autobiografía de un yogui,* capítulo 36.

largo tiempo atrás[6]. No obstante, Lahiri Mahasaya era un avatar, y semejantes deseos no constituían para él ninguna atadura. Los sabios de la India afirman que se requieren ocho millones de vidas para evolucionar hasta adquirir un cuerpo humano y que ya hemos pasado con una forma humana a través de innumerables encarnaciones. A lo largo de todas esas vidas hemos cobijado millones, tal vez trillones, de deseos, algunos centrados en cosas triviales, como un helado. Cuando finalmente encontramos a Dios, todo cuanto hayamos ansiado —incluso el deseo más ínfimo— será sacado a la luz y satisfecho en algún momento por el Infinito. Sin embargo, se supone que para encontrar a Dios uno ha de abandonar todo deseo, excepto el deseo de hallarle. ¿Es esto renunciación? ¡No renuncias a nada! Sólo renuncias a *la ocasión* en la cual tu anhelo será satisfecho. Pues, mientras exista en ti incluso el más mínimo deseo de algo, dicho deseo deberá ser satisfecho, ya sea desvaneciéndolo, neutralizándolo o cumpliéndolo. La renunciación significa simplemente decir: «¡Oh Señor, sólo te deseo a Ti! Así pues, hazte cargo de mí. Esta alma, este "yo", te pertenece: en adelante, sólo a Ti te concierne. Únicamente Tú constituyes mi mayor deseo».

Mucho tiempo atrás, en alguna de sus vidas pasadas, Lahiri Mahasaya debió de haber experimentado el deseo de tener un palacio. Dicho deseo no representó para él un obstáculo en su realización espiritual, pues había alcanzado ya tal realización y sus deseos pasados se hallaban neutralizados. Es como si me contases que en tu infancia solías disfrutar de los helados, y entonces, para complacerte, yo dispusiera que te sirviesen un helado. Tú no tienes necesidad alguna de él, ya que has superado

[6] Véase el capítulo 34 de *Autobiografía de un yogui.*

dicho deseo hace mucho tiempo, y yo comprendo que éste no es, ni ha sido jamás, un placer sin el cual te fuese imposible continuar viviendo.

Así por ejemplo, antes de que viniese yo a residir a la sede central de Mount Washington, cada vez que Gurudeva daba una conferencia en Salt Lake City, yo tenía el privilegio de acompañarle con sus ayudantes a su habitación del hotel. Él solía entonces descansar y conversaba informalmente con nosotros acerca de sus clases o de otros temas espirituales. Y antes de que regresara yo a casa, él siempre encargaba helados con salsa de chocolate. En cierta ocasión, le había dicho que me encantaba ese tipo de helado. Y desde entonces, durante los tres meses que estuvo él en Salt Lake City, todas las noches nos sirvieron helados con salsa de chocolate.

Alrededor de diez años más tarde, cuando Gurudeva visitó nuevamente esa ciudad, yo me encontraba en su comitiva. Nos hospedamos todos en el mismo hotel en el cual él había dictado sus conferencias anteriormente. Y aquella primera noche, al reunirnos en su habitación, descubrimos que había encargado helados con salsa de chocolate. Él me dirigió una mirada que parecía decir: «Esto es para ti». Nuestro Gurú sabía que la satisfacción de aquel deseo ya no era esencial, y su gesto constituía simplemente una expresión de afecto: ofrecerme algo que en el pasado había significado mucho para mí.

Asimismo, la creación de un palacio fue para Babaji su modo de decirle a Lahiri Mahasaya: «Puesto que en cierta ocasión, hace ya mucho tiempo, anhelaste un palacio, es mi deseo obsequiártelo». Ésta no constituía en forma alguna una condición que debía cumplirse antes de que Lahiri Mahasaya pudiese alcanzar la liberación, dado que él ya la había alcanzado. ¿Qué podría significar un palacio para alguien que se encontraba en semejante estado de conciencia? En mi estado de conciencia no significa nada; así pues, ¿cómo podría significar algo para un ser de la estatura de Lahiri Mahasaya?

¡La Verdad es tan interesante, tan fascinante! Podemos continuar hablando de ella sin cesar. No obstante, en última instancia, la verdad más elevada consiste en aprender a amar al Único Ser. En dicho amor alcanzamos la unidad con el Ser Infinito, y entonces desaparecen definitivamente los deseos, las limitaciones, los interrogantes. Por eso Gurudeva nos enseñó que, sobre todo, deberíamos enamorarnos de Dios.

# Nuestra unidad en Dios

*Extracto de la charla inaugural de la Convención de Self-Realization Fellowship de 1975, Los Ángeles (California), 25 de julio*

¡Qué grato es ver a tantos devotos provenientes de todo el mundo, reunidos aquí, en este día tan especial![1] Estas convenciones se llevan a cabo cada cinco años, y muchos de ustedes estuvieron presentes en la que se celebró en 1970 para conmemorar el cincuentenario de la fundación de la obra de Gurudeva Paramahansa Yogananda en Occidente. Ahora celebramos el quincuagésimo quinto aniversario.

Los próximos diez días serán de gran actividad; y, por supuesto, oramos y deseamos fervorosamente que resulten muy inspiradores para todos. Como sabemos, la búsqueda de Dios es una cuestión personal. Ningún ser humano es capaz de brindarnos a Dios, al igual que nadie puede beber por nosotros cuando estamos sedientos. Guruji solía decir que, si tenemos sed, el leer o escuchar un elocuente discurso sobre el agua no nos satisfará. Sólo cuando acudimos a la fuente y saciamos la sed con sus frescas y revitalizantes aguas, se mitiga por completo esa necesidad. De la misma forma, podríamos

[1] El 25 de julio se celebra en *Self-Realization Fellowship/Yogoda Satsanga Society of India* el día de Mahavatar Babaji, en el cual se conmemora el aniversario del encuentro de Paramahansa Yogananda con el Mahavatar. En *Autobiografía de un yogui,* de Paramahansa Yogananda, se relata este insólito acontecimiento y se ofrece abundante información sobre la vida de Babaji.

hablar de Dios durante siglos y leer infinitos sermones acerca de Él, pero eso nunca lograría calmar la aridez interior de nuestras almas. Sólo una cosa puede satisfacer ese anhelo y nuestras necesidades: percibir el amor de Dios. Por ello, iniciamos la Convención con este pensamiento como nuestra meta suprema.

*Self-Realization Fellowship* ha destinado la fecha de hoy para rendir un homenaje anual a Mahavatar Babaji. Por lo tanto, es apropiado, en esta ocasión, hacer referencia a su misión en el mundo. Fue Babaji quien escogió a Guruji, hace muchos años en la India, y le envió a Occidente con un mensaje de trascendental importancia para la humanidad que, aunque es tan antiguo como el tiempo, continúa siendo nuevo y conmovedor. La verdad es eterna; no pertenece a ninguna época, grupo de personas, nacionalidad u organización religiosa, sino a todos los seres humanos. Es la verdad inmortal —cultivada en la India— la que Babaji deseó que se difundiera por todo el mundo cuando, con gran sabiduría, eligió para semejante tarea a su amado Yogananda, cuya vida era un prístino reflejo de la Divinidad. Y así fue como Paramahansa Yogananda nos trajo las grandiosas enseñanzas de *Self-Realization* y la técnica de *Kriya Yoga,* la cual constituye un presente único de Babaji para el mundo. Éste es el llamado de Paramahansaji a la humanidad: «Hijos míos, existe un Dios. Aun cuando hayan leído las diferentes escrituras de todas las religiones, donde se encuentran registradas las experiencias divinas de la comunión con el Señor, eso no es suficiente. Han de hacer suya la verdad, y *Kriya* es el medio para lograrlo».

Fue en la India donde se descubrieron las técnicas de meditación y concentración para alcanzar a Dios. Y ahora, tal como Guruji lo predijo en 1934, la ciencia de la meditación para comulgar con la Divinidad, originaria de ese país, se está extendiendo por el mundo occidental.

En la India se relata un cuento que muestra que ninguna persona posee el monopolio de la verdad. Seis niños, ciegos de nacimiento, estaban bañando al elefante de su padre. Uno de ellos se ocupaba de la cola, y su conclusión fue que el elefante era como una cuerda. El que enjabonaba las patas lo describió como un conjunto de cuatro pilares. El tercer niño, que enjuagaba las orejas, dijo: «Ambos están equivocados; el elefante es semejante a dos abanicos que se mueven hacia delante y hacia atrás». Otro señaló: «¡No! El elefante es como un enorme muro». Éste último aseaba, en ese momento, los costados del animal. Al quinto hijo le correspondió limpiar los colmillos del elefante, y estaba convencido de que éste se asemejaba a un par de huesos. Finalmente, el último de los jóvenes ciegos —que se había dedicado a lavar la trompa— aseguró: «Debo decirles que todos se hallan en un error; el elefante es como una pesada serpiente».

La discusión continuaba, pues cada uno de los muchachos estaba convencido de conocer la verdadera forma del paquidermo. El padre vio que sus hijos discutían e inquirió cuál era la razón. Después de explicarle el motivo de la disputa, le preguntaron: «¿Quién de nosotros está en lo correcto?». El padre les respondió: «Bueno, mis queridos hijos, ¡todos están en lo correcto y, a la vez, equivocados! Miren, el elefante no es como ninguna de las formas que describieron, sino como el conjunto de todas. No han considerado que cada una de ellas es sólo una parte del animal».

Lo mismo ocurre con la verdad. Ninguna religión posee el monopolio sobre ella; todas contienen algo de la verdad absoluta. Cuando trascendemos las barreras de las creencias sectarias y nos sentamos en calma para meditar y agitar el éter con este pensamiento: «Mi Dios, mi Dios, mi Dios, revélate, revélate», y en silencio nos sumergimos cada vez más en el pozo de la inspiración y la verdad que se halla oculto en el alma, empezamos a descubrir la verdadera naturaleza de Dios. Y entonces, de una manera espontánea, le glorificamos en todas las religiones y veneramos a todo maestro sincero; comprendemos que nuestro Dios pertenece a la humanidad entera y que las múltiples expresiones de la verdad son una parte del todo. Por medio de esta percepción, logramos también comprender de manera más profunda a nuestros semejantes.

**La hermandad de los seres humanos y la paternidad de Dios**

Leeré una profecía que Gurudeva hizo, en este mismo lugar[2], en 1937: «Afrontamos un mundo nuevo [...] y debemos amoldarnos a los cambios que se están produciendo. Es absolutamente necesario para la nueva generación el reconocer la divinidad de todos los seres humanos y erradicar cualquier barrera que nos separe. No puedo concebir a Jesucristo, al Señor Krishna o a los *rishis* de la antigüedad refiriéndose a las personas como "cristianos", "hindúes", "judíos", etc. Sí los imagino, sin embargo, dirigiéndose al prójimo como "mi hermano". No se erigirá un nuevo orden basado en el desprecio hacia otras razas ni en la obsesión de ser un "pueblo elegido"; por el contrario, se basará en el reconocimiento de la divinidad de cada ser humano que habita la superficie de

[2] Se refiere al auditorio de la Iglesia Metodista Unida, situada en el centro de la ciudad de Los Ángeles. Paramahansa Yogananda habló en dicho recinto el 25 de febrero de 1937, con motivo de una conferencia de líderes religiosos. Para su Convención de 1975, *Self-Realization Fellowship* reservó este espacioso auditorio con la finalidad de llevar a cabo una serie de actividades especiales.

la Tierra y en el reconocimiento de la paternidad de Dios, que acoge en su seno a toda la humanidad por igual».

Guruji solía decir que si se reunieran Jesucristo, Bhagavan Krishna, el Señor Buda y los demás seres que han comulgado con Dios, no existiría ninguna disputa entre ellos, porque todos beben de la misma fuente de la Verdad. Han alcanzado la unidad con Dios, y Él se manifiesta en todos. El motivo de las divisiones es el fanatismo, la errónea exaltación propia de discípulos de mentalidad estrecha. Tenemos que desterrar la intolerancia si queremos ser verdaderos discípulos de los grandes maestros. Es preciso respetar todas las religiones y amar a todos los seres humanos, ya sean negros, amarillos, cobrizos, blancos o morenos. Es insensato juzgar a un hombre por su color. La electricidad puede circular a través de una bombilla roja, verde, amarilla o azul, pero ¿podría decirse que la electricidad es diferente en cada una de ellas? ¡No! De modo semejante, Dios resplandece por igual —como alma inmortal— en todas las «bombillas» humanas. El color de la piel no importa. Es menester desterrar esta clase de prejuicios. Dios desea que elijamos las cualidades y los ideales más elevados de todos los pueblos y que los incorporemos a nuestra vida.

### Donde dos o tres se hallen reunidos

Para concluir, compartiré algunos pensamientos de Gurudeva: «Debemos establecer grupos y centros de meditación en todo el mundo. Pero no me interesan las colmenas de los templos y centros en los que esté ausente la miel de la percepción de Dios; la colmena de la organización tiene que estar llena de la dulce presencia del Señor».

La forma de llenar la colmena de la organización con la miel de Dios consiste en practicar la meditación colectiva. Cuando llegué al *ashram* por primera vez, Gurudeva me dijo: «Reúne a dos o tres devotos en torno a ti y medita». Lo mismo solía decirle su gurú. Hoy en día, tal como deseaba Gurudeva, veo que los devotos provenientes de todas partes del mundo se reúnen en pequeños grupos para meditar y buscar a Dios, no para debatir temas filosóficos ni movidos por el interés personal de ser instructores. Incluso si son pocos los que se juntan para meditar, cada uno de ellos refuerza en los demás su deseo de alcanzar la Divinidad.

Gurudeva dijo: «Los maestros de la India afirman que el propósito de la religión no es crear determinadas doctrinas que deben ser seguidas ciegamente, sino señalar a la humanidad el eterno método a través del cual puede alcanzar la felicidad perdurable. Así como el hombre de negocios procura aliviar el sufrimiento de otros satisfaciendo algunas de sus necesidades; así como todo hombre es utilizado por Dios como agente para realizar algún bien en la tierra; así también, almas como Cristo, Krishna, Buda —todos los grandes maestros— vienen al mundo con el fin de conferir a la humanidad el bien supremo: el conocimiento de la senda que conduce a la bienaventuranza eterna, unido al sublime ejemplo de sus vidas, como inspiración para seguir dicha senda. Algún día tendrás que abandonar este cuerpo. No importa cuán poderoso seas, tu cuerpo finalmente deberá ser sepultado bajo la tierra. No hay tiempo que perder. Los métodos del yoga enseñados por mi bienamado Cristo y mi bienamado Krishna desvanecen el sufrimiento, despertando en ti la realización del Ser y la realización de Dios»[3].

[3] Citado del capítulo «Cristo y Krishna: avatares de la verdad única» que se encuentra en el libro *La búsqueda eterna*, de Paramahansa Yogananda.

[Daya Mataji invoca la bendición de Dios para todos los asistentes, hablando en el idioma de algunos de los veintiocho países allí representados, y concluye con las siguientes palabras:]

¡La Madre Divina no me bendijo con la habilidad de dominar muchos idiomas! Pero les hablo en el lenguaje universal de mi alma: ofrezco a todos la amistad y el amor divinos de mi corazón. El amor que siento por mi bienamado Dios, lo experimento por cada uno de ustedes, a quienes considero como mis seres queridos que se dirigen hacia la única meta suprema: sólo Dios. Que el Señor los bendiga.

# La única respuesta a la vida

*Encuentro espiritual indo-estadounidense patrocinado por el Centro Cultural del Gobierno de la India, San Francisco (California), 23 de marzo de 1975*

Me complace venir aquí esta noche como participante del gran proyecto para el que ha sido convocado este congreso: la integración del pensamiento religioso.

A finales del siglo XIX, llegó a Estados Unidos un gigante espiritual, Swami Vivekananda. Él introdujo en este país el mensaje inmortal de la religión eterna de la India, al sembrar las semillas del *Sanatana Dharma*. Algunas décadas más tarde, otro maestro iluminado, Paramahansa Yogananda, fue enviado por su gurú para pronunciar una conferencia en el Congreso de Religiosos Liberales, celebrado en Boston; y también él plantó las semillas de la religión imperecedera de la India[1].

A la edad de diecisiete años, tuve el privilegio de empezar mi instrucción a los pies de Paramahansa Yogananda, recibir su disciplina y tomar nota por escrito de sus palabras. En 1934, él afirmó en público: «Llegará el día, después de que yo haya abandonado esta forma física, en que surgirá una gran avalancha de fervor espiritual e interés por Dios. El mensaje de la India —líder espiritual del mundo— se difundirá por toda la tierra». Estas palabras han resonado en mis oídos en numerosas ocasiones, porque compruebo que se están cumpliendo

[1] Paramahansa Yogananda fue el primer misionero de la religión de la India que vivió e impartió sus enseñanzas durante más de treinta años en Estados Unidos.

en la actualidad. Podemos constatar que, más que en cualquier otra época, existe hoy un anhelo de unidad y un deseo de encontrar la respuesta a todas aquellas dudas que atormentan a los seres humanos, sea cual fuere el color de su piel o el lugar donde nacieran.

Hemos llegado a una nueva era en la cual es imprescindible la unión de los seres humanos. Ninguna guerra salvará a la humanidad. Reparemos en las palabras que Cristo pronunció hace dos mil años: «Si usas la espada, por la espada perecerás»[2]. ¡Con cuánta amargura lo hemos pagado en ésta época! Ahora nos enfrentamos a lo que parece ser un futuro incierto.

Existe un gran desconcierto entre los jóvenes de todo el mundo. En los viajes que realicé hace dos años por los países europeos y más tarde por Afganistán, pude observar la inquietud de los adolescentes. Se les veía buscando algo, confusos, insatisfechos con lo que la vida les había deparado y con los ejemplos que se mostraban ante ellos. Prevalece el descontento en las comunidades, el descontento en las naciones y el descontento en todo el mundo.

Sólo hay una respuesta que revele cuál es el sentido de la vida y el propósito del ser humano. Si es verdad que las personas están hechas a imagen de Dios —como lo han proclamado los profetas de todas las religiones—, de ello se deduce que dicha imagen se encuentra en nuestro interior. De nosotros depende hacer un esfuerzo supremo por manifestar esa bondad, pureza y magnificencia que permanecen ocultas en el corazón del ser humano.

Tanto el *Bhagavad Guita* como las escrituras cristianas señalan que el propósito de la vida del ser humano es conocer a Dios, amarle y servirle a través de la humanidad.

[2] «Le dijo entonces Jesús: "Vuelve tu espada a su sitio, porque todos los que empuñen espada perecerán a espada"» (*San Mateo* 26:52).

Este mensaje, al ser una verdad eterna, es tan importante hoy día como cuando se enunció hace milenios por los gigantes espirituales.

Si examinamos nuestro ser interior, advertiremos que hemos llegado a un punto en la vida en el que sentimos un ansia, un anhelo, una necesidad de un tipo de amor que nos colme de satisfacción plena; también buscamos una total seguridad que nada en este mundo es capaz de ofrecernos —ni el dinero, ni la salud, ni el más vasto conocimiento intelectual—. Esta situación nos conduce entonces al mensaje del *Guita:* la meditación aunada a la actividad correcta es el camino hacia la verdad, el sendero de regreso a Dios, la Fuente de aquello que buscamos.

En todas las religiones —aunque el método pueda recibir diferentes nombres—, al discípulo se le instruye en la práctica del silencio espiritual o meditación. El cristianismo enseña: «Ora sin cesar»[3]. Hoy día, más que en cualquier época del pasado de la que tengamos memoria, se puede encontrar en las universidades, en las Naciones Unidas y en muchas instituciones importantes un espacio reducido y tranquilo donde uno tiene la posibilidad de sentarse en silencio para conversar con Dios en el lenguaje de su corazón. Esta forma de comunión la practican millones de almas sinceras.

Hemos sido colocados en la tierra a fin de que pudiésemos aprender a conocer a Aquel que nos creó. Somos sus hijos. ¿No es extraño que utilicemos todo lo que Él nos ha prodigado y, sin embargo, nos olvidemos del Único Ser que nos ha acompañado a través de innumerables encarnaciones pasadas y que seguirá a nuestro lado en las que todavía habrán de venir? La inteligencia,

[3] «Orad constantemente» (*I Tesalonicenses* 5:17).

el amor, el libre albedrío, todo aquello que expresamos a diario en la vida proviene de un solo Poder: Dios. Pero aunque usamos todos los dones que proceden del Señor, nos olvidamos de Él.

¿En qué consiste la «actividad correcta» tal como se expone en el *Guita*? Significa adherirse —primero, en pensamiento; después, en palabra y obra— a aquellos principios que aportan el bien. Todas las religiones enseñan el deber de esforzarse por ser veraz. Todas enseñan que es preciso vivir conforme a los ideales de hermandad. Hay que poner en práctica la honradez, la pureza y los principios morales más elevados: ninguna religión enseña lo contrario. Pero la humanidad ha olvidado casi todos estos principios. Ésta es la causa del terrible caos en el que nos encontramos en la actualidad.

Mis deberes me exigen viajar periódicamente alrededor del mundo. En mis giras, compruebo, cada vez más, que muchas almas semejantes a las de todos los aquí presentes, y en especial los jóvenes, están demostrando un profundo interés por comprender el significado de la vida, por conocer la verdad y, sobre todo, por adoptar la religión eterna de la India, el *Sanatana Dharma*. Esa «religión» me atrajo hace muchos años, cuando yo era una joven buscadora espiritual, porque yo albergaba la noción de que no era suficiente con escuchar magníficos discursos sobre Dios o leer acerca de Él. Al observar a los diferentes instructores que visitaba, no podía dejar de pensar: «Sí, pero ¿amas a Dios? Porque yo busco a alguien que inspire en mí esa clase de amor que inflame mi alma de tal manera que no me permita pensar en otra cosa que no sea Dios, y que pueda dedicarme a servir a Dios y, a través de Él, servir a mis hermanos en el mundo entero». Ese alguien lo encontré en un prominente emisario de la India, mi gurudeva, Paramahansa Yogananda.

Es un bendito privilegio el tener la oportunidad de reunirme con almas como ustedes para conversar de esta religión inmortal procedente de la India. Con las siguientes palabras de Paramahansaji, me gustaría resumir lo que es la vida, y cómo nosotros, siendo hijos de Dios, podemos llegar a conocerle y alcanzar la más dulce e íntima relación con Él.

[Daya Mata concluyó su charla leyendo un poema de Paramahansa Yogananda:]

¡DIOS! ¡DIOS! ¡DIOS!

Desde las profundidades del sueño,
al ascender la escalera espiral
del despertar, susurro:
¡Dios! ¡Dios! ¡Dios!

Tú eres el alimento, y cuando
gusto tu Ser, rompiendo el ayuno
de nuestra nocturna separación,
mentalmente canto:
¡Dios! ¡Dios! ¡Dios!

No importa adónde vaya, el foco de mi mente
se vuelve eternamente hacia Ti.
Y en el fragor del campo de batalla de la actividad,
mi silente grito de guerra es siempre:
¡Dios! ¡Dios! ¡Dios!

Cuando la salvaje tempestad de las tribulaciones
resuena, cuando las preocupaciones aúllan
ante mí, ahogo su clamor, cantando en alta voz:
¡Dios! ¡Dios! ¡Dios!

Cuando mi mente borda ensueños
con los hilos de los recuerdos,
en aquella mágica tela, un nombre imprimo:
¡Dios! ¡Dios! ¡Dios!

Cada noche, en el más profundo dormir,
mi paz, soñando, clama: ¡Gozo! ¡Gozo! ¡Gozo!
Y mi gozo asoma, cantando eternamente:
¡Dios! ¡Dios! ¡Dios!

Al despertar, al comer, al trabajar, al dormir, al soñar,
al servir, al meditar, al cantar, al amar divinamente,
por siempre mi alma exhala un solo son, silente:
¡Dios! ¡Dios! ¡Dios!

Dios los bendiga a todos.

En la playa al pie de los terrenos del *ashram* de *Self-Realization* en Encinitas (California), con vista al Océano Pacífico.

*«Nunca, en realidad, he perseguido o anhelado disfrutar de experiencias espirituales. Sólo deseo amar a Dios y sentir su amor. Mi felicidad yace en estar enamorada de Él; no preciso de ninguna otra recompensa en la vida».*

En Pahalgam, población situada en las montañas de Cachemira, 1961

*«La persona que está realmente viva es aquella que al despertarse por la mañana se encuentra plena de vitalidad, de alegría de vivir, y posee un desbordante deseo de olvidarse de sí misma y expresar su Ser más elevado, que es el Dios que mora en su interior. Hasta ese momento, podrá afirmarse que dicha persona se ha limitado meramente a existir».*

# Camina interiormente con Dios

*Sede Internacional de Self-Realization Fellowship, Los Ángeles (California), 9 de febrero de 1956*

Nuestra atención debe permanecer tan enfocada en la Madre Divina que las fluctuantes circunstancias externas de la vida no logren afectarnos: la tristeza y la desilusión no han de afligirnos demasiado ni los placeres materiales atraernos en exceso. Recuerdo que alguien le hizo a Paramahansaji un comentario al respecto: «Y bien, un estado como ése ha de ser de lo más aburrido y carente de interés». El Maestro le respondió: «Por el contrario, cuando estás absorto en el Gozo Divino, en la conciencia y percepción de la Madre Divina, disfrutas y aprecias más todo lo bueno que te rodea, pero sin el apego y el pesar que normalmente produce el enfrascarse en actividades mundanas».

Es preciso aprender a desapegarse de los placeres y a no temer el dolor. Hemos de aceptar lo que la vida nos ofrece, pero sin demasiada euforia ni excesivo desánimo. Éste es el estado que alcanzan las personas que en verdad son espirituales. No se trata de que podamos adquirir repentinamente una fortaleza extraordinaria cuando necesitemos afrontar un gran problema. Tenemos que desarrollar de manera gradual ese estado de conciencia dentro de nosotros, habituándonos a reaccionar de forma apropiada ante los acontecimientos y dificultades de cada día.

La conciencia del Maestro se hallaba tan identificada con la Madre Divina que nada externo podía afectarle en su interior. Al igual que Rajarsi[1], nuestra bendita Gyanamata[2] manifestó ese mismo estado, que también debe formar parte de nuestra vida diaria.

Hemos de aprender a caminar interiormente con Dios, libres de cualquier apego a nuestra naturaleza material o a los placeres y situaciones mundanas. Debemos eliminar la ira, la codicia, los celos, el odio, el orgullo y el resentimiento. La meta de toda persona espiritual consiste en dominar las emociones, los deseos y la naturaleza mortal. Todo ser humano, consciente o inconscientemente, trata de lograr autocontrol, porque sólo adquiriendo el dominio sobre sí mismo puede ser en verdad feliz. Tenemos que hacer el esfuerzo de alcanzar aquel estado en el que consigamos mantener la serenidad ante cualquier circunstancia. Esa calma y ecuanimidad perfectas no se obtienen por otra vía que no sea la meditación profunda, que nos acerca cada vez más a la Fuente Divina de la cual surgió originalmente el alma —nuestra verdadera naturaleza—. Sólo unificando la diminuta gota de la conciencia humana con el Océano Divino, por medio de la meditación, nos será posible emular el ejemplo de los santos y su estado ideal de bienaventuranza.

A excepción de las cualidades que proceden de nuestra unidad con el Espíritu, los rasgos de la personalidad que manifestamos son como un manto con el que nos cubrimos: una apariencia externa que no expresa los verdaderos sentimientos ni la verdadera naturaleza interna que poseemos. Tenemos que concentrar la conciencia profundamente en el interior y esforzarnos por percibir nuestra unidad con Dios. De ese modo, cuando la conciencia

[1] Rajarsi Janakananda. Véase la página *XVII*.

[2] Véase la nota al pie de la página 82.

regrese al mundo para llevar a cabo las actividades de la vida diaria, lograremos comportarnos de tal forma que reflejaremos la naturaleza divina que experimentamos en nuestro interior y que revela lo que realmente somos.

¡Dios lo primero y lo último! ¡Dios siempre! ¡Sólo Dios! Es indispensable aferrarnos a este ideal, a este pensamiento. Si continuamos esforzándonos, no importa cuántas veces nos equivoquemos, esta aspiración acabará por ser parte de nosotros. Mejor dicho, nos transformamos en parte de ella y nos identificamos con esa meta, la cual se convierte en la fuerza motivadora que gobierna, bendice y guía nuestras vidas.

Jamás te desanimes ni pienses que eres incapaz de alcanzar tu propósito espiritual, a pesar de que en ocasiones el camino parezca muy escarpado. Uno de los recordatorios con los que el Maestro nos brindaba mayor estímulo, consuelo y aliento eran las siguientes palabras: «Un santo no es sino un pecador que jamás se dio por vencido». Hemos de tener presente esta verdad siempre que experimentemos desaliento o sintamos que hemos fallado en alcanzar la meta espiritual. La única gracia que salva a aquel que ha de convertirse en santo es que nunca desiste y siempre continúa haciendo el intento, sin importar las veces que fracase o los errores que cometa. Al no rendirnos, le demostramos a Dios que la devoción, la lealtad y el deseo que profesamos por Él son incondicionales. Una vez que el Señor está convencido de que sólo le queremos a Él y que es el único a quien recurrimos, se siente satisfecho, a pesar de todas nuestras debilidades y defectos. Entonces, nos toma de la mano «y camina con nosotros, habla con nosotros y nos dice que somos Suyos»[3].

[3] Parafraseado del conocido himno *In the Garden,* de C. Austin Miles.

# Aprende a comportarte

*Recopilación*

Gurudeva Paramahansa Yogananda solía decirnos que su gurú, Swami Sri Yukteswar, a menudo le daba el siguiente consejo: «Aprende a comportarte». La primera vez que Gurudeva me lo dijo, pensé: «¡Oh!, eso es fácil. Lo único que tengo que hacer es ser cortés y amable todos los días. ¡Es sencillísimo!». Pero ¡cuánto tenía yo que aprender al respecto! Es más complejo de lo que parece. Aprender a comportarse lo es todo; la actitud mental lo es todo.

Ningún devoto llega muy lejos en el sendero hacia Dios hasta que empieza a practicar la introspección y, gradualmente, hace aflorar todo el mal o las tendencias negativas que mantienen su conciencia identificada con el ego y el cuerpo: «¡Esto es mío!»; «¡Han herido mis sentimientos!»; «yo» esto, «yo» aquello. Pensar de esa forma es un gran error. Pero cuanto más tiempo dedicamos a la meditación, en mayor grado comprobamos que este «yo» no es el hacedor. Dios es el único Hacedor. El devoto debe orar: «Señor, haz de mí un instrumento dispuesto a cumplir tu voluntad. Guía este instrumento con tu omnisciencia, a fin de que logre llevar a cabo las obligaciones que Tú has colocado ante él y pueda servirte conforme a tu deseo».

No basta con abstenernos de realizar acciones indebidas. Ni basta con aprender a controlar nuestro temperamento para que, en momentos de tensión, no digamos palabras ofensivas. Tampoco basta con cerrar la boca, si retenemos el mal y la ira en la mente. Debemos superarlos desde nuestro interior. Si vale la pena refrenar las conductas erróneas que tratan de manifestarse en la acción, es claro que también vale la pena refrenar aquellas que intentan expresarse en el pensamiento. Evita ambas, tanto en el pensamiento como en la acción.

### Es imposible reconciliar la presencia del bien y el mal en nuestras vidas

Tarde o temprano, todos los devotos que deciden buscar a Dios pasan por una etapa en la que se aferran tanto a sus buenos hábitos como a los malos. Tales devotos descubren, después de analizar sus pensamientos, que aunque están por completo predispuestos a encontrar a Dios, y aun cuando se hallan haciendo un esfuerzo sincero por establecer en su vida los buenos hábitos de la meditación y las acciones espirituales, todavía permanecen muy renuentes a abandonar sus malas tendencias: la ira, los estados de ánimo negativos, los gustos y aversiones. Sin embargo, no se puede reconciliar la presencia de las buenas y las malas acciones en una vida consagrada a Dios. ¡Es imposible! Nuestra mente tiene que aceptar este hecho, porque, de lo contrario, no haremos un verdadero esfuerzo por vencer las disposiciones de ánimo negativas y los hábitos erróneos. Al meditar con mayor profundidad y cumplir todas sus obligaciones con el propósito de servir a Dios, el devoto empieza a fortalecer poco a poco sus buenos hábitos y tendencias. A medida que éstos adquieren ventaja, los malos hábitos comienzan a perder su poder sobre él.

Así pues, al buscar a Dios y esforzarnos por ser virtuosos, hemos de aceptar un ineludible corolario: hay que abandonar el mal. No podemos albergar dentro ambas tendencias —el bien y el mal—; tarde o temprano, el conflicto que se producirá entre ellas hará añicos nuestra paz mental. Recuerdo a Gurudeva advirtiendo en numerosas ocasiones a los devotos: «Si crees que puedes aferrarte a tu ira, a tus celos y a tus deseos egoístas y, a la vez, encontrar a Dios, estás equivocado. No lo lograrás».

Esfuérzate siempre al máximo por vencer aquellas inclinaciones que no sean de naturaleza espiritual, pero no te desanimes si para ello requieres de un tiempo considerable. Al Señor no le interesa cuánto tardamos en erradicar nuestras faltas. Su preocupación principal es que, tanto en la acción como en el pensamiento, *opongamos resistencia continuamente* a nuestras tendencias erróneas. Al esforzarnos por mejorar, así como por meditar más y con mayor profundidad, de vez en cuando comprobaremos —a menudo en el momento más inesperado— que ha desaparecido una carga de nuestra conciencia y quedamos libres por completo de algún mal hábito o tendencia errónea.

### El poder transformador de una vislumbre de Dios

Gurudeva solía decirnos: «Si al menos una vez percibieras un destello de la Madre Divina, te olvidarías de todos los deseos y ambiciones que constituyen un impedimento en tu búsqueda espiritual. No anhelarías ninguna otra cosa». Esto es verdad, pero no significa que la tentación desaparezca de tu sendero. El devoto afronta muchas tentaciones, dificultades y períodos de prueba; sin embargo, puesto que ha experimentado el amor de Dios, tiene la capacidad para discernir. No desea nada que le haga sentirse separado del Señor. Si el devoto se concentra demasiado en la búsqueda de cosas materiales, advertirá que Dios se aparta de su corazón y entonces decidirá: «Debo dedicar más tiempo a la meditación». Si posee el hábito de criticar a los demás o de ser demasiado susceptible, de pronto acudirán a él estos pensamientos: «¿Por qué armo tanto escándalo? ¿Por qué no modifico mi manera de ser? ¿Por qué desperdicio tanto tiempo en justificar ante los demás mis creencias, mis opiniones o mis convicciones, cuando sería preferible que consagrara mi tiempo a pensar en Dios?».

### Cuando poseemos autodominio, nada puede preocuparnos ni alterarnos

El autodominio consiste en aprender a elevarnos por encima del cuerpo, en aprender a elevarnos por encima de los deseos, en aprender a elevarnos por encima de los hábitos y de los estados de ánimo. Cada vez que algo se presente para alterar tu mente, ten por cierto que es Dios quien te pone a prueba y te disciplina. Si dicha prueba puede «derribarte», si puede apartar tu mente de Dios, si puede perturbarte, si puede hacer aflorar tu mal genio o hacerte sentir autocompasión, habrás descubierto entonces un eslabón débil en la cadena de tu conciencia.

El verdadero devoto es aquel cuya mente se halla siempre inmersa en la presencia —en la calma y la paz— de la Madre Divina. Para obtener este bendito estado, debemos esforzarnos por alcanzar tal dominio de nuestro ser que nada sea capaz de afectarnos o alterarnos. Toma con filosofía las pruebas que te depare cada jornada y procura adaptarte a tu situación lo mejor que te sea posible. Sé como un corcho que flota en el océano: no importa cuánto lo agiten las olas, siempre se mantiene en la superficie. Aun cuando la vida te sacuda severamente, no debes dejarte hundir en el océano de la tristeza y del engaño.

### Los obstáculos tienen el propósito de fortalecernos

Toma conciencia de lo que aún te falta por recorrer en el sendero de regreso a Dios y de cuán importante es elevarse por encima de los problemas insignificantes que acechan a diario. Haz caso omiso de las pequeñas molestias causadas por las dificultades, que sólo distraen tu atención de la meta primordial: encontrar a Dios y establecer tu unidad con Él, por medio de la acción correcta y al manifestar las cualidades divinas en tu vida.

El camino de la existencia está sembrado de numerosas rocas de problemas y tribulaciones. No podemos esperar que Dios las retire de nuestro sendero, pero sí nos es posible pedirle que nos conceda fuerza y sabiduría para evitar tropezar con ellas. No es la intención de Dios que la vida transcurra exenta de obstáculos, porque entonces continuaríamos siendo débiles. Él desea que, al superarlos, nos fortalezcamos.

Para lograr esa fortaleza, sólo necesitamos seguir este sencillo procedimiento: incrementar nuestro amor por la Madre Divina. Al expandir en nuestro corazón el sentimiento de amor por Dios, cada montaña de dificultad se reduce a un montoncillo de arena. Todo lo que antes nos parecía imposible llevar a cabo, ahora podemos lograrlo.

### La fuerza más poderosa del mundo

El amor es la mayor fuerza motivadora del mundo, y su expresión más elevada en la creación es el amor de Dios. Cuanto más te concentres en el amor de la Madre Divina —aunque no siempre lo percibas en tu corazón— y cuanto más le pidas que te sea posible experimentar ese amor divino y prodigarlo a los demás, con mayor intensidad lo sentirás despertar en tu interior. ¡Nada puede igualarlo! El gozo que proporciona ese bienaventurado amor divino es el bálsamo para todas las enfermedades de la humanidad.

No descanses ni por un momento —ni de noche ni de día— hasta que sientas el amor de Dios en tu corazón. Una vez que lo percibas, despertará en ti una enorme comprensión. Comprobarás que el Señor ha dispuesto que no sea posible hallar en el mundo el amor, la comprensión y la amistad perfectos, para que así podamos recibirlos directamente de Él. Nos ama tanto, que no desea que encontremos la plenitud total en el plano humano, a fin de que no quedemos satisfechos con meros fragmentos de gozo temporal y nos alejemos del Señor para siempre.

Ama a Dios con tal intensidad —con todo tu corazón, con toda tu mente y con toda tu alma— que noche y día, no importa lo que hagas, Él permanezca siempre en lo más profundo de tu mente. Gurudeva solía decir: «Observa tus pensamientos. Advierte cuánto tiempo desperdicias en pensamientos inútiles, absurdos o negativos; y analiza cuánto tiempo dedicas a pensar en Dios».

Nunca te sientas satisfecho hasta que, en todo momento —a pesar de las obligaciones que debas afrontar o los placeres que te mantengan ocupado—, el pensamiento de Dios se encuentre en el fondo de tu mente y tu amor por el Señor ocupe el lugar principal en tu corazón. Incluso entonces, no te conformes hasta alcanzar la meta final de todo devoto: la perfecta unión con la Divinidad que han experimentado los grandes seres.

# Cómo conocer a Dios

*Recopilación*

Puesto que hemos sido creados a imagen de Dios, jamás estaremos satisfechos hasta que nos unamos de nuevo a Él. Cuando buscamos el amor perfecto en los seres humanos, no lo encontramos. Gurudeva Paramahansa Yogananda nos recordaba a menudo: «Todo te decepcionará, excepto Dios». Por eso es tan importante saturar tu conciencia con un solo pensamiento: el Señor.

La conciencia de las personas mundanas reside principalmente en los centros coccígeo, sacro y lumbar de la espina dorsal[1]; rara vez su percepción se eleva por encima de ellos. Cuando nos dejamos llevar por los estados de ánimo negativos, el mal humor o cualquier otra característica perniciosa de la naturaleza emocional humana, la conciencia desciende hacia esos tres centros situados en la parte inferior de la columna vertebral.

[1] El Yoga enseña que en el interior del cerebro y de los plexos espinales del ser humano existen siete centros sutiles de vida y de conciencia. Los tratados del yoga se refieren a estos centros como *muladhara* (coccígeo), *svadhisthana* (sacro), *manipura* (lumbar), *anahata* (dorsal), *vishuddha* (cervical), *ajna* (ubicado en el bulbo raquídeo y en el centro crístico, situado en el entrecejo) y *sahasrara* (el loto de mil pétalos, localizado en el cerebro). Desprovisto de los poderes especializados alojados en ellos, el cuerpo sería una masa inerte de arcilla. Los instintos y motivaciones materialistas del hombre tienen sus poderes correlativos en los tres centros espinales sutiles inferiores. Los centros superiores dan origen al sentimiento e inspiración divinos y a la percepción espiritual. De acuerdo con la naturaleza de los pensamientos y deseos del individuo, su conciencia es atraída hacia el centro de poder y actividad correspondiente y allí se concentra.

En cambio, la conciencia del ser divino se halla fundamentalmente en el plexo dorsal (a la altura del corazón), donde siente amor puro por Dios y por toda la humanidad; en el centro del bulbo raquídeo, donde percibe todo el universo como la sagrada vibración de Dios, la cual escucha como el sonido cósmico de *Om*[2]; y por último, en el centro crístico o *Kutastha*[3], donde se expande su conciencia, permitiéndole experimentar de forma directa su unidad con Dios en cada átomo del cosmos. Siempre que expresamos bondad, misericordia, comprensión, fortaleza, valor, fe o amor, la conciencia se dirige hacia estos centros cerebroespinales más elevados.

### El autoanálisis: un medio excelente para juzgar nuestro progreso espiritual

Una de las maneras de saber si en realidad estamos progresando espiritualmente consiste en llevar a cabo un autoanálisis sincero. Es posible que, respecto a nuestras aptitudes y desarrollo espirituales, alberguemos ciertas creencias que no se corresponden con la realidad y consideremos que somos excelentes sólo porque así deseamos creerlo. Debemos analizar atentamente nuestros pensamientos. Paramahansaji nos pedía a menudo que, durante las actividades diarias, hiciéramos con regularidad una pausa y nos preguntásemos: «¿Dónde se halla mi conciencia?». La respuesta, a veces, conduce a un brusco despertar. Si la atención no está absorta en una silenciosa comunión con Dios, en el amor e interés por nuestros semejantes, en el sentimiento de expansión que se experimenta al oír interiormente el sonido de *Om*, entonces

[2] La «Palabra» o «ruido como de aguas caudalosas» de la Biblia. (Véanse *San Juan* 1:1, *Apocalipsis* 19:6, *Ezequiel* 43:2).

[3] Situado a nivel del entrecejo.

tenemos que admitir que aún nos falta un largo camino por recorrer en el sendero espiritual.

### La meditación transforma nuestra vida

El primer paso y el más importante es la meditación, porque sólo si la practicamos profundamente y con regularidad podemos tener la certeza de alcanzar ese estado divino que, de otro modo, a menudo creemos erróneamente haber obtenido. La meditación nos impide caer en ese engaño.

Por medio de la meditación llegamos a olvidarnos de nosotros y pensamos más bien en nuestra relación con Dios y en cómo servirle en los demás. El devoto debe olvidar su pequeño ego si aspira a recordar que está hecho a la divina imagen de Dios, que es inmortal y siempre consciente. La Biblia dice: «Aquietaos y sabed que Yo soy Dios». En esto consiste el yoga. «Aquietaos» significa retirar la conciencia del pequeño ego y del cuerpo, así como de todos los deseos y hábitos que impulsan la mente hacia los centros espinales inferiores, donde el sentimiento de identificación con el cuerpo es poderoso. Sólo cuando elevamos la conciencia hasta los centros superiores de percepción nos es posible comprobar que estamos hechos a imagen de Dios.

No te resistas a permanecer en meditación por largos períodos. Cuanto más medites, más querrás seguir haciéndolo; y cuanto menos medites, menor será tu deseo de hacerlo.

Si te esfuerzas por crear el hábito de meditar con profundidad, descubrirás el cambio que se produce en todos los aspectos de tu vida. Empezarás a incorporar a tu existencia un elemento imprescindible: el equilibrio espiritual. Sentirás que Dios te guía y que está junto a ti, apoyándote. En realidad, Él siempre lo hace. El único problema es que *no nos percatamos* de ello. Es preciso librarnos de la identificación con el cuerpo para reconocer que es Dios quien nos sostiene, que su energía fluye a través de nuestro cuerpo y que su inteligencia se manifiesta en nuestra conciencia.

En eso consiste la meditación: en olvidar la existencia mortal y recordar que somos almas inmortales. En la conciencia del alma residen la fuerza y la capacidad para alcanzar en la vida cualquier meta que anhelemos.

No te desalientes ante nada. Cuando los problemas se presenten, dales la bienvenida; llegan para recordarnos que necesitamos a Dios en nuestro corazón. Si la vida transcurriese sin contratiempos, no sentiríamos la necesidad de buscar a Dios y nos olvidaríamos de Él. Sólo al ser abatidos por la adversidad, anhelamos el consuelo. Cuando así sucede, el ser humano común recurre a su familia y a sus amigos; pero el devoto corre a los pies de la Madre Divina y en Ella encuentra solaz y libertad.

### El amor a Dios disminuye los apegos materiales

Inicia el día comulgando con Dios. Conclúyelo también apropiadamente, meditando de nuevo con profundidad cuando el resto del mundo duerme. Ora con fervor a la Madre Divina para que se te manifieste; lucha, si es necesario, hasta obtener su atención. Aunque sólo dispongas de cinco o diez minutos, ora con toda la urgencia de tu corazón o canta su nombre en silencio. Después de meditar, ve a dormir inmerso en un pensamiento: la Madre Divina. Estas prácticas te ayudarán a elevar tu conciencia. Sentirás una serenidad divina, una corriente continua de paz y silencio interior.

Cuando hayas logrado que la estrella polar de tu vida sea Dios y cuando comprendas que tu cita con Él —por la mañana y por la noche— es la parte más importante de tus actividades diarias, te sentirás cada vez más apegado al Señor, y tu atracción por el mundo disminuirá de modo gradual. No perderás el interés por la vida, pero podrás vivir libre de sus enredos. El Señor Krishna nos aleccionó: «Sé tú un yogui»[4]. Es decir, establécete con tal firmeza en la conciencia de Dios que tu devoción y lealtad a Él no se vean afectadas por las fluctuantes circunstancias del mundo.

El devoto que desee conocer al Señor debe trabajar en ello con ahínco y durante mucho tiempo, abrigando una fe en Dios como la de un niño. Si puedes hacer una breve pausa en medio de tus tareas diarias y de inmediato experimentas una burbujeante paz divina que brota de tu interior, si en lo más profundo de tu corazón sientes amor por Dios y por los demás, ten la certeza de que estás progresando en el sendero espiritual.

### Dios es nuestro eterno compañero

El aspirante espiritual ha de percibir que el Señor es el más íntimo de sus amigos y que todo cuanto emprende lo lleva a cabo con Dios. Tenemos que darnos cuenta de que no estamos solos, de que nunca lo hemos estado ni lo estaremos. Desde el principio de los tiempos, el Señor ha permanecido a nuestro lado y así será por toda la eternidad. Desarrolla una relación más personal con Dios considerándote como su hijo, su amigo o su devoto. Debemos disfrutar de la vida con la actitud de estar compartiendo nuestras experiencias con Aquel cuya bondad, comprensión y amor no tienen límites. Sólo el Ser Divino conoce los pensamientos que albergamos, incluso antes de que seamos conscientes de ellos, y jamás se aparta de nosotros —aun cuando estemos

[4] *Bhagavad Guita* VI:46. (Traducido del sánscrito al inglés por Paramahansa Yogananda en su obra *Dios habla con Arjuna: El Bhagavad Guita*).

errados— si le buscamos a Él. Ésta es la clase de amor y comprensión que anhela toda alma. Pero tenemos que hacer la parte que nos corresponde. Nuestro amado gurudeva, Paramahansa Yogananda, ha dicho:

«A Dios sólo se le encuentra por medio de la devoción incesante. Cuando Él te haya ofrecido todos los dones materiales y, a pesar de ello, te niegues a sentirte satisfecho excepto con su presencia; cuando insistentemente anheles sólo al Dador y no sus regalos, entonces, Él vendrá a ti [...]. Caminamos por las atestadas calles de la existencia y, de vez en cuando, vemos algunos rostros que nos son conocidos; pero uno a uno desaparecen. Así es la vida. Tú y yo nos estamos viendo ahora, pero algún día ya no podremos hacerlo. Éste es un mundo trágico, donde todas las almas son sometidas a prueba —a veces hasta abrasarse— en el fuego de la ilusión. Pero aquellas que resultan victoriosas y dicen: "Sólo quiero conocerte a Ti, mi Señor", encuentran a Dios y alcanzan la libertad».

# LLévale tus problemas a Dios

*Sede Internacional de Self-Realization Fellowship,*
*Los Ángeles (California), 31 de marzo de 1961*

«¡Medita! ¡Medita!». Este consejo es para todos. El trabajo es secundario. Aunque llevamos aquí [en el *ashram*] una vida muy atareada —pues seguimos el ejemplo de Gurudeva, que desarrollaba una gran actividad por Dios—, la meditación es primordial. Recuérdalo. Nunca he hecho hincapié en algo diferente, ni tampoco lo hizo Guruji.

Piensa cuántas veces en tu vida has dejado transcurrir las horas en conversaciones infructuosas o has permanecido inútilmente enfrascado en pensamientos negativos. En lugar de ello, a partir de hoy, invierte ese tiempo en Dios. Tal vez soportes cargas psicológicas y emocionales —todo ser humano las tiene hasta que se establece en la unidad con el Señor—, pero mientras vivas lamentándote y propagando una actitud nociva, jamás alcanzarás a Dios.

Cada vez que algo te aflija, esfuérzate al máximo por corregir lo que esté mal, pero aleja de tu pensamiento cualquier tipo de preocupación negativa. ¿Cómo? Póstrate mentalmente a los pies de Dios y coloca tus problemas frente a Él. Incluso antes de presentárselos, el Señor ya los conoce y está al tanto de tus pequeñas cruces. Cuanto más te alejes de los pies de la Divinidad, más pesadas se vuelven esas cruces. Quisiera simplemente grabar una idea en ti: en este lugar, es sólo con Dios y el Gurú con quienes tienes que ver. Llévales a ellos tus problemas. Medita más en Dios. ¡Qué éxtasis, qué dicha y qué amor sentirás!

Esfuérzate por expresar en tu vida más gozo, alegría, entendimiento, compasión y amor, los cuales son el resultado de una meditación que se practica cada vez más profundamente y con mayor regularidad. A través de la sintonía divina que adquieras al meditar, comprobarás cómo Dios y el Gurú te guían en todos tus actos. Cuando tu vida esté en armonía con ellos, todo marchará bien; sentirás siempre el gozo en tu interior, y ninguna adversidad exterior será capaz de arrebatártelo.

Si desarrollas el hábito de pensar que las condiciones externas son la causa de tu infelicidad o que otras personas son responsables de tus problemas, debo decirte que no has comprendido en qué consiste la vida en un *ashram.* Si en este lugar no logras manifestar en tu vida la alegría, el gozo y el amor, sólo existe una persona a la que has de culpar: a ti. Dios ayuda a quien se ayuda a sí mismo. No obstante, Él no puede entrar en un corazón colmado de dudas, ni puede manifestarse en una mente saturada de amargura. No existe lugar para el Señor en la vida de un devoto que está lleno de negatividad. ¡Recuérdalo!

Aquí dispones del tiempo y de la oportunidad para encontrar a Dios. Este entorno divino es perfecto para lograrlo. Pero sólo tú construyes tu propio cielo interno; ninguna condición o circunstancia tiene el poder de negarte ese derecho sagrado.

### Anhela a Dios con todo tu corazón

Siempre me he esforzado por vivir de acuerdo con un principio que aprendí hace muchos años a los pies de Guruji, la norma expresada por San Francisco en estas palabras: «Aprende a aceptar la culpa, la crítica y la acusación, sin quejarte y sin vengarte, aun cuando sean falsas e injustificadas». ¡Qué caudal de sabiduría encierra este consejo! Eres injusto con tu alma cuando criticas a los demás o te preocupan sus reproches o alabanzas. ¿Qué importa lo que piense la gente? Es la aprobación del Señor lo que tú anhelas. Sumérgete en un solo deseo: Dios, Dios, Dios. Alma amada, a menos que uno sea sincero, es muy difícil encontrar al Señor. Si todo el tiempo permites que tu mente se vea arrastrada hacia el fango de la mezquindad, de la crítica despiadada y de juzgar en forma egoísta a tus semejantes, jamás encontrarás a Dios en esta vida. ¿Por qué desperdiciar el tiempo cuando no lo tienes? Conforme te hagas mayor, comprenderás esto con más claridad.

Si quieres a Dios, deséale con todo tu corazón. Él no puede aceptar ni aceptará una entrega por parte del devoto que sea menor del cien por ciento. Cristo lo demostró cuando entregó incluso su cuerpo —el más preciado tesoro del ser humano— y sin odio ni amargura dijo: «Padre, perdónalos, porque no saben lo que hacen».

Debemos seguir el ejemplo divino de perdón y compasión que nos ofreció Cristo. Pero al hacerlo, no tenemos que pensar: «¡Oh, soy tan bueno, tan noble! Soy magnánimo con mis enemigos al otorgarles el perdón». El orgullo espiritual es peligroso. En nuestro corazón, debemos albergar piedad verdadera y amor genuino. Mas eso no es posible si antes no amamos a Dios. Búscale primero a Él. Ámale con todo tu corazón, con toda tu mente y con toda tu alma, y no te sientas satisfecho hasta haber alcanzado ese amor divino. Implora a Dios noche y día; conversa con Él sin cesar; vive en todo momento embriagado con el deseo por el Señor, y comprobarás cómo tu vida se transforma de una manera maravillosa.

# Las metas espirituales de Self-Realization Fellowship

*Extracto del discurso de clausura de la Convención celebrada durante el 50.º aniversario de la fundación de Self-Realization Fellowship, que tuvo lugar en el Salón Biltmore del Hotel Biltmore, Los Ángeles (California), el 12 de julio de 1970*

Desde la primera vez que vi a mi gurú, Paramahansa Yogananda —hace casi cuarenta años—, me ha llenado de gozo poner el corazón, la mente, el alma y el cuerpo a los pies de Dios con la esperanza de que, de algún modo, el Señor dispusiera de esta vida que le he entregado a Él. Durante estos años, ha sido inmensa la satisfacción que ha colmado mi alma; es como si estuviese bebiendo a cada instante de la fuente del Amor Divino. No puedo atribuirme mérito alguno por ello, pues todo se debe a la bendición del Gurú, que él nos prodiga a todos por igual, si nos aprestamos a recibirla.

Les pido a todos que oren por mí y me concedan sus bendiciones y buena voluntad mientras permanezca con ustedes al servicio de esta gran causa que es *Self-Realization Fellowship/Yogoda Satsanga Society of India.*

Formamos parte del inicio de un gran renacimiento espiritual, una resurrección que abarcará al mundo entero. A menudo, repaso las notas que tomé cuando Gurudeva nos hablaba a quienes éramos sus discípulos. En 1934, nos dijo que llegaría un tiempo en el que este gran mensaje proveniente de la India se extendería por el mundo, porque contiene esas verdades inmortales que constituyen el fundamento mismo de la vida y de todas las religiones. El objetivo de *Self-Realization Fellowship* es difundir estas liberadoras enseñanzas espirituales. Ésta fue la misión asignada por Mahavatar Babaji a Paramahansa Yogananda. Repasemos someramente algunas de las «Metas e ideales de *Self-Realization Fellowship*».

*Divulgar en todas las naciones el conocimiento de técnicas científicas definidas, mediante cuya aplicación el hombre puede alcanzar una experiencia personal y directa de Dios.* El primer precepto y el más importante de *Self-Realization Fellowship* es difundir una ciencia concreta mediante cuya práctica los fieles de todas las religiones puedan comulgar con Dios y saber que el Señor existe, mas no sólo a través de las palabras de una escritura o de un gran maestro, sino por medio de su propia experiencia espiritual.

Gurudeva solía decir: «Puedo explicarte a qué sabe la fruta llamada nanjea[1], puedo describirla, diseccionarla, examinarla e indicarte las diferentes sustancias que la componen, como lo haría un científico; pero aunque continuara durante miles de años hablándote de ella, no llegarías a conocer su sabor. Pero si te doy a probar un trozo de nanjea, al momento dirás: "¡Ah, sí! Ahora la conozco"».

El mismo ejemplo es válido en nuestra relación con Dios. Las interminables palabras, los interminables discursos y los interminables escritos sobre Él no son suficientes por sí mismos. Benditos los que escuchan, leen y toman en cuenta dichas palabras. Pero el mensaje de Paramahansa Yogananda va mucho más allá, pues afirma que debemos *experimentar* la Verdad. Debemos

[1] Una fruta muy común en la India.

conocer a Dios por medio de la experiencia personal y directa.

*Revelar la completa armonía, la unidad básica existente entre las enseñanzas del cristianismo y las del yoga, tal como fueran expresadas originalmente por Jesucristo y por Bhagavan Krishna, respectivamente; y demostrar que las verdades contenidas en dichas enseñanzas constituyen los fundamentos científicos comunes a toda religión verdadera.* ¡Cuántas guerras han tenido lugar a lo largo de los tiempos en nombre de la religión! La Verdad es una porque Dios es uno, aunque el ser humano le adjudique al Señor diferentes nombres. La misión de Paramahansa Yogananda es mostrar que existe una autopista común que conduce hacia Dios, la ruta que habrán de elegir los seguidores de todas las religiones si desean alcanzar la realización del Ser, la comunión con Dios. Este propósito se esboza en la meta siguiente.

*Destacar la única carretera divina en la cual convergen finalmente las sendas de todas las creencias religiosas verdaderas: la gran vía de la práctica diaria de la meditación en Dios, práctica científica y devocional.* Guruji dijo hace treinta años: «Llegará un día en que las iglesias, las mezquitas y los templos estarán vacíos». De esta situación no serán culpables las religiones, sino sus seguidores. Mientras el ser humano se conforme con entrar en un edificio imponente sólo para escuchar unas cuantas palabras acerca de la verdad, obtener de ellas una mínima inspiración, regresar a su hogar y persistir en su arraigada costumbre de olvidarse de Dios, manifestando de nuevo irritabilidad, egoísmo, tensión, temores, sensualidad y los habituales estados de ánimo negativos, ¿de qué le servirá su religión? La misión de *Self-Realization* es alentar a todos a establecer dentro de su corazón un templo sagrado dedicado sólo a Dios, en el cual comulguen a diario en profunda meditación con el Señor mismo.

*Demostrar la superioridad de la mente sobre el cuerpo y del alma sobre la mente.* Nosotros tratamos de demostrar que el ser humano no está limitado por esta pequeña jaula corporal. Jesús dijo: «No andéis preocupados por vuestra vida, pensando qué comeréis, ni por vuestro cuerpo, dicurriendo con qué os vestiréis»[2]. No centres demasiado tu atención en esta forma física y confía más en la fuerza de la mente y el poder de Dios que se encuentra en el alma. No somos entes físicos; en realidad, ni siquiera somos seres mentales, aunque operemos a través de la mente y del cuerpo físico. Somos el alma, una expresión individualizada del Espíritu Infinito. Ésa es nuestra verdadera naturaleza. El propósito de demostrar este ideal es liberarnos de todas las cadenas, tanto de las cadenas físicas como de las ocultas cadenas mentales, que atan el alma al cuerpo y a los estados de ánimo negativos y nos roban la paz.

*Liberar a la humanidad del triple sufrimiento que la agobia: las enfermedades físicas, las desarmonías mentales y la ignorancia espiritual.* Sólo la unión con Dios logrará liberar para siempre al ser humano de todos sus sufrimientos. La acción correcta —en cuerpo, mente y alma— equilibrada con la meditación correcta es la fórmula para alcanzar esta triple libertad.

*Promover el entendimiento cultural y espiritual entre Oriente y Occidente, estimulando el mutuo intercambio de las más nobles cualidades de ambos.* Aunque nuestro mundo se divide en Oriente y Occidente, Dios está mostrándole hoy al ser humano que ya no puede vivir confinado por los estrechos límites de su nación. Nuestro Gurú expresó:

[2] *San Mateo* 6:25.

«Dios hizo este mundo; el hombre creó los países que lo dividen con sus artificiosos límites caprichosamente establecidos»[3]. El Señor nos indica que se deben abolir las fronteras egoístas. Pero éstas no pueden ser destruidas por medio de las bombas o la fuerza bruta. Para aniquilar tales líneas divisorias sólo existe una forma válida: esa misma que hoy se está poniendo de manifiesto aquí. Las fronteras desaparecen cuando nos une el amor por Dios, a quien consideramos el Padre de todos. Él debe ser el ideal común, la meta común, de toda la humanidad. Al comenzar a reconocerle cada vez más como la única Fuente y el único Sustentador de la vida, se rompen las cadenas de los prejuicios. Empezamos a comprobar que, en realidad, somos iguales a aquellos que considerábamos tan diferentes de nosotros. He viajado alrededor del mundo en cuatro ocasiones y he visitado la mayoría de los países más importantes; en la gente de todas las naciones, vi la misma dulce sinceridad, las mismas metas y necesidades, las mismas ambiciones. *Self-Realization* debe ser la abanderada de este mensaje de fraternidad divina. Cuando vuelvan ustedes a su hogar, hagan que éste sea su ideal. Dejen que se desvanezcan los prejuicios. Acepten a todos con ese espíritu de hermandad, que es el verdadero reflejo de Dios en cada uno de nosotros.

*Armonizar la ciencia y la religión, a través de la comprensión de la unidad existente entre los principios básicos de ambas.* No hay realmente diferencia entre la religión y la ciencia. A su debido tiempo, ambas llegarán a la misma conclusión: sólo existe una Causa. Los científicos que estudian la materia se esfuerzan día a día por encontrar el motivo de la creación. Algunos niegan la existencia

[3] Paramahansaji citó este y otros versos de su poema «Mi India» en el discurso que pronunció en el Hotel Biltmore la noche del 7 de marzo de 1952, minutos antes de entrar en el estado de *mahasamadhi.*

de Dios. Pero incluso el ateo, cuando afronta una gran prueba en su vida, grita de modo involuntario: «¡Oh, mi Dios, mi Dios!». Inconscientemente, se aferra al Principio Eterno que otorga un sentido de continuidad a la existencia. La vida está gobernada por un Principio Absoluto; no existen las «casualidades». Todos nos hallamos aquí en este momento porque estábamos destinados a encontrarnos en este lugar, ahora; y tan cierto como que el Sol, la Luna y las estrellas viajan por el espacio según su propia velocidad y órbita definidas, asimismo la vida de cada uno de nosotros está guiada y protegida por ese magno y legítimo principio que es Dios. «¿No se venden dos pajarillos por un as? Pues bien, ni uno de ellos caerá en tierra sin el consentimiento de vuestro Padre»[4].

*Fomentar la práctica de la «simplicidad en el vivir y nobleza en el pensar»; y difundir un espíritu de confraternidad entre todos los pueblos, a través de la enseñanza del eterno principio que los une: su común filiación divina.* Buscar a Dios y renunciar a lo que Paramahansaji solía llamar las «necesidades innecesarias» no significa abrazar la pobreza. A menudo nos decía: «No me gusta la palabra "pobreza"; tiene una connotación negativa. En su lugar, creo en un tipo de vida sencillo. La *sencillez* es mi ideal». Sencillez de corazón, sencillez al hablar, sencillez en nuestras posesiones; la pureza que proviene de una vida y una mente sin complicaciones; la pureza que proviene de una relación directa y personal con Dios, que nos lleva a expresar: «Señor, me he postrado a tus pies. Estoy satisfecho con lo que me ofrezcas y con lo que hagas conmigo».

La nobleza en el pensar significa mantener la mente siempre en un nivel elevado, a fin de que, en cualquier

[4] *San Mateo* 10:29.

momento, nuestra conciencia pueda enfocarse de inmediato en Dios. Además, la mente debe permanecer siempre libre de habladurías y negatividad, así como de cualquier cosa que haga descender la conciencia hacia el nerviosismo y la inquietud. La mente que se halla colmada con el pensamiento de Dios es serena y capta con claridad la naturaleza humana y toda experiencia.

Al simplificar los requerimientos de la vida, reduciéndolos a lo esencial, de modo tal que nos permitan lograr una existencia feliz y espiritualmente elevada, comprobamos que hemos alcanzado el común denominador de la vida: Dios. Comprendemos que nosotros y todos los seres provenimos de Dios, que su poder es lo único que nos sostiene y que un día regresaremos a Él. Nos consideramos parte de la gran familia del Padre Divino; la humanidad entera se convierte en nuestra propia familia, sin distinción de raza, color, credo, nacionalidad o estatus social. ¡Imaginemos el mundo de belleza y paz que florecería si contásemos con la aceptación universal de esta verdad!

*Dominar el mal con el bien, el sufrimiento con el gozo, la crueldad con la bondad, y la ignorancia con la sabiduría.* No podemos ahuyentar la oscuridad golpeándola con un palo; sólo se desvanecerá cuando encendamos la luz. De manera similar, únicamente la luz de las cualidades y acciones positivas y de la comunión espiritual puede disipar las fuerzas negativas en este mundo.

Lo que me emociona esta noche es ver en ustedes tanto gozo. Cuando ingresé al *ashram,* suponía que buscar a Dios era un asunto tan serio que no habría oportunidad para reír. Pero Guruji me dijo: «Permanece siempre radiante y alegre, porque ésa es la naturaleza de tu alma. Debes ser tan feliz en este mundo que jamás conozcas la tristeza, porque ésta no es real. Sólo Dios es real, y Él es gozo. Buscar a Dios significa el fin de toda tristeza». Nunca he olvidado aquellas palabras. Por eso, cuando veo a los devotos con una sonrisa que ilumina su rostro y la manera dulce y alegre con que ríen entre ellos, mi corazón se llena de gozo, pues veo que estamos poniendo en práctica el ideal propuesto por el Gurú.

*Servir a la humanidad, considerándola como nuestro propio ser universal.* La meta de los seguidores de *Self-Realization* es esforzarse por vivir más pensando en hacer el bien a los demás y menos en el «yo, mí y mío». Cuánto gozo se refleja en quienes han colaborado en esta Convención a fin de ayudar a que fuese una ocasión feliz y espiritualmente gratificante para tantos amados miembros y amigos provenientes de distintas partes del mundo. Han contribuido a crear esta amistad divina gracias a su forma altruista de prestar servicio a los demás, olvidando a veces la fatiga y los pequeños problemas y tensiones que suelen experimentarse cuando se lleva a cabo una convención de esta magnitud. En verdad, han expresado el ideal de servir a la humanidad como «nuestro propio ser universal». Ruego para que todos los presentes adopten este modelo exento de egoísmo, porque al servir a los demás es como aprendemos a sentir y contemplar a Dios en todos.

Este quincuagésimo aniversario es una ocasión que todos recordaremos durante mucho tiempo. Al volver a sus hogares, a menudo evocarán la dulce amistad divina de la que hemos disfrutado. Se llevan una parte de nuestro corazón y creo que nos están dejando algo del suyo —es un intercambio mutuo—. Hemos creado un lazo de amistad espiritual, una relación divina que persistirá por largo tiempo y que, al fomentarla, se volverá cada vez más sólida y se convertirá en una gran fuerza magnética que atraerá a muchas otras personas a este sagrado sendero de *Self-Realization Fellowship.*

Para concluir, leeré estas palabras de nuestro Gurú: «Mi cuerpo pasará pero mi obra perdurará. Y mi espíritu seguirá existiendo. Aun cuando yo ya no esté, trabajaré contigo para liberar al mundo con el mensaje de Dios. Prepárate para recibir la gloria de Dios. Recárgate con la llama del Espíritu».

«Si Dios me dijese hoy mismo: "*¡Vuelve a casa!*", yo abandonaría, sin una sola mirada retrospectiva, todas mis obligaciones presentes —organización, construcciones, proyectos, gentes— y me apresuraría a obedecerle. El sostenimiento del mundo es responsabilidad del Señor; Él es el Hacedor, no tú ni yo».

# Antología de consejos

*Palabras de guía e inspiración espiritual.*
*A menos que se indique de otro modo,*
*las siguientes selecciones provienen de charlas impartidas*
*en la Sede Internacional de Self-Realization Fellowship,*
*Los Ángeles (California).*

### Dios es el mayor de los tesoros

*25 de mayo de 1961*

Cuando te sientas solo, llama a tu Padre Celestial. Cuando anheles comprensión, corre hacia Él. ¡El ser humano no tiene idea del extraordinario Amigo, del extraordinario Amante, del extraordinario Padre-Madre-Amado que busca su amor!

Pero es preciso que le busques tú primero, porque Él no se impondrá a sus hijos, sino que espera que ellos le busquen. Dios te dará *todo* en tu sendero, excepto a Sí mismo. Te ofrecerá una y otra vez todo tipo de sucedáneos, para comprobar si te sientes satisfecho con ellos, en cuyo caso, permanecerás estancado en el sendero espiritual. Pero el devoto sabio —como un niño travieso— rechaza cada juguete, cada baratija de atracción mundana, y continúa implorando que el Señor se manifieste. Sólo esta clase de devoto encuentra a Dios.

Oro para que todo devoto sea un hijo travieso del Padre Celestial e interiormente clame sin cesar por su presencia. No permitas que tu mente deambule por el fango del descontento y de las distracciones inútiles. ¡Alma amada, no desperdicies tu vida de esa forma!

Abriga en tu interior una constante añoranza por Él. Arde en deseos por Dios. Convierte todos tus anhelos en una inmensa llama de deseo por el Señor. Todas tus limitaciones se consumirán en ese fuego emancipador.

Cuando te distraigan las tentaciones del mundo, ora: «Señor, si los placeres materiales me parecen tan atractivos, ¡cuánto más fascinante has de ser Tú!». Dios es el mayor de los tesoros, tal como lo declaran todas las escrituras. Utiliza tu discernimiento para rechazar las actividades carentes de importancia y buscar el único Tesoro inapreciable y eterno.

❖ ❖ ❖

### Dios es la respuesta a todo problema

*3 de mayo de 1956*

Dios es la respuesta a todo problema que afrontamos en la vida. Es preciso asirnos a Él cada vez con mayor fuerza y buscar su guía para encontrar la solución a los enigmas de la existencia. Si al final hemos de abandonar este cuerpo, entonces, ¿por qué prestar tanta atención a los asuntos materiales?

Concédele la máxima importancia a tu búsqueda de Dios y a servirle. Servir a Dios, con un profundo sentido de entrega a su voluntad y con la conciencia de estar cumpliendo con nuestros deberes para complacerle, es una forma de meditación y una manera de buscarle. Tenemos que aprender a encontrarle dentro de nuestra conciencia y hacer que se convierta en nuestro compañero inseparable.

Con frecuencia, Gurudeva nos animaba a reunirnos en pequeños grupos para meditar, en lugar de que nos juntásemos para hablar de banalidades y perder el tiempo. Comprobarás, como lo hicimos nosotros, que se obtiene mucho más beneficio al meditar, ya sea solo o acompañado, que al conversar.

Evita concentrarte demasiado en los pequeños problemas de la vida. Tu labor más importante es relacionarte con Dios. Tus emociones, tus hábitos y lo que consideras como tus derechos no son tan importantes. Deja que Dios se preocupe por ellos. Busca tu sintonía con el Señor, y Él velará por ti. Ésta es la alianza divina entre la Madre y el hijo. Aférrate a esa promesa y jamás dudes de que existe una ley divina que se hace cargo de todo.

La única relación auténtica que poseemos es con Dios y el Gurú. No te sueltes de su mano. Santa Teresa de Lisieux dijo: «Quiero pasar mi cielo haciendo el bien en la tierra». Ésa fue también la promesa del Maestro. Su único deseo es ayudarnos a encontrar a Dios. Quienquiera que busque su guía, o extienda la mano solicitando ayuda, sentirá infaliblemente su presencia orientadora. Ten fe, cumple con tu parte y medita; de esta forma, obtendrás una sintonía perfecta con la ayuda omnipresente del Gurú y sus bendiciones.

❖ ❖ ❖

## La batalla psicológica entre el bien y el mal

*12 de julio de 1956*

No importa cuán rigurosas resulten las pruebas que se te presenten en la vida, o cuáles sean tus problemas, recuerda que la Madre Divina está protegiéndote. No debemos sorprendernos al encontrar dificultades y penalidades en el sendero espiritual, porque, tarde o temprano, todos los devotos se han de enfrentar a ellas. Tenemos que afrontarlas con valor y confianza, sabiendo que la gracia dispensada por el amor y protección de la Madre Divina está siempre con nosotros.

En nuestro interior se libra, en todo momento, una batalla entre el bien y el mal. Gurudeva decía con frecuencia que el devoto se encuentra en medio: desde un lado, Satán tira de él valiéndose del mal y de las fuerzas negativas y, desde el otro lado, Dios tira del devoto valiéndose del bien y de las fuerzas positivas. No obstante, ni el bien ni el mal pueden apropiarse del reino de nuestra conciencia, salvo que les concedamos poder para gobernarnos. Dios nos ha conferido el libre albedrío para aceptar o rechazar el bien, y para aceptar o rechazar el mal; es decir, para colaborar con Dios o con Satán.

La Madre Divina está detrás de cada uno de nosotros, guiándonos y ayudándonos; a través de nuestra conciencia, trata de inspirarnos por todos los medios para que tomemos la decisión correcta en la contienda que se libra en el campo de batalla psicológico donde se enfrentan el bien y el mal. La maravillosa bendición es que la Madre Divina responde a cada pequeño esfuerzo —por diminuto que sea— que el devoto realice en su intento por encontrar a Dios, sentirle o estar en su compañía. Puede que no siempre seamos conscientes de la respuesta de la Madre Divina; pero cuando nos hallamos en medio de los combates interiores y recurrimos a Ella en busca de ayuda, su gracia está presente para dirigir nuestras acciones, apoyar nuestros esfuerzos y protegernos con su omnisciente amor.

❖ ❖ ❖

### La realización del Ser se encuentra en el silencio interior

Ashram *de Ananda Moyi Ma en Calcuta, 18 de enero de 1959*

La realización del Ser significa la unión del alma con Dios. Las experiencias de las almas iluminadas de todas las épocas han dado testimonio de que el propósito esencial, la meta suprema de todas las religiones, es alcanzar la realización del Ser. Ananda Moyi Ma (Madre saturada de gozo), mi gurudeva Paramahansa Yogananda y todos los demás grandes santos señalan la misma meta.

No debemos extraviarnos en los aspectos externos de la religión, tales como los ritos y las formalidades. El propósito de las *pujas,* las misas y los rituales ha de ser simplemente el de inspirar a los devotos para que busquen a Dios en su interior. De lo contrario, tales formas externas de adoración no tienen utilidad alguna.

Dios es *Satchitananda:* Dicha siempre existente, siempre consciente, omnipotente y eternamente renovada. El alma es la Dicha siempre existente, siempre consciente, omnipotente y eternamente renovada que se manifiesta como el Ser individualizado. Podemos experimentar esta realidad por medio de la meditación. Sólo adentrándonos en la paz interior llegamos a percatarnos de nuestro verdadero Ser. Busca algún lugar solitario en tu hogar o en el *ashram,* sumérgete en la meditación y comprende quién eres realmente. De ese modo, sabrás que estás hecho a imagen de la Divinidad. Del gozo venimos, en el gozo vivimos y en el gozo renacemos. Cuando percibimos esta verdad, hemos alcanzado la realización del Ser. Para adquirir tal estado, es necesario sentir el bendito silencio interior. Jamás podremos conocer a Dios si nos valemos únicamente de la fe ciega o de las formas externas del culto. Tenemos que empezar a practicar la meditación profunda para llegar a Dios, que es la meta del ser humano. Permanece con Dios en el presente, y estarás con Él en el más allá.

❖ ❖ ❖

**No tenemos tiempo que perder**

Ashram *de Self-Realization Fellowship en Hollywood (California), 16 de diciembre de 1959, al regresar Daya Mata de los* ashrams *de Paramahansa Yogananda en la India*

Nuestro sendero posee dos aspectos: el servicio y la meditación. Guruji dijo: «Yo creo en el equilibrio». El nos enseñó a ser calmadamente activos y activamente calmados, a encontrar a Dios tanto en medio de todas nuestras actividades diarias como en el silencio de la meditación. Quien alcanza semejante equilibrio es una persona feliz, es un devoto que conoce a Dios, pues el Señor es a la vez activo e inactivo. Dios, como Creador, está atareado más allá de lo que somos capaces de imaginar y, al mismo tiempo, permanece en un estado de indescriptible serenidad, en su aspecto de Espíritu absoluto rebosante de gozo.

El ideal es buscar a Dios en la meditación profunda y hallar el gozo y la felicidad al servirle, con independencia de la tarea que hayamos de realizar. Es irrelevante si nos dedicamos a cocinar, enseñar o escribir. Lo que importa es si lo hacemos para agradar a Dios o sólo a nuestro ego.

Mi ferviente oración es que cada uno de nosotros se esfuerce por sentir en su interior un anhelo más intenso por el Amado Divino. Medita con profundidad. No importa si tu meditación dura sólo cinco minutos; haz que esos cinco minutos sean valiosos en tu relación con el Amado Único. Pero cuando te sea posible, medita durante más tiempo. No busques excusas para no hacerlo a diario y con constancia. Anhela a Dios noche y día con ardiente fervor. No existen palabras para describir el gozo que proviene de esa relación.

Hace diecisiete meses me ausenté de los *ashrams* del Maestro que se hallan en Estados Unidos para visitar los de la India. En mi mente, sólo albergaba un pensamiento: «Tú eres mi vida, Tú eres mi amor...»; mi alma ardía de amor divino, y he regresado con ese mismo sentimiento. No tenemos tiempo que perder. Guruji solía decir: «La vida es como una gota de rocío que resbala por la hoja de loto del tiempo». A menudo, pienso que una vez que la gota de rocío empieza a deslizarse, lo hace cada vez con mayor rapidez. Para muchos de nosotros, la parte más extensa de esta vida ya no transcurrirá en el futuro, sino que se remonta al pasado. Personalmente, lo único que siento es la urgencia de aprovechar este tiempo para conocer al Amado en mi interior.

Debemos apasionarnos por Dios, arder en deseos por encontrarle a través de nuestro amor y devoción, y arder en deseos por servirle. No temas sacrificar el cuerpo —si fuese necesario— al servir al Amado Divino, pues Él te sustentará. Dios es nuestra fuerza. Él es nuestra vida. Él es nuestro amor.

Y cuando medites, permite que tu pensamiento se absorba por completo en Dios. Cuando te sientes a pensar en Él, aparta todo de tu mente y sumérgete cada vez con mayor profundidad en la omnipresencia del Amado Infinito. Del Ser Divino nace todo el amor que siempre se ha expresado a través del corazón humano: el amor del hijo por su madre, de la madre por el hijo, del amigo por el amigo y del esposo por la esposa. Todas las expresiones del amor han brotado de esta única Fuente. Búscala. Aquí [en el *ashram*] tienes todo cuanto necesitas para encontrar a Dios. No es preciso buscar más. Gurudeva nos proporcionó las enseñanzas; ahora nos corresponde a nosotros aplicarlas.

A menudo recuerdo este maravilloso poema del Maestro, que deberíamos poner en práctica en la vida:

> ¡Oh Amado Divino!, nada tengo que ofrecerte,
> pues todo te pertenece.
> No me lamento de no poder darte nada,
> pues nada me pertenece, nada me pertenece.
> Pongo a tus pies
> mi vida, mi cuerpo, mis pensamientos y mis palabras,
> pues te pertenecen, te pertenecen.

Gurudeva vivió conforme a estas palabras. Tratemos nosotros, sus discípulos, de imitar su ejemplo.

❖ ❖ ❖

## Siente un ardiente amor por Dios

*18 de enero de 1960*

Existen dos obstáculos que es necesario evitar en el sendero espiritual: la pereza y la falta de entendimiento. Con el transcurso de los años, a menudo olvidamos el motivo primordial que nos impulsó a dedicarnos a la búsqueda de Dios. Nos establecemos en hábitos devocionales y practicamos las formalidades externas, pero no mantenemos viva la llama interior del deseo por Dios. Con agrado nos involucramos en muchas otras actividades, pero nos da pereza usar nuestro tiempo libre de forma correcta: para buscar con vehemencia al Ser Divino.

Sólo estás aduciendo excusas cuando argumentas: «Bueno, si las condiciones hubieran sido diferentes, si me hubiesen tratado con mayor comprensión, si no hubiera ocurrido esto o aquello, hoy me hallaría más cerca de Dios». Al razonar de este modo, no captas la esencia del problema. Si no encuentras al Señor, no puedes culpar a las condiciones externas ni a otra persona, sino sólo a ti.

En última instancia, nada ni nadie puede impedir que conozcamos a Dios, si nos esforzamos en todo momento por liberarnos de la apatía, la indiferencia y la incapacidad para comprender el verdadero sentido de cada situación. Busca ardientemente en tu interior al Amado Divino. Y si no percibes su presencia, cúlpate sólo a ti.

Cuando llegué a Mount Washington, tuve que afrontar muchos problemas conmigo misma y con los demás. Me sentí desalentada al descubrir que incluso en un *ashram* no me podía librar de tales dificultades. Sin embargo, puesto que en mi interior albergaba un intenso anhelo por conocer a Dios y tenía grandes deseos de encontrarle en esta vida, reflexioné: «¿Existe alguna circunstancia, ambiente o individuo capaz de privarme de mi ardiente deseo por Dios? Si es así, entonces, en realidad mi deseo por Él no es tan grande». Y a la luz de ese pensamiento, encaminé con gran determinación mis pasos en el sendero, hacia la dirección correcta.

Es triste que las personas caigan en tal rutina que su vida espiritual sea sólo superficial y permitan que la indiferencia extinga su celo vehemente por Dios. El devoto que se encuentre en esa situación debe empezar de inmediato a corregirla, manteniendo sus pensamientos, noche y día, en el Ser Divino: Dios primero, Dios al final, Dios siempre.

❖ ❖ ❖

## El amor divino hace que cada alma sea única

*Al regresar de una visita a la India;*
*Sede Internacional de Self-Realization Fellowship,*
*20 de julio de 1964*

El vínculo que nos mantiene a todos estrechamente unidos —incluso con mayor intensidad que los lazos de familia— es el amor divino. Cuantos más años vivo, más aumenta mi convicción de que ésta es la única fuerza capaz de mantener unida a la humanidad. Recibir y prodigar amor, amor divino, es el deber que nos ha encomendado Dios en la vida. Ese amor constituye una cualidad innata de nuestras almas; y así como es natural que la rosa exhale una dulce fragancia, de igual forma lo es para el alma emanar el delicado perfume del amor divino. Una y otra vez les recuerdo a los devotos, tanto aquí como en la India, aquellas palabras inmortales de Guruji que expresan el mensaje de los grandes santos a través de los tiempos: «Sólo el amor podrá reemplazarme». En mis viajes, conversé con numerosas personas y descubrí que el amor es el único mensaje al que responden todos los seres humanos. El modo apropiado para acercarse a toda alma es mediante el amor divino; y la senda del amor divino es el camino que nuestro bendito gurú, Paramahansa Yogananda, puso delante de nosotros.

A los ojos de Dios, todos somos únicos y, al mismo tiempo, iguales; para Él, nadie es más ni menos importante que otro. A todos nos considera especiales, porque cuando creó a cada alma, pensó exclusivamente en ella. Por eso, en su pensamiento y en su conciencia ilimitada, somos únicos. Esta singularidad del alma es la que hemos de hallar en nuestro interior y poner de manifiesto. No existe una forma más elevada de expresar aquello que nos hace únicos que a través del amor divino y de la capacidad que nos otorga Dios para amar de una manera pura e incondicional. Cuando comprendemos esta verdad y la ponemos en práctica, el sendero resulta mucho más fácil. Una vez que experimentamos el amor que fluye a través de nosotros proveniente de Dios, nuestra vida se llena de un esplendor que nada en la tierra sería capaz de proporcionarnos: ni el poder, ni la gloria, ni el mayor placer de los sentidos.

❖ ❖ ❖

### Permite que Dios te ayude a llevar tu carga

*22 de marzo de 1956*

No es el débil el que encuentra a Dios, sino aquel que dice: «Señor, te he ofrecido mi vida; te he entregado mi corazón. Haz de mí lo que sea tu voluntad». En cierta ocasión, le pregunté a Gurudeva: «¿Cuál debe ser mi actitud para que ésta me ayude a sobrellevar la carga que siento sobre mis hombros?».

Gurudeva replicó: «En primer lugar, no la consideres una carga. Servir a Dios es un privilegio bendito». Incluso si tus deberes sólo consisten en limpiar y fregar, disciplina tu mente para que reconozca como una bendición divina la oportunidad de prestar servicio en cualquier lugar donde Dios te coloque, ya sea en asuntos de importancia o insignificantes. El Maestro añadió: «Recuerda siempre que no eres el Hacedor. Dios es el Hacedor, y tú sólo eres su instrumento. Toma la resolución de ser un canal receptivo y dispuesto a hacer su voluntad». Cuando me dio estos dos consejos, pensé: «Me acaba de dar una lección; de mí depende el ponerla en práctica». Y debo decir que aplicar esa enseñanza me ha permitido llevar a cabo mucho más de lo que podía imaginar. Y lo mismo le sucederá a todo el que siga este consejo.

Sintoniza tu conciencia con la Madre Divina a fin de que sea Ella quien lleve esa carga —que no te pertenece—, para que ese peso recaiga sobre sus hombros. Y cuando llegue el momento de meditar, aparta cualquier otro pensamiento de tu mente, incluidos todos los relacionados con el cuerpo; debes experimentar una completa calma interior. Es posible lograrlo, pero se requiere de tu esfuerzo. Sobre todo, es necesario orar por el amor de la Madre Divina. De esa forma, el esfuerzo espiritual resulta más sencillo. Utiliza los fines de semana para la meditación y el recogimiento y para renovar tu fuerza espiritual interior. Si meditas profundamente y con regularidad, toda tu vida cambiará.

❖ ❖ ❖

## Confía sólo en Dios

*7 de febrero de 1956*

Nuestro amor por Dios debe ser incondicional. Cuando es así, desaparece el sentimiento de soledad y dependencia de las relaciones humanas. La compañía del Ser Divino no se puede comparar con ninguna otra.

Es apropiado amar a los demás, pero es imprescindible no depender de los seres humanos, sino de Dios. A cualquier persona a la que nos aferremos, terminaremos perdiéndola. Quizás es porque el Señor desea hacernos saber que, para obtenerle, nuestro interés por Él ha de ser total. Es maravilloso implorar en la noche por el Amado Divino de nuestra alma; es maravilloso susurrar a Dios todo aquello que anhelas decirle, sabiendo que te comprende y que te responde en silencio.

Ahora sé por qué Gurudeva casi no conversaba con nosotros acerca de nuestros problemas personales. Él deseaba hablarnos sólo de Dios y dialogar únicamente sobre temas espirituales. Nos exhortaba a no centrarnos en las dificultades personales y hacía hincapié en que podríamos vencerlas mediante la búsqueda de Dios. El Maestro solía conceder entrevistas, durante horas, a los miembros que le visitaban, y yo reflexionaba: «¿No es extraño? Los devotos que estamos a su alrededor rara vez tenemos la oportunidad de hablar con Guruji de nuestros problemas». Pero él no deseaba este tipo de relación con nosotros. Nos estaba entrenando para llegar directamente a Dios. Podemos recibir cierto grado de estímulo y ayuda en este sendero al confiar de vez en cuando nuestras dificultades a otras personas; pero si lo que necesitamos es obtener fortaleza divina, hemos de dirigirnos a Dios y sólo a Dios.

El gurú es el canal divino a través del cual fluye la sabiduría y misericordia del amado Señor. Al igual que un ave empuja fuera del nido al polluelo para que aprenda a volar, el gurú apremia al devoto a establecer su propia relación con Dios. Por la misma razón, el Señor le retira al aspirante espiritual todo apoyo humano y cualquier elemento material que no le despierte el conocimiento del Señor, hasta que finalmente el devoto llega a comprender: «Dios es mi fuerza, Dios es mi amor, Dios es mi amigo, Dios es mi amado, mi único amor. Cuando no está a mi lado, me falta todo; soy un pordiosero. Cuando está conmigo, me siento pleno de amor y alegría; me siento lleno de fuerza y valor».

Si recurrimos a los seres humanos para encontrar el solaz y el consuelo divinos, podemos recibir, durante un tiempo, un poco de felicidad y satisfacción; pero tarde o temprano el Señor nos retira ese apoyo. Hemos de confiar en Dios. Sólo Él es eterno y por eso desea que seamos fuertes en Él.

❖ ❖ ❖

### Dale una oportunidad a Dios

*8 de septiembre de 1955*

Es necesario darle a Dios una oportunidad para manifestarse en nuestras vidas; pero no le damos tal oportunidad si nos asimos, por un lado, al mundo y, por otro, a Él. Debemos dejar de lado todo lo demás y sumergirnos por completo en el Infinito. Los santos nos dicen que no es difícil alcanzar ese estado; que cuando volvamos nuestros pensamientos y amor hacia el interior, encontraremos al eterno, amante y jubiloso Compañero que en secreto está siempre con nosotros.

Recuerdo haber ido con frecuencia a la sala de estar de Gurudeva y ver que sus ojos, resplandeciendo como diamantes, reflejaban el amor divino. Todos los discípulos presentes percibían que se encontraba absorto en comunión con Dios. En ocasiones, mientras se hallaba en ese estado, él hablaba en voz alta, y podíamos escuchar sus dulces susurros dirigidos a la Madre Divina.

Aunque el Maestro siempre permanecía absorto en Dios interiormente, no recuerdo a nadie que disfrutase más de su trabajo que él. Jamás lo consideraba una labor pesada ni tediosa. Era muy creativo, y todo cuanto hacía lo realizaba con el mayor esmero, porque el Señor siempre estaba presente en su conciencia, y el único deseo de Gurudeva era complacerle.

Una y otra vez nos repetía este consejo espiritual: medita con profundidad cada día y *siente* la presencia de Dios. No estamos aquí sólo para volvernos muy versados en esta gran filosofía yóguica que imparte *Self-Realization,* sino para algo mucho más importante: para *vivirla.* Mediante la gracia e intercesión del Maestro se nos ha concedido esta bendita oportunidad.

❖ ❖ ❖

## Consejos para avanzar en el sendero espiritual

*7 de marzo de 1956*

Poco antes de abandonar su cuerpo, Gurudeva dejó, para todos los discípulos, varias recomendaciones que es preciso seguir si deseamos progresar más en el sendero espiritual. Al respecto, mencionó algunos temas.

Nos aconsejó que fuésemos más serios y, a la vez, más alegres: «Sé gozoso y entusiasta en tu interior, pero no ocupes demasiado tu atención con bromas y frivolidades. ¿Por qué disipar en charlas vanas las percepciones que has alcanzado? Tu conciencia es como una cubeta de leche: cuando la colmas de paz a través de la meditación, debes mantenerla llena. El bromear constituye frecuentemente una falsa diversión, que perfora las paredes de tu vasija y deja que se derrame toda la leche de tu paz y felicidad interiores».

El Maestro nos enseñó a no dormir demasiado y a emplear ese tiempo adicional para meditar con profundidad y comulgar con Dios. «Dormir es sólo una forma inconsciente de disfrutar de la paz de la presencia del Señor. La meditación —más renovadora que mil millones de sueños— es el estado en que se experimenta el reposo y la paz conscientes».

«No desperdicies el tiempo —decía—. Nadie puede proporcionarte el profundo deseo por Dios que te permite persistir en el sendero. Debes cultivarlo tú mismo. No intelectualices ni racionalices; sobre todo, jamás dudes de que Dios vendrá a ti. Cuando hayas cumplido tus obligaciones, ofrécele tu tiempo a Dios en la meditación, y experimentarás en tu interior su divina dicha y su divino amor».

❖ ❖ ❖

**El amor divino motiva la actividad correcta**

*11 de junio de 1968*

Creo con firmeza en el ideal que combina la actividad correcta con la meditación. Cuando actuamos de manera correcta, el corazón, el pensamiento y el alma se hallan gozosamente unidos. No existe el sentimiento de «Señor, te estoy haciendo un favor», sino el de jubilosa dedicación a Dios. En la actividad correcta, uno no busca el fruto de sus acciones; por el contrario, sus actos están motivados por la dicha de servir a Dios. La alegría de servir se percibe cuando estamos enamorados. ¡No es posible transitar por la vida sin estar enamorado de algo! El ser humano florece bajo el influjo del amor. La forma de gozar del amor supremo a lo largo de toda tu vida es buscar al Amante Cósmico, al Amado Eterno de nuestras almas. Ésta ha sido y continúa siendo mi experiencia. Para mí, Dios es la única realidad en este mundo.

Sabio es aquel que mantiene su mente absorta en el Amado Cósmico. No sabrás qué maravilloso amante es el Ser Divino hasta que aprendas a caminar con Él, a conversar con Él y a comprender que te pertenece. Conocerás entonces lo que es el gozo; conocerás entonces lo que es el amor en su forma más bella y elevada. La esencia misma del mensaje de nuestro gurudeva, Paramahansa Yogananda, es que Dios es amor.

En verdad, *Self-Realization* es un sendero de sabiduría, es un sendero de actividad y es un sendero de gozo; pero sobre todo, para mí, es un sendero de amor divino. Este amor transforma al ser humano de tal modo que es incapaz de volver a pensar en «mí» y «mío», sino sólo en «Tú, Tú, mi Señor».

Es preciso que todos grabemos en el alma este mensaje de amor y que nos esforcemos por aplicarlo a nuestras vidas.

❖ ❖ ❖

### La ilusión de la conciencia mortal

*Meditación navideña de ocho horas, 23 de diciembre de 1960*

A fin de obtener los mejores resultados de la meditación, es importante desechar durante su práctica todo pensamiento de inquietud o identificación con el cuerpo. Es posible lograrlo si comprendemos de forma cabal que no somos el cuerpo ni somos la mente. En incontables vidas pasadas hemos utilizado numerosos cuerpos y mentes. Procura elevar tu conciencia y superar la identificación con este diminuto manto corporal —esta indumentaria particular de la mente que usamos de manera transitoria—. Somos el alma inmortal, hecha a imagen del Más Amado.

Permite que tu corazón anhele a Dios como nunca lo haya hecho. Hemos desperdiciado encarnaciones enteras deambulando por los senderos de los deseos, en busca de nombre, fama, gloria y todas las cosas de valor mundano que la vida nos ofrece. Cuando medites hoy, desecha todo pensamiento de tu mente, excepto uno: «Dios mío, estoy hecho a tu imagen de sabiduría, gozo y amor. Yo soy tu hijo. Libérame de la ilusión que me hace creer que soy un ser mortal y permíteme contemplarme de la misma manera en que Gurudeva y todos los grandes maestros se han visto a sí mismos: como tu hijo, tu amado hijo».

❖ ❖ ❖

## El privilegio de servir a Dios

*9 de octubre de 1964*

En este mundo, nadie es indispensable. Dios puede muy bien prescindir del servicio de cualquiera de nosotros. Recuerdo una y otra vez estas palabras que Guruji me dirigió hace muchos años: «Nunca le des la impresión a la Madre Divina de que al realizar tu trabajo le haces un favor». En aquella ocasión, sus palabras me impresionaron muy profundamente y ahora tienen incluso un mayor significado para mí, pues me doy cuenta de que servir a la Madre Divina —como lo hacemos al llevar a cabo la obra de Gurudeva— es un privilegio excepcional. Pero cada vez que consideremos que nos hallamos realizando mucho trabajo, estaremos adoptando una actitud incorrecta. En todo momento, debemos rebosar una humilde gratitud por la bendición que representa el poder servirle a Ella.

El servicio ha de prestarse con la actitud correcta, ya que de no ser así, ni la más intensa labor tiene significado alguno para la Madre Divina. Podemos alimentar a los pobres, dar consejo o realizar innumerables tareas provechosas, pero si empezamos a pensar: «¡En cuántas buenas obras participo! ¿No es maravilloso que haga yo tanto para ayudar a los demás? ¡Y cómo lo aprecia la gente!», la actitud es errónea. El Maestro nos recordaba con frecuencia: «La Madre Divina observa tu corazón». Ella espera que queramos complacerla, en lugar de preocuparnos por el grado de satisfacción que despertemos en los seres humanos. La opinión de las personas fluctúa: hoy nos prodigan su amor y respeto, y mañana nos rechazan; su devoción no se caracteriza por la constancia. Por eso, es preciso tener siempre presente aquello que en verdad importa: complacer al Ser Divino, que es nuestro Amigo Eterno.

❖ ❖ ❖

### Metas para el año nuevo

*Enero de 1967*

Al comenzar las actividades del año nuevo, comprendamos la importancia de utilizar cada minuto para mejorar y perfeccionarnos como hijos de Dios. Psicológicamente, ésta es la mejor época para analizar nuestros actos del año que acaba de concluir y juzgar cuál ha sido el progreso espiritual que hemos realizado. Debemos pensar con atención sobre qué deseamos cambiar en nosotros y en nuestra situación en la vida y, después, esforzarnos al máximo para hacer realidad esos objetivos. Es preciso escribir las buenas resoluciones que nos ayudarán a lograr nuestros anhelos más elevados en el nuevo año y, posteriormente, revisarlas cada mes a fin de evaluar si estamos alcanzando o no las metas que nos hemos propuesto.

Deseo que en el año que comienza podamos comprender mejor que encontrarle a Él es la única solución permanente a todo problema que hayamos de afrontar en la vida. Debemos desarrollar una percepción más profunda del Señor.

La única relación verdadera que puede tener el ser humano es con Dios y con el gurú como su canal. Es el Creador quien nos disciplina, y es el Creador quien nos ama. ¡Sé fiel a Él! Y aférrate a las enseñanzas de *Self-Realization* como si fuesen la mano de nuestro bendito Gurú. Su único gran deseo es ayudarnos para que nos reunamos de nuevo con el Padre Celestial.

❖ ❖ ❖

## Estamos unidos por el amor

*Conmemoración del decimoctavo aniversario del* Ashram *de Self-Realization Fellowship en Hollywood (California), 21 de abril de 1969*

Gurudeva Paramahansa Yogananda nos ha congregado a todos en la conciencia del amor divino. Con el poderoso y a la vez delicado hilo del amor, nos ha unido para formar una fragante guirnalda de devoción y amor, a fin de ofrendarla a los pies del Amor Único, el Amado Supremo de nuestras almas. El Maestro encendió en nuestros corazones un ardiente deseo de Dios, ya que siempre mantuvo ante nosotros el ideal de que amar a Dios debe ser lo primero y que después, con el espíritu de ese mismo amor, hemos de amar a todos los demás. A esto se refería cuando me dijo: «[...] quiero verlos tan extasiados con el amor divino, noche y día, que sólo experimenten la presencia de Dios; luego brinden ese amor a todos».

❖ ❖ ❖

## El aspecto disciplinario de la Madre Divina

*1 de marzo de 1956*

La naturaleza de la Madre Divina es polifacética. La forma en que se nos manifiesta es sólo un reflejo de nuestro propio estado de conciencia. Cuando estamos en sintonía con Ella, se nos muestra como la bienaventurada y amorosa Madre; pero cuando no lo estamos, parece aplicarnos una estricta disciplina. Y no es que la Madre Divina desee disciplinarnos. El sufrimiento se presenta cuando nos apartamos de Dios. Somos nosotros los que nos alejamos al olvidarnos de Dios y al persistir en los malos hábitos e involucrarnos demasiado en los asuntos externos, las emociones y los estados de ánimo. La Madre Divina jamás nos abandona; somos nosotros quienes la abandonamos. Parece, entonces, como si Ella nos disciplinara con severidad, pero eso se debe a que hemos roto el vínculo con la Fuente de todo lo que es correcto y bueno.

Así que cuando aparentemente la Madre Divina ha desaparecido de nuestra atención —como si se hubiera alejado de la órbita de nuestra conciencia—, el problema radica en nosotros y no en Ella. Quizá la mente ha permanecido demasiado absorta en las preocupaciones, lo cual es un pecado espiritual porque demuestra falta de fe y de confianza en Dios; o se ha visto demasiado envuelta en la susceptibilidad que se presenta cuando estamos identificados con el ego y nos creemos seres mortales en lugar de considerarnos la imagen divina o alma; o ha estado demasiado involucrada en asuntos mundanos. Es entonces cuando la Madre Divina se aleja. Ella dice: «Hijo mío, es necesario que vengas donde Yo me encuentro». La Madre Divina no se oculta para imponernos un castigo, sino con el propósito de inducirnos a que nos esforcemos por elevar nuestra conciencia hasta la esfera divina donde Ella reside. Su deseo es que perseveremos en el esfuerzo por perfeccionarnos.

El entrenamiento que nos impartía el Maestro era similar. Cuando pensábamos que nos habíamos esforzado al máximo o que habíamos elevado la conciencia hasta un cierto nivel, él subía un poco más la altura exigida. «Ahora que has alcanzado este punto, trata de llegar más arriba». Para alcanzar esa nueva altura, procurábamos mejorar constantemente e intentábamos liberarnos de la conciencia del cuerpo y de las limitaciones, así como de las emociones que nos atan a esta forma mortal.

El propósito del gurú —el maestro divino— es ayudarnos a que nos superemos. Él nos ayuda a desechar nuestra naturaleza inferior (el ego) y a recordar que hemos sido creados a la imagen inmortal de Dios —el Amor y Dicha siempre existente, siempre consciente y eternamente renovado—. Ésa es nuestra verdadera naturaleza y deberíamos sentirnos avergonzados si no somos capaces de manifestarla en cada momento de la existencia. Hemos de esforzarnos por alcanzar la perfección. De ese modo, la Madre Divina no tendrá que adoptar su aspecto disciplinario, sino que se nos manifestará en todo momento en su forma pura de Madre gozosa, amable, comprensiva y amorosa.

❖ ❖ ❖

## Despertemos nuestras mejores cualidades

*Capilla del* ashram *Janakananda,*
*Sede Internacional de Self-Realization Fellowship,*
*28 de febrero de 1962*

Si aún no has sentido un ardiente deseo por Dios, no te desanimes; toma la determinación de meditar con mayor profundidad cada día, aunque sólo sea durante cinco minutos. Llama a Dios —solía decir Guruji— con la misma urgencia que ansía el aire la persona que se está ahogando o como lucha por respirar el que agoniza. Si sientes semejante urgencia, conocerás a Dios en esta vida. Para cultivar ese sentimiento de imperiosa necesidad de Dios, hay que meditar a diario y cultivar otros buenos hábitos.

La oscuridad de una habitación no puede eliminarse golpeándola con un palo. Enciende la luz eléctrica y las tinieblas desaparecerán. De manera semejante, reprimir los hábitos erróneos no es la forma más efectiva de vencerlos. Por el contrario, prende la luz del entendimiento, que proviene de la meditación profunda y del esfuerzo voluntario y consciente por obtener el dominio propio. Las sombras de los malos hábitos se desvanecen ante la luz de la autodisciplina y la sabiduría.

Todo en este mundo es pensamiento; por lo tanto, si deseas desalojar cierto hábito nocivo, empieza a fortalecer en tu mente —de una forma positiva— el buen hábito opuesto. Si tienes tendencia a ser demasiado crítico, tan pronto como descubras que, sin motivo, encuentras faltas en alguna persona, piensa en lugar de ello acerca de sus buenas cualidades. Muy a menudo, el impulso de criticar se origina en los celos, en un sentimiento de inseguridad o en el egoísmo. No es necesario que te intereses por los defectos de los demás, porque es algo que destruye tu paz; preocúpate sólo de los tuyos.

Aprecia siempre las buenas cualidades de las otras personas. Esto no quiere decir que debamos engañarnos y cerrar los ojos a sus errores, pues esta actitud demuestra falta de discernimiento. Pero si somos demasiado críticos con respecto a los demás, ni siquiera podremos percibir el bien que se encuentra en ellos.

El ser humano está lleno de imperfecciones; ¿por qué fijarse en ellas? El Maestro aceptaba a cada aspirante espiritual tal como era, y se concentraba en despertar las mejores cualidades de esa alma. ¿Y sabes cómo lo hacía? Ofreciendo amor y comprensión al devoto. Así debemos comportarnos. Es necesario que nos esforcemos por ayudarnos a mejorar los unos a los otros poniendo en práctica el amor y la comprensión, que son las cualidades divinas del alma que se encuentran en nuestro interior y que debemos brindar con generosidad a los demás.

❖ ❖ ❖

## El poder del discernimiento

*21 de marzo de 1962*

La única forma en que podemos librarnos de esta terrible rueda del karma —en la que damos vueltas y más vueltas como las ardillas que corren dentro de un cilindro giratorio— es adhiriéndonos al sendero espiritual y a los ideales establecidos por nuestro bendito Gurudeva, con la certeza de que nunca nos faltarán sus bendiciones y su guía. Gracias a su omnipresencia en Dios, él se encuentra detrás de la oscuridad de nuestros ojos cerrados, contemplándonos en silencio. Al conservar ese estado de conciencia que nos mantiene receptivos a su ayuda omnipresente, incrementaremos la capacidad para usar la espada del discernimiento que nos ha otorgado a través de la sabiduría contenida en sus enseñanzas. Desecharemos con valentía las distracciones mundanas que empujan a nuestra mente hacia sendas materialistas y seremos capaces de vivir voluntariamente conforme a aquellos ideales que nos conducen hacia Dios. Por medio del poder del discernimiento, aprendemos a hacer lo debido en el momento debido, no impulsados por alguna influencia externa, sino actuando de forma calmada y sabia, a través de la inteligencia y la voluntad que Dios nos ha concedido.

Es necesario que aprendamos a analizarnos diariamente, haciéndonos las siguientes preguntas: «¿Cómo me he comportado? ¿Hacia dónde me dirijo? ¿Qué he hecho hoy, en pensamiento, palabra y obra, que me haya acercado a Dios? ¿Cuáles son los hábitos erróneos que continúo repitiendo y que apartan mi mente de Dios?».

Cuando una y otra vez —gracias a la meditación y a un esfuerzo espiritual constante— recordamos que no somos seres perecederos sino almas inmortales, de modo gradual rompemos las cadenas que durante tanto tiempo nos han mantenido atados a la limitada conciencia del cuerpo y a un mundo de continuos cambios perturbadores. Una vez que procedemos a desprendernos de esos grilletes, comenzamos a vislumbrarnos como almas hechas a imagen divina. Cuanto más percibamos esta imagen de Dios dentro de nosotros, más sentiremos su amor en nuestro corazón, su sabiduría en nuestra mente, y su gozo en nuestra alma.

❖ ❖ ❖

**Vigila tus pensamientos y tus actos**

*28 de enero de 1962*

Después de nuestras meditaciones, Guruji solía recordarnos: «Permanece en silencio y recogimiento. Aun cuando abandones la postura de meditación, deja que tus pensamientos reposen todo el tiempo —o tan a menudo como sea posible— en Dios». De este modo, obtenemos la fuerza, la sabiduría y el gran amor que anhelan nuestras almas. Ancla tu mente en lo único que permanece inalterable en este mundo de continuos cambios: Dios.

Cuando llegamos a conocer nuestra verdadera naturaleza, nos convertimos en un burbujeante océano de gozo interior y estamos tan deseosos de permanecer en ese gozo que evitamos con sumo cuidado manifestarlo externamente demasiado por el riesgo de perderlo.

Sé siempre amable y cariñoso. Aléjate de los pensamientos triviales y de la mezquindad. Si otras personas son desagradables contigo, procura ganártelas con amor. Si no lo consigues, ofrécele el problema a Dios y olvídate de ello. Ésta es la forma de llevarse bien con los demás.

Es preciso que todos nos esforcemos por manifestar el amor divino. No debe interesarnos si los demás lo expresan o no; si nuestro comportamiento depende del de otras personas, jamás superaremos el pequeño yo. Hay que tratar de mantener la conciencia en un nivel más elevado. Si tu mente nunca se aparta de este noble ideal y te esfuerzas por alcanzarlo, no tendrás tiempo para pensar si los demás hacen su parte o si siguen este ideal. Sólo debes preocuparte de tus actos y de tu propio estado de conciencia y de correr interiormente hacia los pies del Amado Divino.

❖ ❖ ❖

## Guía para llevar una vida espiritual

*Enero de 1961*

¿Cómo saber si estás progresando espiritualmente? Comprobando los siguientes hechos: existe siempre en tu interior un profundo anhelo por Dios; cuando meditas, eres capaz de poner tus pensamientos bajo control, de tal forma que la atención permanece enfocada en el objetivo de tu meditación; sientes un gran océano de paz en tu interior y en el universo que te rodea; en tu vida diaria hay un deseo permanente de hacer el bien y lo que es correcto; sólo existe un pensamiento: «Señor, bendíceme, guíame, ayúdame a conocer tu voluntad. Ayúdame a encontrar tu amor».

En cierto sentido, es muy fácil encontrar a Dios, si convertimos esa búsqueda en un estilo de vida. Levántate por la mañana con un pensamiento: Dios. Lleva a cabo todas las actividades del día esforzándote al máximo por evitar la ira, el egoísmo, el resentimiento y la crítica, y comprendiendo plenamente que en todas tus experiencias es sólo con Dios con quien tienes que ver. Él es tu amor, tu apoyo, tu defensor y tu fuerza. Procura complacerle a Él primero, al final y siempre; y al hacerlo, trata de complacer al Gurú y a tus semejantes. Por último, en la noche, medita con profundidad.

En numerosas ocasiones, cuando nuestro cuerpo se sentía fatigado, Guruji nos miraba y decía: «No importa; es provechoso trabajar ardientemente por Dios. Pero no debe ser una excusa para dejar de meditar en la noche. Duerme menos. Y si sólo dispones de quince minutos, medita con gran intensidad. Una y otra vez, aparta de tu conciencia al mundo y sumérgete en el gran océano de la presencia de Dios que mora en tu interior».

Encontrar a Dios es fácil cuando tenemos un único propósito, una única meta: sólo Dios. Pero resulta muy difícil hallarle cuando permitimos que los pensamientos vaguen y se pierdan en trivialidades. Descubre cuáles son tus deseos más profundos y esfuérzate al máximo por realizarlos. Si quieres a Dios, búscale con fervor. Si tu cuerpo se interpone en el camino o se resiste, disciplínalo. Al meditar, ordénale al cuerpo que se mantenga erguido e inmóvil; vigila la respiración[1] y no permitas que el sueño domine tu mente. Cuando medites, tu mente tiene que ser como un cable electrizado; tu atención debe ser intensa. Y si te preguntas cómo alcanzar ese estado, te diré que existe una manera muy sencilla: cultiva una relación personal con Dios conversando con Él en todo momento. La mente siempre está enfocada en algo: placer o dolor, ideas que atrapan nuestra atención u observaciones sobre otras personas. En su lugar, encáuzala hacia Dios. Vive enamorado de Él noche y día. Si eres incapaz de sentir ese amor, ruega sin cesar para obtenerlo. ¡Qué maravilloso es estar enamorado de Dios! Es como un silencioso, suave y gozoso río que fluye continuamente a través de la conciencia y que une tu ser con

[1] Daya Mata hace referencia a una técnica específica de meditación que practican los estudiantes de *Self-Realization Fellowship.*

el gran océano de la presencia del Señor que mora dentro y fuera de ti —en todas partes.

❖ ❖ ❖

### El secreto de una vida feliz

*18 de diciembre de 1962*

Nuestro mundo interior[2] es la única opción real para librarnos de las tribulaciones. Cuanto más moremos —mediante la meditación— en la conciencia divina que surge de dicho mundo interior, mayor será el deseo de permanecer en ella. No es difícil comprender por qué los grandes yoguis se sumergen en ese estado meditativo durante horas, días o años, de forma ininterrumpida. Cuando uno se recoge en lo más profundo de su interior, comprende que sólo entonces está viviendo verdaderamente y que sólo entonces se halla en contacto con la Realidad. En ese estado, desaparece todo deseo de abandonar tal cielo interior y de descender de ese plano de conciencia. La única razón para hacerlo es cumplir con las obligaciones que en este mundo nos han sido asignadas por Dios.

El Señor no espera que nos internemos en los bosques para buscarle en soledad. Debemos encontrar en nuestro interior ese recogimiento. Luego, cuando apartemos la conciencia del estado meditativo y la hagamos regresar a la percepción del mundo, permaneceremos en un plano más elevado que nos capacitará para cumplir mejor la voluntad de Dios. Existe una forma de encontrar la paz en el mundo: desapegarse de los frutos de nuestras acciones, desempeñando todos nuestros deberes con el mayor esmero, entusiasmo y profunda atención, y no

[2] «… ni se dirá: "Vedlo aquí o allá", porque, mirad, el Reino de Dios está dentro de vosotros» (*San Lucas* 17:21).

buscando los resultados por interés personal, sino con el único fin de cumplir la voluntad de Dios.

Gurudeva me dijo en una ocasión: «El secreto de una vida feliz consiste en repetir en tu interior sin cesar: "Señor, Señor, no se haga mi voluntad, sino la Tuya. Tú eres el Hacedor, no yo"». Quien se esfuerce por vivir conforme a este pensamiento alcanzará, a su debido tiempo, un estado de desapego y de gran libertad interior. Alberga sólo un deseo: «Señor, sólo quiero hacer tu voluntad. Cualquiera que ésta sea, me satisface, porque no existe nada en este mundo que desee alcanzar para mí. Sólo me esfuerzo por desempeñar cualquier labor que Tú me hayas encomendado, porque mi único anhelo es complacerte».

❖ ❖ ❖

## El divino romance con Dios

*7 de abril de 1955*

Sé tan fuerte en tu interior y permanece tan completamente absorto en el pensamiento de Dios —con absoluta fe en Él— que no le des importancia a ningún otro asunto. De esa forma, ningún daño, ningún incidente desagradable podrá perturbarte, pues no son más que pruebas. Si el cuerpo sufre, es sólo para incitarnos a recordar a la Madre Divina y nuestra verdadera naturaleza como hijos Suyos. A través de los sufrimientos físicos, por fin aprendemos a orar: «Aunque mi cuerpo esté atormentado por el dolor y desconozca lo que sobrevendrá, ¡oh Madre!, sé que no soy este cuerpo, sino el alma inmortal que durante un breve período se aloja en esta forma mortal». Si las dudas torturan la mente, y el alma se siente insatisfecha, se trata sólo de un recordatorio para que recurramos a la Fuente Infinita a fin de obtener la seguridad y la plenitud que el corazón ansía, así como el amor que ninguna relación humana es capaz de proporcionarnos. Sólo Dios puede saciar por completo el anhelo innato del espíritu humano.

Hemos surgido de Dios; por Él y sólo por Él es preciso vivir y trabajar desinteresadamente —siempre sin egoísmo—; y algún día volveremos a fundirnos en los brazos de nuestro amado Dios. Reflexiona sobre esta verdad y tenla siempre presente.

Nada temas. No temas a las desafiantes dificultades del cuerpo, ni temas hacer algunos sacrificios, ni entregarte a Dios. Ésta es una gran lección que todo devoto necesita aprender. ¿Por qué dedicarle tanta atención a este cuerpo perecedero? Ofréceselo a Dios.

Recuerdo los días en que solía experimentar estancamiento y pensar demasiado en mí. Qué enorme libertad se siente una vez que se supera esa barrera y uno comprende que es la Madre Divina la que nos sostiene en todo momento de la vida, a través de cada aliento y de cada latido del corazón. Si Ella se encuentra a nuestro lado, ¿quién o qué puede estar en contra nuestra?

En cada uno de nosotros se halla la misma Chispa Divina que brillaba en todos los santos. Dios no nos ama ni un ápice menos que a ellos. Entonces, ¿dónde se encuentra la deficiencia? Sólo en nosotros. Si no podemos sentir el amor de Dios, es porque no le amamos con la suficiente intensidad. ¿En dónde radica el problema? De nuevo, sólo en nosotros. No podemos culpar a nadie más: ni a las circunstancias, ni al medio ambiente, ni a quienes nos rodean. Es preciso meditar con mayor profundidad.

Al levantarte por la mañana, medita. Si es necesario, fustiga mentalmente al cuerpo para que obedezca. Después de todo, el cuerpo te acompaña sólo durante algunos años, con el fin de que lo utilices como un instrumento al servicio del alma inmortal, tu verdadero ser. Disciplina también la mente. Una vez que el cuerpo y tus pensamientos se hallen bajo control, comprobarás cuán natural y sencillo es experimentar la presencia de la Divinidad.

Sea cual sea tu actividad, nada puede impedirte conversar en silencio con Dios. Mientras dispongas todavía de tiempo —mientras dispongas de vida, salud, oportunidad y libertad para lograr este divino romance con Dios—, no te des por satisfecho hasta que sientas cómo brota su amor dentro de ti cada vez que pienses en el Nombre Divino. «¿Llegará el día, Ma, en que al decir "Madre", mis ojos se llenen de lágrimas?». Cuando Guruji entonaba este canto, mi corazón rebosaba de anhelo: «¡Oh Madre!, ¿llegará ese día para mí?». Sólo ese amor es real. Nuestro supremo deber en la vida es hallar ese amor y despertarlo en los corazones de los demás. Ésta es la única razón por la cual existe *Self-Realization Fellowship.* Como devoto de este sendero, mantén siempre este ideal ante ti.

## OTRAS OBRAS Y GRABACIONES DE SRI DAYA MATA

### LIBROS

El gozo que buscas está en tu interior:
Consejos para elevar el nivel espiritual de la vida diaria

En la quietud del corazón:
Cómo cultivar una relación amorosa con Dios

La intuición: Guía del alma para tomar decisiones acertadas

### DISCOS COMPACTOS (en inglés solamente)

Anchoring Your Life in God

Free Yourself From Tension

Is Meditation on God Compatible With Modern Life?

Karma Yoga: Balancing Activity and Meditation

Let Every Day Be Christmas

Let Us Be Thankful

Living a God-Centered Life

Moral Courage: Effecting Positive Change Through Moral and Spiritual Choices

The Way to Peace, Humility, and Love for God

### DVD (en inglés solamente)

A Scripture of Love

Him I Shall Follow:
Remembrances of My Life With Paramahansa Yogananda

Living in the Love of God

Security in a World of Change

The Second Coming of Christ:
Making of a Scripture
Reminiscences by Sri Daya Mata and Sri Mrinalini Mata

The Love and Wisdom of Paramahansa Yogananda

Beholding God in the Temple of All Life

Opening your Heart to God's Presence

Finding Divine Peace and Balance

Fulfilling the Soul's Deepest Needs

Seeking the Greatest Love in the World

# OBRAS DE PARAMAHANSA YOGANANDA

*Estas publicaciones se pueden adquirir en diversas librerías o solicitar directamente al editor (www.srfbooks.org)*

Autobiografía de un yogui

La Segunda Venida de Cristo:
*La resurrección del Cristo que mora en tu interior. Un revelador comentario sobre las enseñanzas originales de Jesús*
(Volúmenes I, II y III)

El Yoga de Jesús

Dios habla con Arjuna: El Bhagavad Guita
*La ciencia suprema de la unión con Dios*
(Volúmenes I y II)

El Yoga del Bhagavad Guita

El vino del místico:
*El* Rubaiyat *de Omar Khayyam. Una interpretación espiritual*

**Charlas y ensayos:**
Volumen I: La búsqueda eterna
Volumen II: El Amante Cósmico
Volumen III: El viaje a la iluminación

Afirmaciones científicas para la curación

Así hablaba Paramahansa Yogananda

Cantos del alma

Cómo conversar con Dios

Diario espiritual

Donde brilla la luz:
*Sabiduría e inspiración para afrontar los desafíos de la vida*

Dos ranas en apuros:
*Un cuento sobre el valor y la esperanza*

En el santuario del alma:
*Cómo orar para obtener la respuesta divina*

La ciencia de la religión

La ley del éxito

La paz interior:
*El arte de ser calmadamente activo y activamente calmado*

Meditaciones metafísicas

Por qué Dios permite el mal y cómo superarlo

Susurros de la Eternidad

Triunfar en la vida

Vive sin miedo:
*Despierta la fuerza interior de tu alma*

*Tenemos a su disposición nuestro catálogo gratuito de libros y grabaciones de audio y vídeo, que incluye grabaciones del archivo histórico de Paramahansa Yogananda.*

*Solicite el catálogo al editor o en www.srfbooks.org*

**Lecciones de**
**Self-Realization Fellowship**

Las técnicas científicas de meditación que enseñó Paramahansa Yogananda —entre las que se incluye el *Kriya Yoga*—, así como su guía sobre la manera de llevar una vida espiritual equilibrada, se describen en las *Lecciones de Self-Realization Fellowship*. Visite www.srflessons.org y ahí podrá solicitar un amplio paquete de información complementaria sobre las *Lecciones*.

Self-Realization Fellowship
3880 San Rafael Avenue
Los Angeles, CA 90065-3219, EE.UU.
Tel.: +1 (323) 225-2471 • Fax: +1 (323) 225-5088
www.yogananda.org

# RESEÑA BIOGRÁFICA DE PARAMAHANSA YOGANANDA

*«En la vida de Paramahansa Yogananda, el ideal de amor a Dios y servicio a la humanidad se manifestó en su plenitud. [...] Aunque la mayor parte de su existencia transcurrió fuera de la India, podemos contarle entre nuestros grandes santos. Su obra continúa prosperando y refulgiendo cada vez más, atrayendo hacia la senda espiritual a personas de todas las latitudes».*

Palabras de homenaje que el gobierno de la India dedicó a Paramahansa Yogananda con motivo de la emisión de un sello postal conmemorativo en su honor.

Paramahansa Yogananda es mundialmente reconocido como una de las personalidades espirituales más ilustres de nuestro tiempo. Nacido en el norte de la India en 1893, vivió y difundió sus enseñanzas en Estados Unidos durante más de treinta años, desde 1920 —cuando fue invitado, como representante de la India, a un congreso internacional de líderes religiosos celebrado en Boston— hasta su fallecimiento, en 1952. A través de su vida y enseñanzas, Paramahansa Yogananda contribuyó extensamente al desarrollo, en Occidente, de una mayor comprensión y valoración de la sabiduría espiritual de Oriente.

*Autobiografía de un yogui,* la narración de la vida de Paramahansa Yogananda, no sólo es un fascinante retrato de este amado maestro mundial, sino también una exposición profunda de la milenaria ciencia y filosofía del Yoga, proveniente de la India, así como de su tradición inmemorial de la práctica de la meditación. Desde su publicación, hace más de setenta y cinco años, constituye un *bestseller* permanente, ha sido traducida a más de cincuenta idiomas y se emplea como libro de texto y de consulta en un gran número de universidades. Considerada como una obra clásica del género espiritual moderno, ha cautivado intensamente el corazón de millones de lectores en el mundo entero.

En la actualidad, *Self-Realization Fellowship* —la sociedad religiosa internacional que él fundó en 1920— continúa llevando a cabo su obra espiritual y humanitaria bajo la dirección del Hermano Chidananda, presidente de *Self-Realization Fellowship/Yogoda Satsanga Society of India*. Además de la publicación de las conferencias, escritos y charlas informales de Paramahansa Yogananda (entre las cuales se incluye una serie completa de lecciones que se estudian en el hogar), la sociedad supervisa las actividades de los templos, retiros y centros de meditación con que cuenta en todo el mundo, así como las comunidades monásticas de la Orden de *Self-Realization* y el funcionamiento del Círculo Mundial de Oraciones.

En octubre de 2014, se estrenó un galardonado documental sobre la vida y obra de Paramahansa Yogananda, *Awake: The Life of Yogananda* (Despierta: La vida de Yogananda).

# METAS E IDEALES
## de
# Self-Realization Fellowship

*Según los estableció su fundador, Paramahansa Yogananda*
Presidente: Hermano Chidananda

Divulgar en todas las naciones el conocimiento de técnicas científicas definidas, mediante cuya aplicación el hombre puede alcanzar una experiencia personal y directa de Dios.

Enseñar a los hombres que el propósito de la vida humana consiste en expandir, a través del esfuerzo personal, nuestras limitadas conciencias mortales, hasta que éstas lleguen a identificarse con la Conciencia Divina. Establecer con este objetivo templos de *Self-Realization Fellowship* en todo el mundo, destinados a la comunión con Dios y a estimular a los hombres a erigir templos individuales al Señor, tanto en sus hogares como en sus propios corazones.

Revelar la completa armonía, la unidad básica existente entre las enseñanzas del cristianismo y las del yoga, tal como fueran expresadas originalmente por Jesucristo y por Bhagavan Krishna respectivamente; y demostrar que las verdades contenidas en dichas enseñanzas constituyen los fundamentos científicos comunes a toda religión verdadera.

Destacar la única carretera divina en la cual convergen finalmente las sendas de todas las creencias religiosas verdaderas: la gran vía de la práctica diaria de la meditación en Dios, práctica científica y devocional.

Liberar a la humanidad del triple sufrimiento que la agobia: las enfermedades físicas, las desarmonías mentales y la ignorancia espiritual.

Fomentar la práctica de la «simplicidad en el vivir y nobleza en el pensar»; y difundir un espíritu de confraternidad entre todos los pueblos, a través de la enseñanza del eterno principio que los une: su común filiación divina.

Demostrar la superioridad de la mente sobre el cuerpo y del alma sobre la mente.

Dominar el mal con el bien, el sufrimiento con el gozo, la crueldad con la bondad y la ignorancia con la sabiduría.

Armonizar la ciencia y la religión, a través de la comprensión de la unidad existente entre los principios básicos de ambas.

Promover el entendimiento cultural y espiritual entre Oriente y Occidente, estimulando el mutuo intercambio de las más nobles cualidades de ambos.

Servir a la humanidad, considerándola como nuestro propio Ser universal.